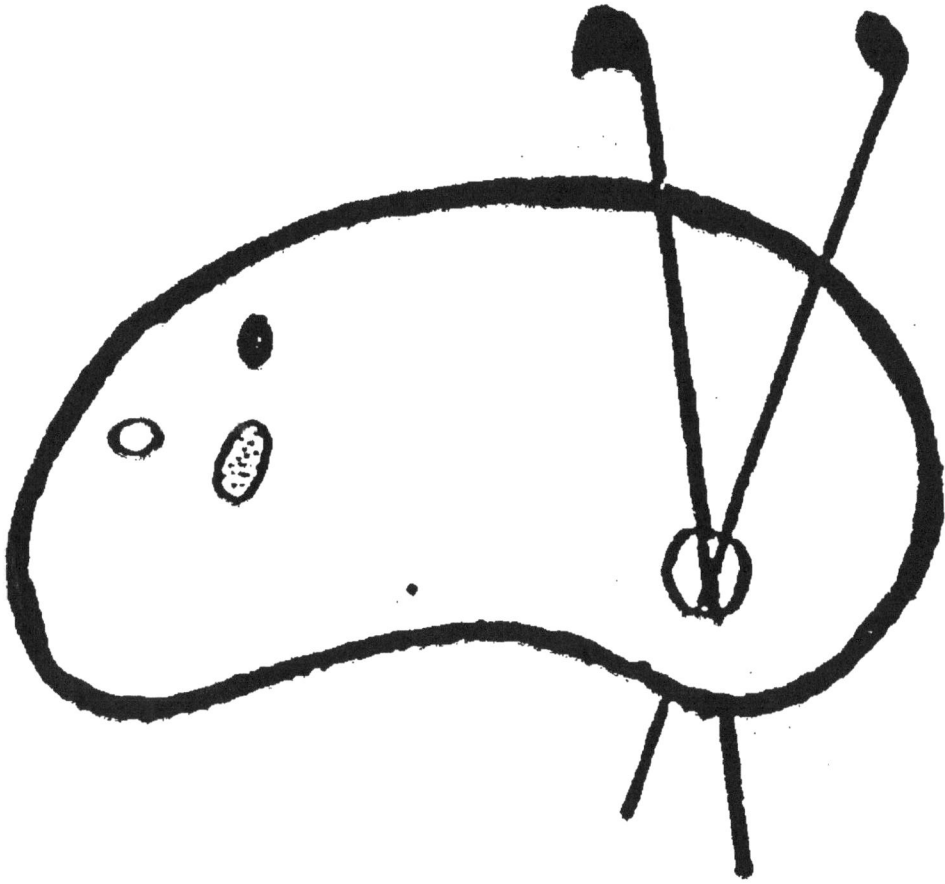

DÉBUT D'UNE SÉRIE DE DOCUMENTS
EN COULEUR

KAYRAWANI
(IBN ABOU ZEYD)

RISALA

OU

TRAITÉ ABRÉGÉ

DE

Droit Malékite et Morale Musulmane

Traduction avec Commentaire et Index analytique

PAR

E. FAGNAN

PARIS
LIBRAIRIE PAUL GEUTHNER
13, RUE JACOB, 13
1914

Ahlwardt (W.). *The diwans of the six ancient Arabic poets :* Ennabiga, Antara, Tharafa, Zuhair, Alqama and Imruulquais, and the collections of their fragments, with a list of the various readings of the text, 350 pp. *in-8*, 1913 . . . . 20 fr.

Amar (E.). *L'organisation de la Propriété Foncière au Maroc,* étude théorique et pratique accompagnée du Règlement officiel provisoire sur la Propriété Foncière, préface de P. Baudin, 151 pp. *in-8*, 1913 . . . . 7 fr. 50

El-Bekri. *Description de l'Afrique septentrionale* par el-Bekri, *texte arabe,* p. p. Mc Guckin de Slane, *nouv. éd.*, 20, 212 pp. *gr. in-8*, 1911 . . . . 8 fr.

— — Idem, *traduite* par Mac Guckin de Slane, édition revue et corrigée, 405 pp. *in-8*, 1913 . . . . 10 fr.

> Egypte — Tripolitaine — Tunis — Algérie — Maroc — Pays des Nègres — Les chapitres sur le Maroc occupent près de la moitié de l'ouvrage.

Caetani (L.). *Principe de Teano* — Chronographia islamica, ossia riassunto cronologico della storia di tutti popoli musulmani dall'anno 1 all'anno 922 della Higrah (622-1517 dell'Era Volgare) correlato della bibliografia di tutte le principali fonti stampate e manoscritte, *periodo primo* (Anni 1-132), fasc. 1 anni 1-22 dell'H., pp. 1 à 255, *gr. in-4*, 1912. . . net 25 fr.

— — Idem, fasc. 2 : anni 23-45 dell'H., pp. 257-504, *gr. in-4*, 1912 . . . . net 25 fr.

— — Idem, fasc. 3 : anni 45-65 dell'H., pp. 505-760 *gr. in-4*, 1913 . . . . net 25 fr.

Carbou (H.). *Méthode pratique pour l'étude de l'Arabe parlé au Ouadaï et à l'Est du Tchad* (Soudan Oriental français), 251 pp. *pet. in-8*, 1913 . . . . 10 fr.

> *Première partie :* grammaire (avec 2 appendices, salutations. — Des mots abu et ami). — *Deuxième partie :* textes ; chansons toundjoures en texte, transcription et traduction — Chanson des Oulad-Rachild (Hamida) — *Troisième partie :* vocabulaire français-arabe par matières (l'homme, la famille, la case, le village, le marché, la brousse, l'univers, le temps, les animaux).
>
> Bien que Barth et Nachtigal eussent appelé l'attention sur l'arabe parlé à l'Est du Tchad, dans les pays qui depuis sont passés sous la domination française, on en était toujours réduit au vocabulaire plus ou moins exact recueilli par Koelle à Sierra Leone, utilisé par Kampffmeyer et aux notes qui accompagnent l'intéressante publication de MM. *Gaudefroy-Demombynes et Decorse* (Rabah et les Arabes au Chari). Mais tandis que les manuels pour l'étude de l'arabe du Maghrib, comme celle de l'arabe d'Egypte se multiplient de jour en jour, il n'en existait aucune pour l'arabe parlé dans le

Soudan oriental français. Un séjour prolongé de l'auteur dans cette région lui a permis de combler cette lacune, et son manuel, conçu à un point de vue absolument pratique, est appelé à rendre les plus grands services à tous ceux, officiers, administrateurs, commerçants, etc. qui sont appelés à résider ou à voyager dans ces régions. On peut espérer aussi qu'il ne sera pas inutile à l'étude des dialectes arabes modernes.

Casanova (P.) *Mohammed et la fin du Monde.* Étude critique sur l'Islam primitif, 83 pp. *gr. in-8*, 1912 . . . . . 3 fr. 50

— — Fascicule II : Notes complémentaires (avec des textes arabes relatifs au mahdisme de Mohammed, avec leurs traductions, et les discussions nécessaires) ca. 100 pp. *gr. in-8*, paraîtra en 1914, sous presse . . . . 7 fr. 50

Doutté (E.). *La Société musulmane du Maghrib : Magie et religion dans l'Afrique du Nord*, 617 pp. *in-8*, 1909 . . 10 fr.

Introduction (civilisation musulmane), caractère religieux chez les Musulmans, de l'organisation politique et sociale, survivances païennes dans l'Islam, milieu de l'Islam etc., magiciens ou devins, les rites magiques, les incantations ou rites oraux, les talismans ou rites figurés, les fins pratiques de la magie (science et religion), la divination inductive, la divination intuitive, les forces sacrées, de leur transmission, le sacrifice, les débris de l'antique magie, le carnaval du Maghrib, fêtes saisonnières et rites naturalistes.

Goldziher (I.). *Leçons sur l'islam*, trad. de l'Allemand par F. Arin, env. 300 pp. *gr. in-8*, paraîtra en 1914 . . . 10 fr.

I : Mohammed et l'Islam — II : le développement juridique — III : développement dogmatique — IV : Ascétisme et suffisme — V : les sectes — VI : formations postérieures.

Al-Hallaj. *Kitâb al Tawâsîn*, par Aboù al Moghîth al Hosayn ibn Mansoûr, al Hallâj, al Baydhâwi al Baghdâdi, mort à Bagdad en 309 de l'hégire — 932 de notre ère. Texte arabe publié pour la première fois, d'après les Mss. de Stambul et de Londres, avec la version persane d'al Baqli, l'analyse de son commentaire persan, une introduction critique, des observations, des notes et trois indices par L. Massignon, ca 220 pp. *in-8*, 1913, ... 12 fr. 50

Al-Kindi. *The history of the Egyptian cadis* as compiled by Abu Omar Muhammad ibn Yusuf ibn Yakub al Kindi, together with additions by Abu-al-Hasan Ahmad ibn Abu el-Raman ibn Burd, *the Arabic text*, edited from the Ms. in the British Museum by R.-J.-H. Gottheil, 213 pp. de texte arabe et 43 pp. d'introduction sur l'institution des Cadis, *gr. in-8*, 1908 . 12 fr. 50

PAUL GEUTHNER, 13, RUE JACOB, 13, PARIS (VIe)

Huart (Cl.). *Histoire des Arabes*, carte, 2 vol. (900 pp.) *gr in-8*, 1912-1913 . . . . 20 fr.
— — le même ouvrage relié en toile . . . . 25 fr.
I : Configuration de l'Arabie. — II : Mœurs et coutumes des Arabes. — III : Histoire primitive de l'Arabie. — IV : Les Rois de Ghassan et de Hira. — V : La Mecque avant Mahomet. — VI : Mahomet. — VII : L'émigration à Médine. — VIII : Organisation de la Société musulmane. — IX : Khalifat d'Abou Bekr. — X : Les trois Khalifes orthodoxes successeurs : 'Abou Bekr ; 'Omar, 'Othman, 'Ali. — XI : les Oméiyyades. — XII : La prédication Abbasside. — XIII : Khalifat des Abbassides. — XIV : Le Khalifat de Bagdad sous la domination des Emirs al-Omara. — XV : Aghlabites en Tunisie, Toulounides en Egypte, Hamdanides à Alep. — XVI : Les Fatimites. — XVII : Les Khalifes de Bagdad depuis Mostakfi. — XVIII : Institutions politiques et économiques. — XIX : Les Eyyoubites. — XX : Les Mamlouks turcs ou Bahrites. — XXI : Les Mamlouks circassiens. — XXII : Relations diplomatiques avec les puissances d'Occident. — XXIII : L'Espagne et le Maghreb. — XXIV : Les guerres civiles en Espagne. — XXV : Les petits Etats musulmans d'Espagne. — XXVI : Les Almoravides. — XXVII : Fin de la domination des Arabes en Espagne. — XXVIII : La dynastie saadienne au Maroc (1511-1670). — XXIX : Les Chérifs hasaniens de Sidjilmassa. — XXX : Le Yémen. — XXXI : Histoire de l'Oman. — XXXII : Les Wahabis. — XXXIII : Le Mahdi. — XXXIV : Les Arabes du Soudan.

Khalil (Sidi). *Mariage et répudiation*, traduit de l'arabe par E. Fagnan, XIX-231 pp. *in-8*, 1909 . . . . 5 fr.

Massignon (L.). *Quatre textes inédits*, relatifs à la biographie d'Al Hosayn-ibn Mansour al Hallâj, publiés avec tables, analyses et index [et notes supplémentaires], 87, 86 pp. *in-fol.*, 1914 . . . . 20 fr.

Montet (E.). *De l'état présent et de l'avenir de l'Islam*, 159 pp. *in-8*, 1912 . . . . 4 fr.
Intérêt des questions islamiques. — Statistique de l'Islam. — Propagation de la religion musulmane. — Ses déformations : schismes, hérésie et sectes. — Le culte des saints musulmans. — Les confréries religieuses. — Leur mysticisme et leur formalisme. — Leur action politique et sociale. — Tentatives de réforme de l'Islam. — Bâbisme et Béhaïsme. — De l'avenir des peuples musulmans. — Les tendances libérales et les efforts vers l'émancipation de l'Islam.

Seyyed Ali Mohammed (dit le Bab). — *Le Béyan Persan*, traduit du persan par A. L. M. Nicolas, 4 vol. *in-12*, 1911-1914 (ouvrage achevé) . . . . 14 fr.

al Taliqani. *Risalat al Amthâl al Baghdadiyah Allati Tajri Bayn al'Ammah*, par le Qadhi Abou al Hasan Ali Ibn al Fadhl al Moayyadi al Tâliqâni, écrite en 421 hégire = 1030 de notre ère, publiée d'après le MS. unique de Sainte Sophie, par Louis Massignon, 43 pp. *in-8*, 1913 . . . . 2 fr.
Traité des proverbes de l'arabe vulgaire à Bagdad (XIe siècle de notre ère).

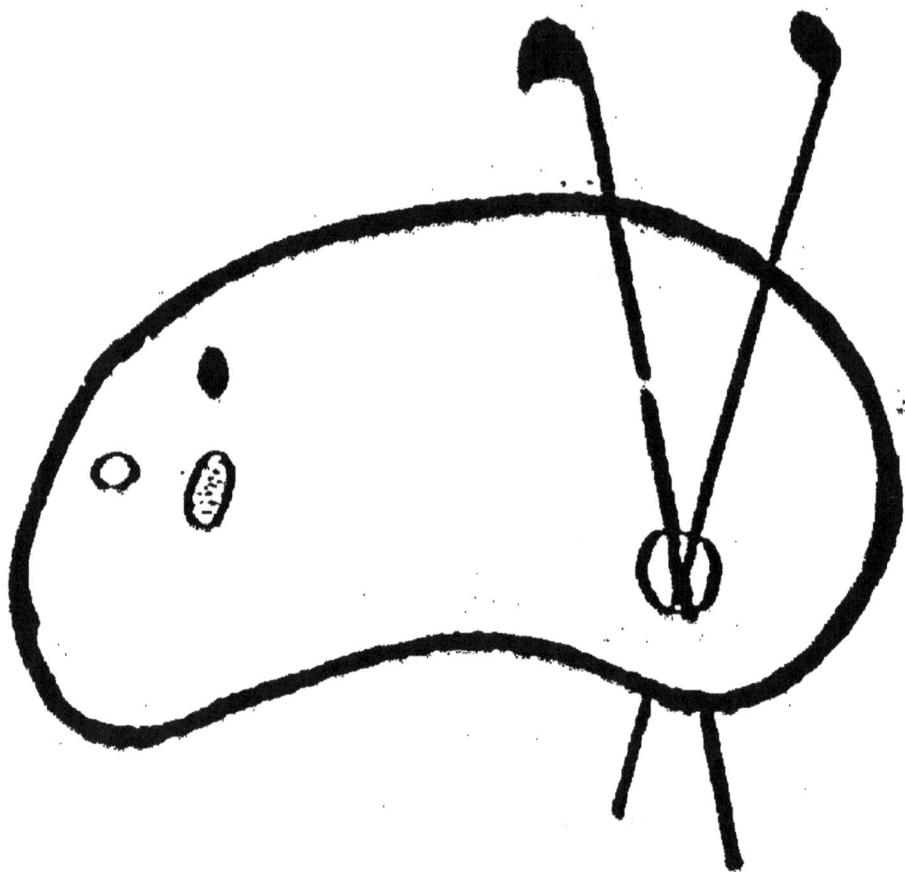

FIN D'UNE SÉRIE DE DOCUMENTS
EN COULEUR

R I S A L A

ou

TRAITÉ ABRÉGÉ

DE

Droit Malékite et Morale Musulmane

PUBLICATIONS DU TRADUCTEUR

Observations sur les coudées du Mekyás (Paris, 1873, in-8°).

Le Se'ádet Námeh de Nacer ed-Din Khosroû, texte persan et traduction (Leipzig, 1880, 8°).

Œuvres choisies de A. J. Letronne (Paris, 1881-1885, E. Leroux, 6 vol. in-8°).

Concordances du Manuel de droit de Sidi Khalil (Alger, chez Fontana, 1889, in-8°, 368 pages).

Catalogue des Manuscrits arabes, turcs et persans de la Bibliothèque-Musée d'Alger. Forme le t. xviii du *Catalogue général des Manuscrits des Bibliothèques publiques de France* (Paris, chez Plon, 1893, in-8°, xxxii-680 pages).

Histoire des Almohades d'Abd el-Wáhid Merrâkechi, traduction française (Alger, chez Jourdan, 1893, in-8°, 332 pages).

Le signe distinctif des Juifs au Maghreb (Revue des études juives, avril-juin 1894).

Chiháb ed-Din Dimechki (Revue africaine, 1894).

Chronique des Almohades et des Hafcides attribuée à Zerkechi (Constantine, 1895, vi-278 pages in-8°).

Un chant algérien du XVIII° siècle, recueilli et traduit par V. de Paradis (Alger, Jourdan, 1885).

Alger au XVIII° siècle, par V. de Paradis (Alger, Jourdan, 1909, 8°).

Ibn el-Athir, Annales du Maghreb et de l'Espagne (Alger, 1901).

Istibçar, L'Afrique septentrionale au XII° siècle de notre ère (Constantine, 1900, 8°).

Histoire de l'Afrique et de l'Espagne intitulée Al-Bayano'l-Mogrib (Alger, 1901-1904, 2 v. 8°).

Les Tabakat malékites (Saragosse, 1904).

En-Nodjoûm ez-záhira, Extraits relatifs au Maghreb (Constantine, 1907, 8°).

Le Djihad ou guerre sainte selon l'école malékite (Alger, 1908, 8°).

Sidi Khalil, Mariage et répudiation (Alger, 1909, 8°).

Arabo-judaïca (Paris, 1909, 8°).

Nouveaux textes historiques relatifs à l'Afrique du nord et à la Sicile (Palerme, 1910, 8°).

KAYRAWANI
(IBN ABOU ZEYD)

RISALA

OU

TRAITÉ ABRÉGÉ

DE

Droit Malékite et Morale Musulmane

Traduction avec Commentaire et Index analytique

PAR

E. FAGNAN

PARIS
LIBRAIRIE PAUL GEUTHNER
13, RUE JACOB, 13
1914

Aboû Mohammed 'Abd Allâh ben Aboû Zeyd 'Abd er-
Rahmân, plus connu sous le nom d'Ibn Aboû Zeyd Kayrawâni (1), était originaire de Nefza, mais passa la plus
grande partie de sa vie à Kayrawân, ce qui lui valut, ainsi
qu'il arrive fréquemment, de voir accoler à son nom un
adjectif relatif étranger à son lieu d'origine. Né en 310
de l'hégire, il mourut vers la fin du même siècle, en 386,
389 ou 396. Ses profondes connaissances dans le domaine
du droit et des sciences religieuses lui valurent d'être
appelé « le petit Mâlek » par allusion au chef de l'école
juridique dont il fut l'un des premiers à condenser la
doctrine. De nombreux auditeurs accouraient de toutes
parts pour recueillir son enseignement, et l'hospitalité
que leur offrait, en outre de ses leçons, un maître réputé,
ne pouvait que stimuler leur zèle. On raconte en effet
qu'il était propriétaire des deux tiers de Kayrawân, mais
que le revenu quotidien de mille dinars qu'il en retirait,
entièrement consacré à l'entretien de ses étudiants, ne lui
permettait pas de s'acquitter du paiement annuel de la
zekât. Le devoir, imposé par la morale et les usages musulmans, de gratitude envers le maître, s'expliquait ainsi

---

(1) Ibn Farhoun, f. 67 v. du ms. 5032 de Paris, = p. 140 éd. Fez ; ms. 831
d'Alger, f. 25 ; Aboû'l-Hasan, in Cat. de Leide, IV, 108 ; Commentaire de
Chernoûbi, préf. ; *Fihrist*, p. 201 ; B. Vincent, *Études sur la loi musulmane*, p. 45, etc.

d'autant mieux, et il n'y a pas à trop s'étonner si, actuel-
lement et dans des circonstances passablement différentes,
la manifestation d'un sentiment assez naturel se fait plutôt rare.

De la trentaine d'ouvrages composés par Ibn Aboù Zeyd
et dont la plupart ne nous sont pas parvenus, celui qui
lui a valu la plus grande notoriété et qui a toujours été
et est encore étudié, est l'opuscule désigné sous le nom
de *Risâla* et dont le titre serait, d'après Chernoûbi, *Bâ-
koûret es-Sa'd*. On y trouve exposés, dans un langage
simple, les articles de foi, les pratiques religieuses, les
éléments du droit et les règles de convenances et de politesse. Aussi est-il très apprécié pour l'enseignement donné
aux débutants ; il a été l'objet de commentaires extra-
ordinairement nombreux, continue d'être étudié dans
nos médersas, et est par excellence le manuel courant des
populations musulmanes du Sénégal et des régions avoi-
sinantes, pour lesquelles des traités comme celui de Sidi
Khalil, qui est d'ailleurs moins complet à de certains
égards, sont trop compliqués et difficiles à entendre.

On peut à juste titre reprocher à l'auteur quelques
répétitions inutiles ; il a, par contre, omis quelquefois
des développements indispensables et que suppléent les
commentateurs. Un défaut plus grave de composition,
mais qu'on retrouve dans d'autres ouvrages analogues,
c'est d'avoir rejeté dans un chapitre spécial plusieurs
règles qui auraient dû figurer à leurs places respectives.
On ne doit pas oublier d'ailleurs que l'excès de méthode

n'est pas le défaut des Arabes, ni que la *Risâla* est un des plus anciens exposés de prescriptions dont les formules n'avaient guère, jusque là, été dégagées de nombreux cas spéciaux qui en constituaient l'application avant la lettre. Il y a encore à signaler l'emploi de quelques termes impropres, pour la traduction desquels il a été tenu compte des observations des commentateurs, bien que cela n'ait pas toujours été rappelé en note. Il faut d'ailleurs redire que la version d'un texte de droit musulman, si consciencieuse qu'on la puisse croire, ne peut dispenser de recourir à l'original.

Des annotations assez nombreuses sont indispensables pour l'intelligence d'une traduction de ce genre ; elles sont principalement tirées du commentaire d'Aboù'l-Hasan, la *Kifâyat eṭ-ṭâlib*, complété par les gloses d'ʿAdewi, et de celui de Chernoùbi. Des traductions fragmentaires de la *Risâla* ont été publiées, savoir : le chapitre des peines légales par B. Vincent (*Etudes sur la loi musulmane*, Paris 1842, pp. 65-112), et celui du jeûne dans la *Revue africaine*, 1906, par M. Soualah, qui a oublié de dire que j'ai, sur sa demande, corrigé le manuscrit de sa traduction. En outre il existe un petit volume de 121 pp. paru à Londres en 1906, sous le titre « First steps in muslim Jurisprudence, consisting of excerpts from Bâkùrat al-Saʿd of Ibn Abu Zayd ; by A. D. Russel and Abdullah al-Maʿmùn Suhrawardy », où l'on trouve, avec le texte arabe correspondant, la traduction annotée des chapitres du mariage, des testaments, de la donation, des jugements

et des successions ; tout ce qui touche à l'esclavage,
la préface nous le dit, a été laissé de côté comme étant
sans intérêt pratique, mais l'on y relève encore d'autres
légères omissions.

Ce n'est pas seulement au point de vue de la connaissance de l'état religieux et social des populations musulmanes et de son développement que l'étude de ces matières présente un sérieux intérêt. La haute importance qu'y
ont toujours attachée les adeptes du Prophète et le temps
qu'ils consacrent à les apprendre, n'ont pu que développer chez eux un penchant naturel à des raisonnements
subtils et l'usage d'une terminologie spéciale. Les lettrés
ou ceux qui ont des prétentions à l'être, tout pénétrés de
ces connaissances, presque autant que de grammaire, y
font en écrivant de fréquentes allusions qui peuvent facilement rester incomprises, même des étrangers qui savent
passablement la langue sainte de l'Islam. Il ne peut d'autre part qu'être utile aux jeunes arabisants d'étudier des
textes où la précision dans l'expression est requise et à
propos desquels l'on ne peut présenter comme étant une
traduction la juxtaposition d'un vague équivalent à chaque
mot de l'original : *traduttore traditore*.

Les chiffres en caractères gras renvoient à l'édition du
texte publiée à Boulak en 1319 avec le commentaire de
Chernoùbi en marge.

La Risala de Kayrawani.

[P. 2] Voici ce que dit Aboù Mohammed 'Abd Allâh ben Aboù Zeyd Kayrawâni : '

Louanges soient à Allâh qui, par un acte de sa bonté, a créé l'homme et qui, par sa sagesse, l'a formé dans la matrice, qui l'a mis au jour et mené à ce qui peut lui servir, ainsi qu'aux moyens de subsistance qu'Il lui a facilités, et qui lui a enseigné ce qu'il ne savait pas. Allâh lui a ainsi témoigné une insigne faveur, l'a averti (de Son existence) par les traces de Son œuvre, lui a adressé une mise en demeure sans réplique par l'intermédiaire des Apôtres élus d'entre Ses créatures. En conséquence, Il a, par Sa faveur, dirigé dans la bonne voie [3] ceux qu'Il a assistés et, par Sa justice, jeté dans l'erreur ceux qu'Il a laissés sans aide, Il a facilité aux croyants l'obéissance (à Ses ordres), Il a ouvert leurs cœurs à la foi. Ils ont par suite cru en Allâh, aussi bien en paroles proférées par leurs bouches qu'en sincérité émanant de leurs cœurs et en actes réalisant les prescriptions de Ses Apôtres et de Ses livres ; ils ont appris ce qu'Il leur a enseigné, se sont appliqués à ce qu'Il leur a fixé, et, se bornant à ce qu'Il leur a permis, ils se sont abstenus de ce qu'Il leur a interdit.

1

Cela dit — puisse Allâh nous aider, ainsi que toi, à respecter les organes qu'Il nous a remis en dépôt et à sauvegarder les prescriptions qu'Il nous a confiées — tu (1) m'as demandé d'écrire à ton usage une somme condensée des devoirs religieux canoniques en fait de formules à prononcer oralement, de croyances que doit avoir le cœur, d'actes que doivent exécuter les membres, ainsi que de la canonicité (2) des actes rattachés à ceux de cette dernière catégorie [4] et qui sont d'origine traditionnelle, tant *renforcés* que *surérogatoires* et *souhaitables* (3) ; — comme encore d'écrire quelque chose des règles de politesse de ce genre et des propositions de droit général et spécial (4) d'après la doctrine de Mâlek ben

---

(1) Cet interlocuteur serait le cheykh Mobrez.

(2) Un acte est susceptible de recevoir l'une (ou, quelquefois, plusieurs) de ces qualifications légales : حكم : obligatoire ; واجب ; interdit : حرام ; blâmable مكروه ; recommandé مندوب ; indifférent مباح . Chez les Mâlékites *wâdjib* est synonyme de فرض (d'institution divine), et il en est de même chez les Châféites pour les matières autres que le pèlerinage ; mais les Hanéfites distinguent les deux expressions : الفرض ما ثبت بدليل قطعى والواجب ما ثبت بدليل ظنّى

(3) Techniquement, *sonna* désigne les actes accomplis publiquement et à plusieurs reprises par le Prophète sans qu'il en ait demandé positivement la reproduction. Les actes *sonniques renforcés* sont ceux qui valent à leur auteur une récompense supérieure à celle qui est attachée aux deux autres catégories : ce sont, par ordre de mérite, les prières de *witr*, celle des deux Fêtes, celle de l'éclipse et celle faite pour réclamer la pluie ; — les *surérogatoires* sont ceux qu'aimait faire le Prophète, mais sans limitation de nombre, qu'il les ait ou non faits régulièrement ; — les *souhaitables* ou *désirables* sont ceux qu'il aimait faire, mais en son particulier et dont le nombre est limité ; le seul acte de ce genre qu'admettent les Malékites est constitué par la prière de deux *rek'a* du *fedjr*.

(4) C.-à-d. les principes théoriques du droit et leurs applications ou mise en pratique.

Anas et de son école, en y ajoutant de quoi aplanir la voie des difficultés qu'elle renferme, conformément à l'interprétation des hommes les plus autorisés et l'explication des plus savants jurisconsultes. Ta demande a pour cause ton désir d'enseigner cette somme aux enfants comme tu leur enseignes la lettre (et le sens) du Koran, et pour but que se précipite dans leurs cœurs, en fait de connaissance de la religion et des préceptes d'Allâh, la part de bénédiction qu'il y a à espérer pour eux et l'issue louable qu'il leur faut souhaiter. De mon côté j'ai accédé à ce que tu demandais à raison de mon désir, pour moi comme pour toi, de la récompense due à celui qui enseigne la religion d'Allâh ou à celui qui appelle à la connaître.

Sache que le meilleur des cœurs [5] est celui qui garde le mieux le bien, et que celui qui se rapproche le plus du bien est celui dans lequel le mal n'est pas le premier à pénétrer ; sache aussi que ce qui mérite le plus les soins des bons conseillers et ce dont les bien-intentionnés recherchent le salaire, c'est d'inculquer le bien dans le cœur des enfants des croyants, pour l'y bien implanter, et d'éveiller leur attention, pour qu'ils y soient bien dressés, sur les principes religieux dont leurs cœurs doivent être pénétrés et sur les pratiques que leurs membres doivent exécuter. Il est dit en effet que « l'enseignement du Livre d'Allâh aux petits éteint la colère divine » et que « l'enseignement reçu dans l'enfance ressemble à la gravure sur la pierre » (1).

(1) Ce sont des hadith rapportés par Táberàni, mort en 360 (Ibn Khallikân, I, 592).

J'ai donc, pour répondre à ta demande, exposé ce dont la mémoire leur sera, s'il plaît à Allâh, profitable, ce dont la connaissance les ennoblira, ce dont la croyance et la pratique leur vaudront le bonheur. Il a été dit (par le Prophète) [6] qu'ils doivent recevoir à sept ans l'ordre de faire la prière, à dix ans y être contraints par les coups et être, au lit, séparés les uns des autres. Il convient également qu'ils connaissent, avant d'atteindre la puberté, les devoirs imposés par Allâh à ses serviteurs, tant en paroles qu'en actes, afin que, à leur arrivée à cette période de la vie, leurs cœurs en soient pénétrés, leurs esprits y soient portés, leurs membres familiarisés avec ceux des actes qu'ils auront pu faire. Allâh en effet a imposé au cœur des actes de croyance et aux membres d'autres actes qui sont des manifestations d'obéissance.

Je vais te détailler par chapitres ce que je me suis engagé à te dire, pour en faciliter la compréhension aux étudiants, s'il plaît à Allâh ; c'est à Lui que nous demandons le bien, c'est Lui dont nous réclamons l'aide, il n'y a de pouvoir ni de force [7] qu'en Allâh sublime et immense ; puisse Allâh bénir et sauver notre Seigneur Mohammed Son prophète, ainsi que sa famille et ses Compagnons !

I

DEVOIRS RELIGIEUX OBLIGATOIRES QUE LA LANGUE DOIT EXPRIMER ET LE CŒUR CROIRE.

Il faut entre autres choses que le cœur croie et que la

bouche profère qu'Allâh très haut est une divinité unique,
en dehors de qui il n'en est point, qui n'a ni pareil ni
semblable, non plus que de père, d'enfant ou d'épouse,
qui n'a point d'associé, dont la priorité est sans commencement et la postériorité sans fin, dont l'essence des attributs est indescriptible, dont l'état ne peut être embrassé
par la réflexion (1) ; il y a profit à réfléchir à Ses signes,
il n'y a pas à réfléchir sur la nature de Son essence, « on
ne peut embrasser [8] de Sa science que ce qu'Il veut,
Son trône comprend les cieux et la terre, et leur garde ne
Lui donne pas de peine ; c'est Lui qui est le Sublime,
l'Immense » (Koran, II, 256) ; (il faut croire) qu'Il est
le Sachant, l'Informé, l'Ordonnateur, le Puissant, l'En-
tendant, le Voyant, le Sublime, le Grand, et que, plus
haut que Son trône de majesté, Il est le Glorieux en
Son essence ; qu'Il est en tous lieux avec Sa science (2) ;
qu'Il a créé l'homme, connaît à quelles suggestions celui-ci
s'expose, et est plus proche de lui que sa veine jugulaire (3) ; « qu'il ne tombe pas une feuille sans qu'Il le
sache, qu'il n'y a pas un grain dans les entrailles de la
terre, rien de vert ni de sec qui ne figure dans un Livre
manifeste » (Koran, VI, 59) ; « qu'Il est bien installé sur
le trône de la majesté divine » (Koran, VII, 52) ; que (par
Son pouvoir) Il embrasse la création ; « qu'à Lui appartiennent les beaux noms » (Koran, VII, 179) et les attributs

(1) « Il est chaque jour dans un état (nouveau) », dit le Koran, LV, 29.
(2) Allusion au Koran, LVIII, 8 : Il n'est point d'entretien secret entre
trois individus où Il ne soit le quatrième, etc.
(3) Allusion au Koran, L, 15.

les plus élevés ; qu'Il n'a jamais cessé d'être avec tous Ses noms et attributs, que Sa grandeur l'abrite de l'assertion que Ses attributs sont créés [9] et Ses noms nouveaux ! qu'Il a exprimé à Moïse Sa parole, laquelle est l'attribut de Son essence, et non un produit de Sa création ; qu'Il s'est manifesté sur la montagne (de Sinaï), qui s'est aplanie à cause de Sa majesté (1) ; que le Koran est la parole d'Allâh, ni créée et partant pouvant périr, ni attribut d'une chose créée et pouvant partant s'épuiser.

Il faut encore croire à la prédestination divine, que les effets en soient bons ou mauvais, doux ou amers, tout cela ayant été arrêté par Allâh notre Seigneur, et les choses arrêtées par Sa main se réalisant à la suite de Son décret ; croire qu'Il sait toutes choses avant qu'elles soient et qu'elles se réalisent conformément à ce qu'Il sait, sans qu'il y ait ni dire ni acte de Ses créatures qu'il n'ait décrétés et qu'Il ne sache d'avance, car « Celui qui a créé ne connaît-il pas (ce qu'Il a créé) ? C'est Lui qui est le subtil, le renseigné » (Koran, LXVII, 14) ; par Sa justice Il égare qui Il veut et le laisse à lui-même, par Sa faveur Il dirige qui Il veut et le soutient ; par Lui chacun a sa voie facilitée [10] dans la direction heureuse ou malheureuse indiquée d'avance par Sa science et Son arrêt ; que Sa grandeur l'abrite de l'assertion qu'il y a dans Son domaine souverain quelque chose qu'Il ne veuille pas ou que personne puisse se passer de Lui, ou qu'il y a un Créateur de quoi que ce soit autre que Lui, Seigneur des

(1) Allusion au Koran, VII, 139.

créatures et de leurs actes, prédéterminateur de leurs
mouvements et du terme de leur vie !

C'est Lui qui leur a envoyé les Apôtres pour établir à
leur encontre les preuves nécessaires ; puis Il a clos l'Apos-
tolat, l'admonition et la prophétie par Mohammed son
prophète, qu'Allâh le bénisse et lui donne le salut ! dont
Il a fait le dernier des Apôtres comme porteur de bonnes
nouvelles, avertisseur et chargé, par l'ordre d'Allâh, et
en qualité de flambeau illuminateur, d'appeler à Lui (1) ;
Il lui a révélé Son Livre de sagesse et a, par lui, exposé
Sa véritable religion et dirigé dans la droite voie.

Il faut encore croire que l'heure suprême arrivera sans
aucun doute ; qu'Allâh ressuscitera les morts, qui revien-
dront dans l'état où Il les a créés (2) ; [11] qu'Il multi-
pliera, pour ses serviteurs croyants, le prix de leurs
bonnes œuvres (3) ; qu'Il leur pardonne, quand ils se
repentent, leurs péchés les plus graves (4), et également,
quand ils s'abstiennent de ces derniers, leurs péchés
véniels ; que d'ailleurs Il fait de ceux qui ne se repentent

---

(1) Allusion au Koran, XXXIII, 45.

(2) Allusion au Koran, VII, 28. Ceux qui auront été mutilés de leur
vivant recouvreront l'intégrité de leurs membres, et même la trace de la
circoncision disparaîtra lors de l'entrée au paradis.

(3) Koran, II, 246. Les bonnes œuvres seront rémunérées dix fois leur
valeur, ou soixante-dix fois, ou sept cents fois, ou même à l'infini.

(4) Les péchés graves ou mortels sont, d'après le Prophète : donner des
associés à Allâh, commettre un meurtre interdit par Allâh, diffamer une
femme *mohçana*, dissiper le bien de l'orphelin, pratiquer l'usure, fuir
devant l'ennemi, désobéir à ses père et mère (Beydhawi, *Commentaire
du Koran*, I, 206 ; Hakki ad Kor. XLII, 35). Mais d'autres comptent jusqu'à
soixante-dix péchés mortels (Hakki, éd. Csp. I, 829).

pas de leurs péchés mortels, l'objet de sa volonté, « assu-
rément Allâh ne pardonne point qu'on lui associe d'autres
divinités, et Il pardonne les autres péchés à qui Il veut »
(Koran, IV, 51 et 116) ; — qu'Il retire du feu infernal, à
raison de sa foi, celui qu'Il a ainsi châtié et le fait entrer
au Paradis, car il est dit : « Et celui qui aura fait du bien
pour le poids d'un atôme le verra » (Koran, XCIX, 7) ; —
que, à l'intervention du Prophète, pourra sortir du feu
infernal celui qui, étant de son peuple et pour qui il
intercédera, sera auteur de péchés mortels ; — qu'Allâh
a créé le Paradis et l'a préparé pour être la demeure éternelle de ses fidèles ; — qu'Il les y honorera de la vue de
Sa face glorieuse ; c'est de là qu'Il chassa sur la terre
Adam, Son prophète et lieutenant, ainsi qu'il était marqué
dans Sa prescience ; — qu'Allâh a créé [12] le feu infernal
et l'a préparé pour être la demeure éternelle de ceux qui
ne croient point en Lui et sont rebelles à Ses signes, à Ses
livres et à Ses Apôtres ; qu'Il les tiendra privés de Sa
vue (1) ; — qu'Allâh (qu'il soit béni et exalté) viendra au
jour de la résurrection, ainsi que les anges disposés par
rangs (2), pour passer les peuples en revue et leur demander des comptes à l'effet de les châtier ou de les récom-
penser ; — que des balances seront dressées pour peser
les œuvres des humains (3), et que ceux-là seront les
bienheureux, dont les bonnes œuvres seront les plus

(1) Allusion au Koran, LXXXIII, 15.
(2) Allusion au Koran, LXXXIX, 23.
(3) Allusion au Koran, XXI, 48.

loyrdes ; — que chacun recevra les feuillets (1) où sont
inscrites ses œuvres, les uns de la main droite, et ils
n'auront à rendre que des comptes faciles, les autres dans
le dos (2), et ils seront livrés aux flammes infernales ; —
que le pont *Çirât* existe véritablement : les hommes le
franchiront d'après le poids de leurs œuvres, les élus s'y
gagnant de vitesse [13] pour échapper à la géhenne, et
d'autres étant attirés dans celle-ci par leurs actes ; —
qu'existe également la piscine de l'Apôtre d'Allâh (3), à
laquelle son peuple se rendra : celui qui y boira sera
désaltéré à jamais, et celui-là en sera repoussé qui aura
changé ou altéré sa croyance.

Quant à la foi, elle est constituée par l'expression orale,
la conviction intime et la réalisation matérielle : *a)* elle
s'accroît ou diminue en proportion des œuvres, de sorte
que celles-ci sont la cause soit d'une diminution, soit
d'une intensification de la foi ; *b)* l'expression orale n'en
devient parfaite que par les œuvres ; *c)* ni parole ni œuvre
ne sont valables que par l'intention ; *d)* ni parole ni
œuvre ni intention ne sont valables que par leur confor-
mité avec la Loi (4). (On doit croire encore) qu'aucun des

---

(1) La remise de ces livres ou feuillets précède la reddition de comptes,
et par suite la mention en aurait dû être faite plus tôt.

(2) C.-à-d. de la main gauche posée sur le dos ; voir Koran, LXXXIV,
7-12.

(3) Elle est alimentée par deux canaux venant du paradis et est confiée
à la garde d'Ali ben Aboû Tâleb ; les fidèles s'y abreuveront en sortant du
tombeau au Jour suprême.

(4) Le mot *sonna* du texte doit ici s'entendre dans un sens large ; il est
expliqué par شرع.

adhérents de la *ķibla* (1) n'est transformé par un péché
en infidèle ; — que les martyrs (2) sont en vie auprès de
leur Seigneur et y reçoivent leur subsistance (3) ; — que les
esprits des Élus subsistent et jouissent jusqu'au jour de
la résurrection, et que les esprits des damnés souffrent
jusqu'au Jour suprême (par la vue des places qu'ils occu-
peront ultérieurement) ; — que les croyants seront exami-
nés dans leurs tombeaux [14] et interrogés (par les deux
anges Monkar et Nekir) « Allâh affermira ceux qui auront
cru à la parole inébranlable en ce monde et dans l'autre » (4) ; — que les créatures (hommes ou génies) ont
des anges gardiens qui inscrivent leurs actions, et qu'aucune de celles-ci n'échappe à la connaissance de leur
Créateur ; — que l'ange de la mort cueille, d'après l'ordre
d'Allâh, toutes les âmes (5) ; — que les meilleures (6)
générations sont celles qui ont vu l'Apôtre d'Allâh et ont
cru en lui, ensuite celles qui ont été proches de ces dernières, puis celles qui ont été proches des précédentes ;

---

(1) C.-à-d. de la direction de la Mekke ; cela désigne les musulmans. Ce
sont les *Khawâridj* qui disent qu'un péché mortel fait perdre la qualité
de croyant ; pour les Mo'tazélites l'auteur du péché mortel est dit *fâsik*
et occupe un rang intermédiaire entre le croyant *mou'min* et l'infidèle
kâfir.

(2) Ainsi sont appelés ceux qui périssent dans la voie d'Allâh en combat-
tant les infidèles pour promouvoir la parole divine.

(3) Koran, III, 163.

(4) Koran, XIV, 32.

(5) Allusion au Koran, VI, 61, et XXXIX, 43.

(6) C.-à-d. au point de vue de la foi. Un hadith porte : « Les meilleurs
d'entre vous sont mes contemporains, puis ceux qui les avoisinent,
ensuite ceux qui les avoisinent ».

— que les meilleurs des Compagnons sont les khalifes orthodoxes et bien dirigés, Aboû Bekr, 'Omar ben el-Khaṭṭâb, 'Othmân ben 'Affân et 'Ali ben Aboû Ṭâleb, puisse Allâh être satisfait d'eux tous ! — que le souvenir d'aucun des Compagnons de l'Apôtre ne doit être rappelé que dans les meilleurs termes et en passant sous silence ce qui les a divisés ; [15] que ce sont ceux des hommes à propos (des dires et actes) de qui il faut chercher la meilleure interprétation et de qui l'on doit croire qu'ils ont pris la meilleure voie.

On doit obéir aux chefs *imâm* des musulmans, tant aux administrateurs temporels qu'aux savants, suivre les Anciens vertueux (1), marcher dans leurs traces, solliciter l'indulgence divine pour eux (et pour ceux qui nous ont précédés) (2). On doit s'abstenir de la discussion de mauvaise foi et de la controverse en matière de religion, comme aussi de toute nouveauté due aux innovateurs (3).

II

CAUSES QUI NÉCESSITENT L'ABLUTION ET LE LAVAGE.

L'ablution devient obligatoire (4) :

---

(1) *Es-salaf eç-çâliḥ*, par quoi il faut entendre les Compagnons ; *vertueux* veut dire qui respectent aussi bien les droits de Dieu que ceux des hommes.

(2) Koran, LIX, 10.

(3) Ce qu'il ne faut pas confondre avec les applications, que l'on fait à des cas nouveaux, des règles fondées sur les quatre bases qui ont servi à édifier le droit.

(4) Elle est *wâdjib* d'institution divine, autrement dit d'une nécessité absolue, et le fait de l'omettre entraîne châtiment. Ce mot se dit aussi, mais alors métaphoriquement, de pratiques *sonniques renforcées*.

1° par suite de la sortie, par l'un des deux exutoires naturels, d'urine, d'excréments ou de vent ;

2° par suite de la sortie de la verge, qui doit alors être entièrement lavée, du *medhy* (liqueur prostatique), qui est un liquide blanchâtre et clair expulsé lors du plaisir produit par l'érection dans les cas de badinage amoureux ou de souvenir voluptueux. Pour ce qui concerne le *wedy*, ou liquide blanchâtre et épais qui s'écoule après la miction, il faut procéder à son égard comme à l'égard de l'urine. Quant au *meniy*, ou sperme, c'est le liquide expulsé au moment de la jouissance dans l'acte vénérien et dont l'odeur [16] ressemble à celle (du pollen) de l'étamine de la fleur du palmier ; chez la femme, le sperme est une eau claire et jaunâtre dont l'émission nécessite un lavage. Son émission (chez l'un ou l'autre sexe) rend nécessaire le lavage des parties externes du corps tout entier (1), de même qu'il y faut procéder après la terminaison des menstrues.

L'ablution est obligatoire pour la femme atteinte de pertes sanguines ; elle lui est recommandée [si la période de pertes est celle qui est la plus longue] ; de même qu'il est recommandé [à l'homme], en cas d'incontinence d'urine (ou séminale ou venteuse) de s'abluer pour chaque prière.

D'autre part, la nécessité (2) de l'ablution résulte en-

---

(1) Ce qui est une répétition.

(2) Le caractère obligatoire en est absolu, il a le وجوب الفرض, autrement dit l'observation de cette prescription entraine récompense et son omission entraine châtiment ; il ne s'agit pas ici d'un وجوب السنن, lequel se dit des prescriptions *sonniques confirmées* سنة مؤكدة.

core : 1° d'une absence de la raison causée par un sommeil profond, un évanouissement, l'ivresse (1) ou un accès de démence ; 2° d'un attouchement ou d'un rapprochement corporel fait dans des intentions voluptueuses, ou d'un baiser de cette nature (2) ; 3° du fait d'un homme de se toucher la verge ; mais quant au toucher par la femme de ses propres parties, il y a divergence.

Le lavage devient obligatoire : par suite de ce que nous avons dit du jaillissement du sperme provoqué par la jouissance, soit pendant la veille soit pendant le sommeil, [17] soit de l'homme soit de la femme ; 2° par la fin de l'écoulement menstruel, 3° ou des pertes sanguines (3), 4° ou des lochies (4) ; 5° par l'introduction totale du gland dans les parties génitales, même sans éjaculation.

Cette introduction rend en outre obligatoires l'application de la peine légale (5) et le versement (intégral) de la dot ; transforme les deux époux en *mohçan*, permet au répudiateur par trois de reconvoler avec celle qu'il a répudiée, et vicie le pèlerinage ainsi que le jeûne.

___

(1) Sans distinguer si l'ivresse résulte de l'absorption d'un liquide ou substance licite ou illicite.

(2) C'est ainsi que les Malekites entendent le Koran, IV, 46 et V, 9 ; d'autres disent qu'il s'y agit de l'acte sexuel lui-même.

(3) Les pertes sanguines استحاضة sont celles qui se prolongent au-delà de quinze jours ou au delà de la période habituelle chez une femme. Le caractère obligatoire du lavage (غسل ou غُسل) dans ce cas n'est pas unanimement reconnu.

(4) نفاس, ordinairement « accouchement », mais, techniquement, « lochies » ; le lavage à la suite de l'accouchement est d'ailleurs obligatoire, qu'il y ait ou non des pertes consécutives.

(5) Cela s'entend du cas où il y a fornication. Cette question et les suivantes sont traitées dans les chapitres qui ont trait à chacune d'elles.

La femme se met, par le lavage, en état de pureté sitôt qu'elle s'aperçoit de la présence du liquide blanchâtre postérieur au sang menstruel, ou de la siccité de ses parties, que ce soit au bout d'un jour, de deux jours ou d'une heure ; mais si ensuite elle est reprise d'un écoulement sanguin ou qu'elle voie un liquide jaunâtre ou de couleur trouble, elle s'abstient de prier, pour, quand il s'est arrêté, se laver et faire la prière — bien que ces écoulements intermittents n'en fassent qu'un pour l'*'idda* et l'*istibrâ* (1) aussi longtemps qu'un intervalle de huit jours ou de dix jours (2) ne sépare pas deux écoulements sanguins ; [18] et alors le second constitue une nouvelle période menstruelle.

La femme dont l'écoulement persiste attend quinze jours, puis est reconnue atteinte de pertes, et cet état entraîne encore comme conséquences qu'elle peut jeûner, prier et cohabiter avec son mari.

Quand les lochies, lors de l'accouchement, se sont arrêtées, la femme procède au lavage et peut prier. Si cet écoulement se prolonge, elle attend soixante jours, et si alors il ne s'arrête pas, c'est qu'elle a des pertes, et en conséquence elle peut prier, jeûner et cohabiter.

---

(1) Au sujet de ces deux expressions voir le chapitre du mariage.
(2) Sahnoûn se contente d'un intervalle de huit jours, tandis qu'Ibn Habib en exige dix.

III

DE LA PRIÈRE : PURETÉ DE L'EAU, DES ÉTOFFES ET DU SOL,
ET VÊTEMENTS EXIGÉS.

Celui qui prie s'entretenant en tête à tête avec son
Seigneur, doit s'y préparer par l'ablution ou par le lavage
si celui-ci est nécessaire, [19] actes pour lesquels il faut
de l'eau qui soit pure, non mélangée à une impureté ni à
une chose, impure ou pure, qui en change la couleur (1),
à moins que ce colorant ne soit dû au sol servant de récipient à l'eau, par exemple à un terrain salsugineux, à un
limon noir et puant, etc. L'eau du ciel, des sources, des
puits et de la mer est bonne, c'est-à-dire pure par elle-
même et purificatrice des souillures. L'eau qui change de
couleur (de goût ou d'odeur) par suite de l'introduction
qui y est faite d'une chose pure reste pure, mais n'est pas
purificatrice dans son emploi en ablution ou en lavage
ou pour débarrasser d'une impureté ; celle qu'a modifiée
une impureté n'est ni pure ni purificatrice. Une petite
quantité d'eau devient impure par la présence d'une petite
quantité de matière impure (2).

L'emploi (3) de peu d'eau, [20] quand l'effusion en est
bien faite, est une pratique traditionnelle (4) ; l'emploi

(1) Ou le goût ou l'odeur.

(2) On admet cependant que l'usage en est possible mais à titre blâmable,
dans le cas, bien entendu, où le mélange n'a produit aucune modification
dans la couleur, le goût, ni l'odeur.

(3) Cet alinéa serait à sa place dans le chapitre précédent.

(4) Cette expression est ici expliquée comme signifiant « recommandable ».

d'une grande quantité est une exagération et une innovation. L'Apôtre d'Allâh s'est ablué avec un *moudd* d'eau, soit
le poids d'un ritl et un tiers (1), et s'est lavé avec un *çâ'*,
soit quatre moudd du type *moudd en-nebi* (2).

La pureté du lieu choisi pour la prière est obligatoire,
de même que celle du vêtement. Elle a, selon les uns, le
caractère obligatoire des prescriptions d'ordre divin, et,
selon d'autres, des devoirs traditionnels renforcés (3). Il
est défendu (4) de faire la prière dans le lieu de repos des
chameaux près de l'abreuvoir, sur la grande route, sur
le toit de la Ka'ba, dans un bain de la pureté duquel on
n'est pas sûr, dans un dépotoir, dans un abattoir, dans
un cimetière d'infidèles ou dans un de leurs temples.

Pour dire la prière, l'homme doit porter au moins un
vêtement, chemise (*dir'*, *kamîç*) ou manteau, qui lui couvre (les parties honteuses). [21] Il est blâmable qu'une
portion n'en recouvre pas ses épaules, mais cela ne l'astreint pas, le cas échéant, à la recommencer. La femme
doit au moins porter une chemise épaisse et ample qui
lui couvre le dessus des pieds, et un voile qui lui couvre
la tête.

---

(1) Le *ritl* vaut 12 onces, l'once 10 ⅖ drachmes, et la drachme 50 grains
d'orge de moyenne grosseur.

(2) Ce qui fait donc une quantité équivalente à 5 ⅓ ritl.

(3) سُنَن مُؤَكَّدَة et فَرَائِض

(4) يُ, mot qui s'emploie tant en parlant des choses simplement
blâmables que des choses absolument interdites. Ainsi des divers lieux
dont l'énumération suit, c'est le toit de la Ka'ba qui est le seul reconnu
unanimement comme interdit يَنْهَى تَحْرِيم, parce que c'est *vers* ce temple
qu'on doit se tourner pour prier.

De même que l'homme, elle touche en se prosternant le sol avec ses deux mains (1).

IV

De l'ablution et de ses pratiques tant traditionnelles que d'ordre divin ; du nettoyage avec de l'eau ou des cailloux après la satisfaction des besoins naturels.

Ce nettoyage ne fait pas nécessairement partie de l'ablution et ne figure pas parmi les pratiques d'origine traditionnelle ou divine de celle-ci, mais a lieu à raison de la nécessité, pour prier, de se débarrasser le corps de matières impures à l'aide soit d'eau soit de cailloux. Il suffit qu'il soit réalisé, sans être accompagné d'intention (2), et il en est de même pour le lavage d'un vêtement souillé. [22] Pour y procéder on se mouille (3) d'abord la main (gauche), et on lave l'extrémité de l'urètre ; après quoi l'on frotte les matières impures restées à l'anus avec de la terre sèche ou autre chose, ou bien avec la main gauche, qu'on frotte ensuite contre le sol et qu'on lave. Après quoi on se lave l'orifice avec de l'eau versée sans interruption, mais lentement, et en frottant bien avec la main jusqu'à nettoyage complet. Il n'y a pas

_____

(1) Cette prescription serait à sa place dans le chapitre des formes de la prière.

(2) L'intention est un des éléments requis pour la validité d'un devoir religieux.

(3) Le texte « on se lave » doit être entendu ainsi.

2

à laver l'intérieur de l'un ou l'autre orifice, non plus qu'à faire ce nettoyage à raison d'un vent.

Il suffit aussi d'employer trois cailloux dont le troisième (doit) être retiré propre. Mais l'eau purifie mieux, l'usage en est plus rassurant et elle est vue de meilleur œil par les savants (1).

Celui qui n'a laissé échapper ni urine ni excréments et qui veut s'abluer à raison d'une autre souillure (2), ou du sommeil ou d'une autre cause le motivant, doit se laver les mains avant de les plonger dans le récipient.

Il est de règle traditionnelle dans l'ablution de se laver les deux mains avant de les introduire dans le récipient, de se gargariser la bouche, de renifler l'eau [23] et de la rejeter, ainsi que de se passer les mains sur les oreilles ; le reste est d'obligation divine.

Celui qui va s'abluer par suite de sommeil ou d'autre chose commence, a dit un savant (3), en prononçant le nom d'Allâh ; mais personne n'a estimé que ce soit là un acte connu (des anciens). Il est plus commode, pour puiser dans le récipient, que celui-ci soit placé à droite. Le fidèle commence par se laver les deux mains à trois reprises avant de les plonger dans le récipient. Il se sera d'ailleurs préalablement nettoyé s'il a satisfait à l'un ou à l'autre

---

(1) Un mode encore préférable est d'employer successivement les cailloux d'abord, et l'eau ensuite.

(2) C.-à-d. d'un vent, bruyant ou non.

(3) Qui serait, dit-on, 'Abd el-Melik ben Habib, lequel n'a pas été désigné plus explicitement parce que cette opinion n'est pas conforme à l'usage traditionnel.

des besoins naturels, et le lavage des deux mains n'aura lieu qu'après cela. Il plonge ensuite ses mains dans le vase pour en tirer de l'eau et se rince la bouche à trois reprises, avec, à son gré, une seule gorgée ou trois gorgées. Se curer les dents avec le doigt est recommandé. Puis il renifle de l'eau à trois reprises et la rejette vivement en plaçant sa main sur le nez, comme on fait pour se moucher ; mais il suffit de faire moins de trois gargarismes et de trois reniflements. Les deux opérations peuvent se faire avec une seule gorgée, mais il est mieux de les faire complètes.

[24] Il prend ensuite de l'eau avec les deux mains ou, à son gré, avec la droite, mais alors la verse sur ses deux mains, la porte à son visage et l'y déverse en le lavant des deux mains à partir du haut du front, limité par la racine des cheveux, jusqu'à l'extrémité du menton, ainsi que tout le contour de la face, des os de la mâchoire aux tempes. Il se passe les mains sur les parties en retrait de l'extérieur des paupières, sur les rides du front et sous l'extrémité molle du dehors du nez. Ce lavage de la face, au moyen de l'eau qui y est portée, se fait ainsi à trois reprises. En même temps il secoue sa barbe pour que l'eau y pénètre et ne reste pas adhérente aux poils. Dans l'ablution, il n'y a pas lieu, d'après Mâlek, d'y introduire les doigts, mais il faut passer les mains dessus du haut en bas.

Après quoi il se lave d'abord la main droite trois [25] ou deux fois en versant de l'eau dessus et la frottant de la main gauche en entrelaçant les doigts des deux mains, pour ensuite en faire autant à la main gauche, en nettoyant énergiquement l'une et l'autre jusqu'aux coudes. Ceux-ci sont inclus, ou, d'après d'autres, exclus, de sorte qu'il n'est pas obligatoire de les y comprendre, bien que cela soit plus prudent pour éviter la difficulté de délimitation.

Ensuite, prenant de l'eau avec la main droite, il la verse dans la paume de la gauche et se les passe toutes les deux sur la tête en commençant par le devant, c'est-à-dire au point où les cheveux commencent normalement à pousser, les bouts des doigts des deux mains étant réunis sur la tête et les pouces reposant sur les tempes. Il passe alors les deux mains en frottant jusqu'au point où s'arrêtent les cheveux sur la nuque et les ramène à leur point de départ, et il passe les deux pouces derrière les oreilles en les ramenant aux tempes. Il suffit aussi de se passer (la main ou un doigt) sur toutes les parties de la tête, mais le premier procédé est préférable.

(De même, pour prendre de l'eau) il suffit de plonger les mains dans le vase et de les en retirer mouillées pour se les passer sur la tête.

Après quoi il se verse de l'eau sur les index et les pouces ou, s'il veut, les plonge dans l'eau et se les passe sur les oreilles tant devant que derrière.

La femme fait comme l'homme (26) et se passe les mains mouillées sur les deux mèches pendantes, mais non sur le mouchoir enroulant les cheveux, et quand elle les ramène, les introduit sous les tresses.

Le fidèle se lave ensuite les pieds : il répand avec la main droite de l'eau sur le pied droit, qu'il frotte petit à petit avec sa main gauche, en entier et à trois reprises ; pendant cette opération, il peut, s'il le veut, passer le doigt entre les doigts du pied, ce qui est plus rassurant, mais aussi ne pas le faire sans qu'il y ait faute de sa part. Il doit se frotter les talons et les jarrets, ainsi que les endroits où les callosités ou les crevasses ne laissent pas l'eau parvenir tout de suite. Il faut bien opérer la friction manuelle tout en versant l'eau, car le Prophète a dit : « Malheur aux talons, car le feu (leur est réservé) ! » Or ce qu'on appelle le talon عَقِب (27) d'une chose, c'en est l'extrémité ou le bout. — Après le pied droit, le pied gauche est traité de même (1).

Le fidèle n'a pas à limiter le lavage des membres auxquels cette opération peut se faire à trois reprises par une opération qui ne dispenserait pas de l'ablution, mais celle-ci ne peut être répétée plus de trois fois (2). L'ablution faite moins de trois fois, mais à fond, est valable ; tous cependant ne savent pas également bien la faire à fond.

Le Prophète a dit : « Celui qui procède à l'ablution doit la bien faire ; puis ajouter en levant les yeux au ciel : « Je témoigne qu'il n'y a de divinité qu'Allâh seul et sans

---

(1) Les chevilles sont comprises dans ce qu'on appelle le pied.

(2) Plus clairement : un nettoyage à fond, par exemple, mais non sous forme d'ablution, peut avoir lieu préalablement à celle-ci, mais ne compte pas comme telle, et l'ablution elle-même ne doit pas être répétée plus de trois fois, selon l'exemple donné par le Prophète, et peut même n'être faite qu'une fois.

associé ; je témoigne que Mohammed est son serviteur et
son Apôtre » ; [28] alors les huit portes du Paradis lui
sont ouvertes, et il entrera par celle qu'il voudra ». Il est
méritoire, d'après un savant, d'ajouter, sitôt l'ablution
accomplie : « O grand Dieu, place-moi parmi les repen-
tants, place-moi parmi les purifiés ».

Le fidèle doit procéder à cet acte par pur amour pour
Allâh et pour obéir à Son ordre, avec l'espoir d'être agréé
et récompensé, la volonté de se purifier de la sorte de ses
péchés, et en se disant qu'il accomplit ainsi un acte de
préparation et de purification pour s'entretenir avec le
Seigneur et se tenir devant Lui, à l'effet d'exécuter Ses
prescriptions et de Lui adresser d'humbles inclinaisons
et prosternations. Il y procède donc avec assurance dans
cet esprit d'humilité qu'il prendra soin de garder, car la
validité de tout acte où l'intention est requise dépend
de la réalisation de celle-ci.

V

LAVAGE NÉCESSITÉ PAR LES IMPURETÉS MAJEURES.

[29] Cette purification (1) est provoquée par l'impureté
majeure (2) et la fin de l'écoulement du sang menstruel

---

(1) L'intitulé emploie le mot « lavage » غسل ; ici c'est le mot طهر ; ils sont
synonymes. Des diverses pratiques dont se compose la purification et
qu'énumère l'auteur, cinq sont de prescription divine, cinq d'ordre
traditionnel et sept sont méritoires.

(2) La djenâba résulte de l'émission de sperme et de l'introduction de la
verge, ou d'une portion correspondant au gland, dans l'orifice vaginal.

ou des lochies. On peut valablement s'y borner sans y
ajouter l'ablution proprement dite (1). Il est plus méritoire cependant, après avoir enlevé par le lavage les impu-
retés des parties naturelles ou du corps, de faire l'ablution
requise pour la prière.

Le fidèle peut, à son gré, se laver les pieds au commencement ou à la fin du lavage purificatoire. Après quoi,
plongeant ses deux mains dans le vase (2) il les retire,
mais sans ramener d'eau, et se les passe entre les racines
des cheveux (3) ; puis il puise de l'eau avec les mains à
trois reprises et se la verse sur la tête en la frottant à
l'aide des mains (4). La femme agit de même, mais en
pressant et secouant ses cheveux sans avoir à dénouer ses
tresses. Cela fait, il répand de l'eau d'abord sur son côté
[80] droit, ensuite sur le gauche, et se frotte avec les deux
mains sitôt après l'effusion de l'eau. Cette friction doit
s'étendre à tout le corps, et la partie au sujet de laquelle
il y a doute qu'elle ait été touchée doit être mouillée à
nouveau et frottée, de sorte qu'aucune partie n'y échappe :
il veille (notamment) à nettoyer le creux du nombril, le
dessous du menton, en passant ses doigts entre les poils
de la barbe, les aisselles, l'entrefesse, les aines, le creux
des genoux, les parties basses des pieds ; il se passe de

(1) Ce qui veut dire que l'accomplissement du *ghosl* permet de procéder
à la prière, sans qu'il y ait nécessité de faire la lotion si aucun incident
nouveau n'exige celle-ci.

(2) Si la forme du vase ne permet pas qu'on y plonge les mains, on verse
l'eau sur celles-ci.

(3) D'arrière en avant, ce qui préserve du rhume de cerveau.

(4) On peut se borner à une seule friction pourvu qu'elle soit bien faite,

l'eau entre les doigts des mains. Après cela il se lave les deux pieds, ce dernier acte ayant pour but de parfaire l'ablution purificatoire et aussi de parfaire l'ablution simple quand il a, dans celle-ci, retardé le lavage des pieds.

Il doit se garder, au cours des frictions, de se toucher la verge avec la paume de la main ou la face interne des doigts. Si cela lui arrive quand il a parfait l'ablution purificatoire, il recommence l'ablution simple ; si c'est au commencement et après qu'il s'est lavé les parties du corps soumises à l'ablution simple, alors il se passe les mains mouillées sur les dites parties [31] et ainsi qu'il le faut, tout en réitérant son intention (de procéder à une ablution).

VI

DU FIDÈLE QUI, FAUTE D'EAU, PROCÈDE A LA LUSTRATION PULVÉRALE.

La lustration pulvérale (1) s'impose, par suite du manque d'eau, au voyageur qui désespère d'en trouver pour le moment (d'élection) ; — comme aussi, et bien qu'il y ait de l'eau, au fidèle soit bien portant, voyageur ou sédentaire, qui ne peut l'employer par crainte de maladie, soit malade et pouvant l'employer, mais qui ne trouve personne pour lui en donner ; de même encore le voyageur qui a l'eau à sa portée, mais qui est empêché par la crainte des voleurs ou des bêtes fauves. Le voyageur qui est as-

---

(1) Il en est parlé par le Koran, IV, 46, et V, 9.

suré de disposer d'eau au temps d'élection, retarde la lustration pulvérale jusqu'au bout de cette période ; quand il
désespère d'en avoir, il y procède au commencement de
cette période ; quand il ignore s'il en aura, au milieu de
cette période, de même que quand il craint, tout en espérant le contraire, de n'en avoir pas au moment d'élection.

D'entre ceux qui, après avoir fait la lustration pulvérale et avoir prié, trouvent de l'eau, les suivants recom-
mencent la prière (1) : le malade qui n'avait d'abord
trouvé personne pour lui en fournir, celui qui avait
d'abord craint [32] les fauves ou autre chose, et le voyageur qui avait d'abord craint, en espérant le contraire, de
n'en pas avoir au temps d'élection. Les autres ne la recom-
mencent pas.

Aucun fidèle des sept catégories visées ne peut, moyennant une seule lustration pulvérale, dire deux prières
(d'obligation divine), sauf le malade qui ne peut employer
l'eau à raison d'un mal physique durable ; mais on a dit
aussi qu'il doit renouveler cette lustration pour chaque
prière. On rapporte encore, d'après Mâlek, que celui qui se
rappelle avoir à dire des prières (omises, oubliées, etc.) peut
s'en acquitter en ne faisant qu'une lustration pulvérale.

Celle-ci se fait avec la couche superficielle pure du sol,
c'est-à-dire avec ce qui apparaît à la surface de la terre et
qui en provient en fait de poussière, grenaille (2), pierres
ou matières salsugineuses. Le fidèle tapote la terre avec

---

(1) A titre de pratique recommandable.
(2) Ainsi est expliqué le mot رمل.

ses mains, d'où il secoue légèrement ce qui y pourrait
adhérer ; puis [33] il se les passe légèrement sur toute la
face. Après quoi il tapote une seconde fois la terre, puis
frotte doucement sa main droite avec la gauche en plaçant
les doigts de celle-ci sur l'extrémité des doigts de la
droite ; il passe ensuite les doigts sur la face externe de
la main et de l'avant-bras, en les ployant sur celui-ci et
les avançant jusqu'au coude. Après quoi il appuie la
paume de la main gauche sur la face interne de l'avant-
bras droit à partir du pli du coude et la ramène jusqu'au
poignet ; enfin, il passe la face interne du pouce gauche
sur la face externe du pouce droit.

Cela fait, il se frotte de la même manière la main gauche à l'aide de la main droite, et, quand il a atteint le
poignet, il se frotte la main droite avec la gauche jusqu'au
bout des doigts (1).

Qu'il se frotte d'abord la droite avec la gauche ou (in-
versement) la gauche avec la droite, à son gré et parce
que cela lui est plus facile, cela est valable pourvu que la
friction soit générale.

Le fidèle atteint de souillure majeure et la femme
menstruée qui ne trouvent pas d'eau pour se purifier
recourent à la lustration pulvérale et peuvent prier ; mais
ils ont recours à l'eau quand ils en trouvent, sans avoir à
recommencer la prière déjà faite. L'homme ne doit pas
approcher sa femme après que, les menstrues ou les

_____

(1) D'après d'autres, on finit entièrement la droite avant de passer à la
gauche.

lochies ayant cessé, il y a eu seulement lustration pulvérale ; il lui faut attendre qu'il y ait de l'eau pour que la
femme se purifie [34] et que tous les deux aient procédé
au lavage purificatoire.

Dans le chapitre des prescriptions diverses relatives à
la prière, il est dit quelque chose des questions relatives
à la lustration pulvérale (1).

VII

MADÉFACTION OU FRICTION LÉGÈRE *mash* PAR DESSUS LES CHAUSSURES.

Le fidèle peut, soit en résidence fixe soit en voyage,
faire la madéfaction par dessus ses chaussures quand il
ne les a pas quittées. Il faut pour cela qu'il se soit chaussé
après s'être lavé les pieds au cours d'une lotion permettant de prier valablement. [35] Quand, cela étant, il contracte une souillure mineure et procède à l'ablution, il
peut faire cette friction extérieure ; autrement, non.

Pour y procéder, il place sa main droite sur la chaussure du pied droit, à l'extrémité des orteils, et la gauche
par dessous ces derniers, et les ramène l'une et l'autre
jusqu'aux chevilles. Il fait de même pour le pied gauche
en mettant la main gauche dessus et la droite dessous. Il
ne madéfie pas la poussière ou les déjections de bêtes de
somme qui sont sous (ou sur) la chaussure, mais commence par essuyer (la première) ou laver (les secondes).

(1) Ci-dessous p. 55,

D'autres disent qu'il doit madéfier le dessous en commençant aux chevilles et poursuivre jusqu'au bout des orteils,
à l'effet de ne pas ramener au talon quelque partie humec-
tée de la poussière excrémentitielle provenant des chaussures. (En procédant ainsi) il faut également enlever la
poussière qui est sous la chaussure avant de procéder à
la madéfaction (1).

VIII

MOMENTS (2) ET NOMS DE LA PRIÈRE.

La prière de l'aurore, *çobḥ*, dénommée « prière moyenne » chez les Médinois, est celle du point du jour, *fedjr* (3).
Le temps d'élection de cette prière commence avec l'apparition de l'aurore produisant de la lumière (4) au point
extrême de l'Orient, lequel peut s'éloigner [36] du sud
vers le nord (5), et dure jusqu'à ce qu'elle soit haute et

---

(1) Cette phrase n'est autre chose qu'une répétition inutile.

(2) On distingue le moment d'acquittement ألاَدَا تِ, et le moment de
réparation ou de compensation ألقَدَا تِ ; le premier est celui où chacune
des cinq prières quotidiennes (et de même le jeûne) doit être dite normalement par le fidèle ; il peut être « d'élection » quand le fidèle a, pour
s'acquitter, le choix entre l'une ou l'autre des portions dont il se compose ;
ou « forcé » quand ce choix n'existe pas. Le temps d'élection peut lui-même
être « méritoire » — c'est à son début — ou simplement convenable.

(3) Elle porte encore le nom de غداة. Dans les textes aussi bien que dans
l'usage courant, on emploie souvent sans les distinguer les mots *çobḥ* et
fedjr pour désigner la prière de l'aurore, bien que le second désigne
proprement une prière surérogatoire qui devance de très peu la première ;
cf. p. 43.

(4) C'est l'aurore vraie الفجر الصادق opposée à la mensongère الكاذب ou
mince trainée blanchâtre qui s'élève à l'horizon.

(5) Ce passage peu facile est l'objet des controverses des commentateurs.

embrasse l'horizon. Ce temps finit avec le vif rayonne-
ment, c.-à-d. quand le bord du globe solaire apparaît
alors que le fidèle a prononcé la salutation finale. Entre
ces deux limites chacun est libre de choisir son moment,
mais la période initiale est plus méritoire.

Le temps de la prière de midi, *dohr*, arrive quand le
soleil décline du milieu du ciel, alors que l'ombre commence à croître. Il vaut mieux la retarder en été (comme
en hiver) jusqu'à ce que l'ombre de toutes choses ait crû
d'un quart de la longueur de celles-ci après que l'ombre
produite par le soleil déclinant s'est manifestée. D'autres
prétendent que ce retardement est préférable pour la
prière prononcée à la mosquée, afin que les fidèles y puissent venir à cet effet, mais que pour le fidèle isolé le
moment initial de cette période est préférable. On dit
encore que, si la chaleur est trop vive, il est préférable,
même pour le fidèle isolé, de dire cette prière quand la
température fraîchit, à raison du dire du Prophète : « Dites
la prière au frais, car le plein de la chaleur fait partie du
feu infernal ». Ce temps finit quand l'ombre des objets,
ajoutée à celle qu'ils projettent au milieu du jour, devient
égale à leur longueur.

Le temps de la prière de l'après-midi, *'açr*, commence
quand finit celui de midi ; [37] il finit quand l'ombre
des objets, ajoutée à celle projetée au milieu du jour,
devient égale au double de leur longueur. On dit encore
qu'il commence quand, te tenant face au soleil et debout,
sans abaisser les paupières ni la tête, ton regard perçoit

le soleil : s'il ne le perçoit pas, le temps n'est pas commencé ; si le soleil est plus bas que ton regard, ce temps est bien et dûment commencé. Il dure, d'après Mâlek (1), tant que le soleil ne commence pas à rougir la terre.

La prière du soleil couchant, *maghrib*, est aussi appelée du présent, *châhid*, c.-à-d. (d'après Mâlek) du sédentaire (2), ce qui signifie que le voyageur ne l'abrège pas et la dit dans les mêmes conditions que le sédentaire ; le moment pour la faire est celui du coucher du soleil. Quand donc celui-ci disparaît dans le voile (de la nuit), il faut la faire à ce moment, qui est unique et après lequel elle ne peut être retardée.

[38] Le moment de la prière du soir, *'atama*, qu'il vaut mieux appeler *'ichâ* (3), est celui de la disparition du crépuscule du soir, c.-à-d. de la rougeur persistant au point où se couche le soleil et provenant des derniers rayons de celui-ci. Quand de ce point ont disparu les lueurs jaunes aussi bien que les rouges, le moment est venu sans qu'il y ait à tenir compte de la blancheur persistant à l'occident. Le moment qui commence alors dure jusqu'au (premier) tiers de la nuit pour ceux qui ont à la retarder à raison d'une occupation ou d'un motif d'excuse.

---

(1) Cette opinion a été rapportée par Ibn el-Kâsim ; la précédente remonte aussi à Mâlek, mais a été transmise par Ibn 'Abd el-Ḥakam.

(2) On dit aussi que Châhid est le nom d'une étoile dont le lever a lieu à ce moment-là. D'ailleurs la prière de l'aurore n'est pas non plus susceptible d'abréviation.

(3) Parce que ce nom est consacré par le Koran, XXIV, 57, et par un hâdith.

Il est préférable pour le fidèle isolé de prier au début de cette période, et il convient de retarder un peu cette prière à la mosquée pour que les fidèles se réunissent. Il est blâmable de dormir avant cette prière et, après qu'elle est dite, de s'entretenir de sujets peu urgents.

IX

DE L'APPEL A LA PRIÈRE ÉT DU RÉAPPEL الاذان ET الاقامة

L'appel à la prière est obligatoire (1) dans les mosquées et les réunions régulières (2). [39] Il est recommandé à l'homme qui est seul de le faire, tandis que le réappel lui est imposé ; celui-ci est seulement recommandé à la femme, mais elle peut s'en abstenir sans péché.

L'appel à une prière ne doit se faire qu'au moment fixé pour celle-ci ; il est cependant recommandé d'appeler (une première fois) à la prière de l'aurore dans le dernier sixième de la nuit (3). La formule en est : « Allâh est le plus grand (4) ! Allâh est le plus grand ! J'atteste qu'il n'y a

---

(1) Au titre de pratique traditionnelle renforcée سنة مؤكدة.

(2) C.-à-d. quand plusieurs personnes sont appelées à se réunir pour dire les prières exigées par la loi au moment fixé ; celles qui sont surérogatoires ou dites en retard ou à raison de funérailles, etc., sont donc exclues ; voir Khalil, 18, l. 8, et les commentaires, où l'on ne retrouve pas le mot الذي.

(3) L'*adhân* est ensuite renouvelé en temps utile. Aboû Ḥanifa n'admet pas ce double appel.

(4) Le comparatif *akbar* est expliqué comme ayant le sens ou du positif ou du superlatif. On voit que la formule *allâh akbar* n'est répétée par les Malékites que deux fois ; elle l'est quatre fois par les Chaféites et les Hanéfites (M. d'Ohsson, II, 110 ; Van den Berg, *Principes du droit musulman*, 30 ; Dict. Lane, 42 b ; Mâwerdi, *Aḥkâm soltâniyya*, 174).

de divinité qu'Allâh, j'atteste qu'il n'y a de divinité
qu'Allâh, j'atteste que Mohammed est l'Apôtre d'Allâh,
j'atteste que Mohammed est l'Apôtre d'Allâh » ; puis on
recommence à plus haute voix que la première fois, et
on répète le témoignage « j'atteste qu'il n'y a de divinité
qu'Allâh, j'atteste qu'il n'y a de divinité qu'Allâh, j'atteste
que Mohammed est l'Apôtre d'Allâh, j'atteste que Mohammed est l'Apôtre d'Allâh ! Accourez à la prière, accourez
à la prière ; accourez à la félicité, accourez à la félicité ! »
On ajoute ici, s'il s'agit de la prière de l'aurore, « la prière
vaut mieux que le sommeil, [40] la prière vaut mieux
que le sommeil, » mais pour cette prière seulement ;
puis on poursuit : « Allâh est le plus grand, Allâh est
le plus grand, il n'y a de divinité qu'Allâh, » cette
dernière partie de la phrase n'étant dite qu'une fois.

Le réappel, *ikâma*, où ces phrases (moins la première)
ne figurent qu'une fois, consiste en ces termes : « Allâh
est le plus grand, Allâh est le plus grand ! J'atteste qu'il
n'y a de divinité qu'Allâh, j'atteste que Mohammed est
l'Apôtre d'Allâh, accourez à la prière, accourez à la félicité ; voici l'heure de la prière ! Allâh est le plus grand,
Allâh est le plus grand, il n'y a de divinité qu'Allâh ! »

X

MANIÈRE DE PROCÉDER A LA PRIÈRE D'OBLIGATION DIVINE ;
PRATIQUES MÉRITOIRES ET TRADITIONNELLES QUI Y SONT
JOINTES.

L'*ihrâm* ou introduction à la prière consiste à dire *Allâh*

akbar, formule qui ne peut être suppléée par aucune
autre [41] et qui se prononce en élevant les deux mains
vis à vis les épaules ou moins haut ; après quoi commence
la récitation. C'est à haute voix, dans la prière de l'aurore, que tu récites la première sourate (*fâtiḥa*), sans faire
précéder ni celle-ci ni celle qu'on récite ensuite, de la
formule *bismillâh ir-rahmân ir-rahim*, et sans distinguer
si l'on prie en qualité d'imâm ou non. Après les mots
« ni les égarés » (qui terminent la première sourate), le
fidèle, qu'il prie seul ou sous la direction d'un imâm,
ajoute tout bas « amen », mot que ne prononce pas l'imâm
qui prie à haute voix, et qu'il prononce s'il prie à voix
basse. Il y a néanmoins divergence quant à l'énoncé de ce
mot par l'imâm priant à haute voix (1). Après quoi tu
récites une des *longues* sourates de la partie du Koran
dénommée *mofaççal* (2). Il est méritoire d'en réciter une
plus longue que celles indiquées, [42] mais dans la mesure de la durée du crépuscule, et la récitation en est faite
à haute voix.

Cette seconde sourate terminée, tu dis *Allâh akbar* en
te penchant pour faire l'inclination ; tu saisis tes genoux
avec les mains, en donnant au dos une direction bien

----

(1) Cette phrase répète ce qui vient d'être dit en ajoutant seulement le
fait, qu'il aurait mieux valu dire dans la phrase précédente, qu'il y a
controverse sur ce point.

(2) Le *mofaççal*, ainsi nommé parce qu'il est fréquemment *coupé* par la
formule *bismillâh*, comprend les S. XLIX à CXIV (on le fait aussi
commencer aux S. XLII, ou XLV, ou XLVIII, ou LIII). Les sourates
longues finissent avec la LXXIXᵉ, les moyennes, avec la XCIIᵉ, et les
courtes vont de la XCIIIᵉ à la fin.

3

horizontale, sans lever ni abaisser la tête, et en écartant les bras des flancs, le cœur pénétré d'humilité par ces actes d'inclination et de prosternation. Tu n'adresses aucune demande (à Dieu) pendant l'inclination ; mais tu peux, si tu veux, dire « Gloire à mon Seigneur l'immense, louanges à Lui ! » sans limitation dans les termes employés ni dans la durée (maximum) de l'inclination. Ensuite tu relèves la tête en disant : « Allâh écoute ceux qui le louent », puis « O grand Dieu notre Seigneur, à Toi la louange » si tu pries seul ou à la suite d'un imâm, mais l'imâm ne dit pas cette dernière formule. Le fidèle dirigé (1) ne prononce pas la première et se borne à la dernière.

(La tête étant relevée) tu te tiens debout, calme et immobile, pendant quelque temps ; puis tu te penches vers le sol et, sans t'asseoir, tu fais la prosternation (après avoir posé tes mains sur les genoux) et en prononçant *Allâh akbar* [43] pendant que tu es en train de te pencher ; tu poses sur le sol le front et le nez en étendant à même le sol les deux mains ouvertes et à plat, dans la direction de la *kibla*, à la hauteur des oreilles ou en-deçà. Ce dernier point n'est pas de rigueur, sauf qu'il ne faut pas complètement laisser tomber les bras sur le sol ; ils ne restent pas collés aux flancs, mais en sont tenus à une distance moyenne. Dans la prosternation, les pieds sont verticaux, le dessous du gros orteil étant tourné vers le sol, et tu peux, à ton gré, dire ou ne pas dire une oraison

---

(1) C.-à-d. priant sous la direction d'un imâm.

comme « Gloire à Toi, Seigneur ! Je me suis fait tort à moi-même et j'ai fait le mal ; veuille me pardonner ! » ou quelque autre. Tu es libre de formuler une invocation pendant la prosternation, dont la durée maximum n'est pas limitée, mais qui doit être au moins assez longue pour que les membres soient dans un repos parfait.

Après quoi tu relèves la tête en disant *Allâh akbar* et tu t'assieds en ployant le pied gauche dans cette posture intermédiaire entre les deux prosternations, et en dressant le pied droit, dont le dessous des doigts est dirigé [**44**] vers le sol (1). (En relevant la tête) tu éloignes les mains du sol pour les mettre sur les genoux, puis tu fais la seconde prosternation à l'instar de la première. Après quoi tu te redresses de terre tel quel, en t'aidant des mains et sans te rasseoir pour te mettre debout (2), car on fait de la manière que j'ai dit pour la prosternation (à laquelle on passe de la position debout, et non de la position assise). Tu prononces, pendant que tu te redresses, la formule *Allâh akbar*.

Pour la seconde rek'a, tu récites, comme pour la première, les deux sourates koraniques indiquées, la seconde pouvant cette fois être moins longue, et tu procèdes en tout de même, sauf que tu peux dire le *ḳonoût* après l'inclination, ou, à ton gré, avant, et après avoir fini la récitation. Voici le *ḳonoût* : « O grand Dieu, nous Te

---

(1) La position ici décrite n'est pas spéciale à ce cas ; c'est celle que l'on doit prendre quand il y a lieu de s'asseoir au cours de la prière.

(2) Allusion à une pratique chaféite.

demandons aide et pardon ; nous croyons en Toi et met-
tons notre confiance en Toi ; nous nous humilions devant
Toi, répudions les autres religions et laissons de côté
ceux qui Te nient ; ô grand Dieu, c'est Toi que nous
adorons et prions, devant Toi que nous nous prosternons,
vers Toi que nous courons et nous précipitons ; nous
espérons en Ta miséricorde et craignons Ton rigoureux
châtiment ; car certes Ton châtiment s'attache aux incré-
dules » (1). Cela dit, tu te prosternes et t'asseois comme
il a été décrit plus haut. Mais quand tu t'asseois après les
deux prosternations, tu tiens le pied droit verticalement,
le dessous des doigts tourné vers le sol, et le pied gauche
ployé, la fesse droite touchant le sol, sans te reposer sur
le pied gauche. Dans la position verticale du pied droit,
on peut, si l'on veut, incliner ce dernier [45] et toucher
le sol avec le côté (2) du gros orteil, cela est permis.

Après (t'être assis), tu récites le *techehhoud*, c.-à-d.
« Les salutations (sont) pour Allâh, les bonnes œuvres
pour Allâh, (ainsi que) les bonnes paroles ; les prières
sont pour Allâh. Le salut soit sur toi, ô Prophète, ainsi
que la miséricorde et les bénédictions d'Allâh ! Le salut
soit sur nous et sur les vertueux serviteurs d'Allâh ! J'atteste qu'il n'y a de divinité qu'Allâh seul et sans associé
et j'atteste que Moḥammed est le serviteur et l'Apôtre

---

(1) Cf. M. d'Ohsson, *Tableau de l'empire ottoman*, II, 185, d'après qui le
konoût est une partie de la prière *witr* ; Dictionnaire de Lane, p. 2565,
qui donne un texte légèrement différent du nôtre.
(2) On dit plutôt, avec le *dessous*.

d'Allâh » (1). Après quoi on peut valablement faire le
salût terminal, ou l'on peut, si l'on veut, y ajouter entre
autres choses : « Et j'atteste que ce qu'a apporté Mohammed est vrai, que le paradis est vrai, que le feu infernal
est vrai, que l'heure suprême viendra sans aucun doute
et qu'Allâh ressuscitera ceux qui sont dans les tombeaux.
O grand Dieu, honore Mohammed et la famille de Mohammed, fais miséricorde à Mohammed et à la famille de
Mohammed, bénis [46] Mohammed et la famille de Mohammed, de même que tu as honoré et donné miséricorde
et bénédiction à Abraham et à la famille d'Abraham parmi
les créatures ; certes Tu es loué et glorieux. O grand Dieu,
honore Tes anges et Tes favoris, Tes prophètes et Tes
apôtres et tous ceux qui Te sont soumis ; ô grand Dieu,
accorde à moi et à mes parents, à nos maîtres (imâms) et
à ceux qui nous ont précédés dans la foi un pardon absolu ; ô grand Dieu, je Te demande en fait de tout bien ce
que T'a demandé Mohammed Ton prophète, je recours
à Toi contre tout mal pour lequel Mohammed Ton prophète a eu recours à Toi ; ô grand Dieu, pardonne-nous
ce que nous avons commis, ce que nous avons omis, ce
que nous avons fait secrètement ou ouvertement et ce que
Tu sais mieux que nous ; Seigneur, accorde-nous en ce
monde un bien, et dans l'autre un bien ; garde-nous du
supplice du feu ; j'ai recours à Toi contre la séduction de
la vie et de la mort; contre l'épreuve du tombeau, contre

---

(1) Cf. M. d'Ohsson, *Tableau de l'empire ottoman*, II, 84 ; Dictionnaire
Lane, p. 683 a.

la séduction [47] de l'Antéchrist, contre le supplice du feu et une funeste issue. » (Le fidèle dirigé peut, dit Mâlek, ajouter) : « Le salut soit sur toi, ô Prophète, ainsi que la miséricorde et les bénédictions d'Allâh ! le salut soit sur nous et sur les vertueux serviteurs d'Allâh ! ». Ensuite le fidèle, qu'il soit imâm (1) ou prie isolément, dit une seule fois, « le salut soit sur vous » (2) en regardant droit devant soi et en tournant légèrement la tête à droite. Quand il est dirigé, il prononce cette formule en se tournant légèrement à droite, la répète dans la direction de l'imâm et en la lui adressant, et la redit à son voisin de gauche qui la lui a adressée, si toutefois il en a un.

En prononçant le *techehhoud*, le fidèle met ses mains sur les cuisses, en contractant les doigts de la droite et allongeant l'index d'une manière indicative en en relevant la tranche vers soi ; on n'est pas d'accord [48] sur la question d'un mouvement à lui imprimer. On dit que, par ce procédé indicatif, (il montre qu') il croit qu'Allâh est la divinité unique, et celui qui meut le doigt explique ce mouvement comme repoussant Satan ; mais j'estime que l'explication en est qu'il pense ainsi à ce qui l'empêchera, Dieu le voulant, de commettre dans la prière aucune négligence ou d'y être inattentif. Quant à la main gauche, il l'allonge sur sa cuisse gauche sans remuer l'index ni lui donner une position indicative.

---

(1) Ce mot étant pris ici dans le sens de « directeur de la prière ». en opposition avec « le fidèle dirigé ».

(2) C'est le salut terminal التحليل سلام.

Il est méritoire, sitôt après les prières d'obligation divine, de faire des citations pieuses en disant trente-trois fois le *tesbîh*, le *tahmid* et le *tekbir* et parachevant la centaine par les mots « il n'y a de divinité qu'Allâh seul, Il n'a pas d'associé, la souveraineté Lui appartient, la louange Lui appartient, Il peut toutes choses ».

Il est méritoire, et non obligatoire, sitôt après la prière de l'aurore, de prolonger les citations pieuses, la demande de pardon, le *tesbîh* et l'invocation jusqu'au lever ou jusque près du lever du soleil. On fait les deux *rek'a* de l'aube; *fedjr*, (1) avant la prière du point du jour et après le lever de l'aube, en disant [49] dans chacune la *fâtiha* à voix basse.

La récitation des sourates koraniques dites longues (2) à la prière de midi est à peu près comme celle de la prière de l'aurore, ou (selon d'autres) légèrement inférieure. Nulle partie de la récitation ne se fait, dans cette prière, à haute voix : on récite à voix basse dans chacune des deux premières *rek'a* la *fâtiha* et une sourate, et dans les deux dernières la *fâtiha* seule, toujours à voix basse. En s'asseyant la première fois, on dit le *techehhoud* jusqu'à « et je témoigne que Mohammed est son serviteur et son Apôtre » et l'on se redresse, sans dire le *tekbir* avant d'être tout à fait debout. Ce n'est d'ailleurs qu'après le prononcé du *tekbir* par l'imâm que le fidèle dirigé se redresse et que, étant tout à fait droit, lui-même dit le *tekbir*. Pour

---

(1) Pratique surérogatoire qui est la seule اوله, admise par les Malékites.
(2) Ce sont les S. XLIX à LXXIX, voir p. 33.

le reste de la prière, il s'incline, se prosterne et s'assied selon ce qui a été dit pour la prière de l'aurore.

Après la prière de midi, on fait les *rek'a* surérogatoires, dont le nombre recommandé [50] est de quatre, avec salut terminal après chaque groupe de deux. Il est également recommandé d'en faire un nombre égal avant la prière de l'après-midi, *'açr*.

Cette dernière se fait exactement comme nous l'avons dit de celle de midi, sauf que, dans les deux premières *rek'a*, on récite, en outre de la *fâtiḥa*, une sourate courte (1), telle que la 93ᵉ, la 97ᵉ, etc.

Quant à la prière du maghreb, on fait à haute voix la récitation dans les deux premières *rek'a*, dans chacune desquelles on récite la *fâtiḥa* et l'une des sourates *courtes* ; dans la troisième *rek'a*, la récitation se borne à la seule *fâtiḥa* ; on dit (quand on relève la tête) le *techehhoud*, puis on fait le salut terminal.

Il est méritoire de faire, à la suite de cette prière, deux *rek'a* surérogatoires ; un nombre supérieur est encore mieux, et s'il en est fait six c'est une œuvre recommandable. Les prières surérogatoires entre le *maghreb* et l'*'ichâ* sont une pratique désirable (2). Quant aux autres pratiques relatives à cette prière (du maghreb), la règle est celle qui a été indiquée plus haut concernant les autres prières.

---

(1) Ce sont les S. XCIII à CXIV, voir p. 33.
(2) C'est à cela, d'après un hadith, qu'il est fait allusion dans le Koran, XXXII, 16.

Pour la prière de l'*ichâ* extrême (1) — qu'on appelle aussi *'atama* (2), mais la première dénomination est plus topique et préférable — on dit à haute voix la *fâtiḥa* dans les deux premières *rek'a*, ainsi que, dans chacune de celles-ci, une sourate un peu plus longue à réciter qu'à l'*açr*. A chacune des deux dernières *rek'a*, on dit seulement la *fâtiḥa* à voix basse, et l'on procède [51] pour le reste comme il a été dit plus haut. Il est blâmable de dormir avant cette prière ou, sans nécessité, de converser après.

Toute récitation à voix basse faite dans la prière s'entend du mouvement de la langue et du prononcé de paroles koraniques. Réciter à haute voix signifie que le fidèle s'entend lui-même et se fait entendre, quand il prie sans imâm, de ses voisins ; mais la femme doit moins élever la voix que l'homme. Elle procède d'ailleurs à la prière de la même manière que l'homme, sauf qu'elle se contracte et n'écarte ni les cuisses ni les bras, de manière à rester ramassée et repliée sur elle-même (3) dans l'accroupissement, l'adoration et tous les mouvements.

Après l'ichà (4), on fait (à titre surérogatoire) la prière *chef* [de deux rek'a] puis le *witr* [à nombre impair de rek'a], l'une et l'autre à haute voix. Ce procédé est aussi

---

(1) Ce dernier mot est plutôt de trop ; son emploi s'explique par le fait que « les deux *'ichâ* » désignent les deux prières du *maghreb* et de l'*'ichâ*.

(2) Voir plus haut, p. 30, n. 3.

(3) Tant par convenance que parce qu'elle pourrait plus facilement laisser échapper un vent.

(4) Cela ne veut pas dire immédiatement après ; de même le *chef* et le *witr* peuvent être séparés par un intervalle plus ou moins considérable.

recommandé pour les prières surérogatoires nocturnes ;
[52] il n'est que permis pour les prières surérogatoires
diurnes, où il est recommandé de s'exprimer à voix basse.

Le *chef* comporte au moins deux *rek'a*, dans la première desquelles il est recommandé de dire la *fâtiḥa* et la
sourate LXXXVII, et, dans la seconde, la *fâtiḥa* et la sourate CIX ; après quoi on prononce le *techehhoud* et on fait
le salut final. Enfin on procède au *witr*, qui est d'une
rek'a, et l'on y récite la *fâtiḥa* et les sourates CXII, CXIII
et CXIV.

Si l'on fait un *chef* de plus de deux *rek'a*, on y ajoute
la prière *witr*. Le Prophète en effet faisait pendant la nuit
douze *rek'a* ou, d'après une autre version, dix, puis y
ajoutait un *witr* comportant une seule *rek'a*.

' C'est le dernier tiers de la nuit qu'il est préférable de
passer en prières. Il est donc préférable de retarder les
prières surérogatoires et le *witr* jusqu'à ce moment, sauf
pour celui qui d'ordinaire ne s'éveille pas alors, et qui
partant dira le *witr* et ce qu'il voudra de prières surérogatoires au commencement de la nuit ; après quoi il pourra
à son gré, quand il s'éveillera à la fin de la nuit, dire ce
qu'il voudra de prières surérogatoires par *rek'ât* accou-
plées, mais sans refaire de *witr*. Celui qui, gagné par le
sommeil, n'a pas récité son oraison (1), peut faire celle-ci
entre son réveil et le moment où l'aube, se levant, donne
une clarté suffisante ; après quoi il fait le *witr*, et ensuite

_____

(1) Ce qui veut dire les prières surérogatoires qu'il s'est imposées ou
qu'il a l'habitude de dire.

la prière de l'aurore. Le fidèle qui, après avoir dit cette dernière prière, se rappelle avoir omis le *witr*, ne dit pas celui-ci à titre compensatoire.

Celui qui, ayant fait ses ablutions, pénètre dans une mosquée, ne doit pas (1) s'y accroupir avant d'avoir prié deux *rek'a* quand il se trouve à un moment où il est licite de procéder à celles-ci. Quand il y pénètre [53] sans avoir dit la prière du point du jour (2), les deux *rek'a* de cette dernière le dispensent des *rek'a* (de salutation de la mosquée). Quand il y pénètre après avoir dit à domicile cette prière du point du jour, les uns disent qu'il doit faire les *rek'a* de salutation, les autres disent que non.

Après l'aurore et jusqu'à ce que le soleil soit au-dessus de l'horizon (3), il n'y a pas à faire (4) d'autres prières surérogatoires que les deux *rek'a* du point du jour, *fedjr*.

XI

De l'imamat, de l'iman (directeur de la prière) et du fidèle dirigé.

Celui qui dirige les autres dans la prière, c'est le plus

---

(1) Cette pratique est fondée sur un hadith et est recommandée ; cependant les variantes avec lesquelles le hadith nous a été transmis permettent des divergences sur la qualification légale à attribuer à l'acte en question, motivé par le respect qu'on doit avoir pour le temple.

(2) *Çalât el-fedjr*, c.-à-d. la prière surérogatoire de ce nom, la seule *raghiba* des Malékites ; voir notamment Kharchi ad Khalil, I, 268, l. 11 ; 368, l. 11, 12, 19 et 20 ; 369, l. 3. Cf. supra, p. 28, n. 3.

(3) C.-à-d. de la hauteur d'une lance arabe, estimée à la longueur de douze empans de longueur moyenne.

(4) Cela s'entend comme étant *interdit* au moment même où le soleil s'élève, et comme *blâmable* en dehors de ce moment précis.

vertueux et le plus savant d'entre eux (1). La femme ne
peut exercer ce rôle, [54] qu'il s'agisse de prières d'obligation divine ou surérogatoires, vis-à-vis soit d'hommes
soit de femmes.

Le dirigé fait avec l'imâm la récitation de ce que ce
dernier prononce à voix basse, mais non de ce qu'il prononce à haute voix (2). Celui qui est en retard mais participe cependant à une ou plusieurs des *rek'a* dirigées par
l'imâm (3), participe aussi à la prière faite en commun (4):
il doit alors, après le salut de l'imâm, prononcer compensatoirement ce qu'il a manqué, en agissant comme a
fait l'imâm dans la récitation, et accomplir les mouvements, tels que position debout et position assise, en
agissant comme le fidèle isolé qui reprend, pour l'achever, une prière interrompue (5).

A celui qui a dit sa prière isolément (il est recommandé) de la redire en commun, à raison du mérite attaché
à ce dernier mode (6) ; exception est faite pour la seule

(1) L'imâm doit être mâle, majeur, doué de raison, au courant de   oses
qui rendent la prière valide, physiquement capable d'en réaliser les
mouvements, d'accord avec les dirigés sur la nature de la prière à laquelle
il procède, sur les caractéristiques nécessaires de celle-ci ; en outre,
s'il s'agit de la prière du vendredi, il doit être libre et, sauf s'il s'agit du
khalife, résider dans la localité.

(2) Ce qui est basé sur le Koran, VII, 203.

(3) C'est ce qui s'exprime par أدرك المسبوق ركعة مع الامام

(4) C. à d. qu'il bénéficie des mérites attachés à la prière en commun,
mais doit aussi, en la complétant, procéder de la même manière qu'a fait
cet imâm.

(5) C'est l'acception technique de بنى ; infra, p. 49, n. 1.

(6) Hadith : « La prière en commun est supérieure de vingt-sept degrés
à celle dite isolément ».

prière du *maghreb*. Le retardataire qui n'a participé qu'à
une ou plusieurs des *rek'a* de la prière en commun ne
doit pas (1) refaire sa prière avec un autre groupe ; mais
s'il n'a participé qu'au *techehhoud* ou à la prosternation,
il lui est recommandé de la refaire avec un autre groupe.

Le fidèle mâle qui prie seul avec l'imâm se tient à droite
de celui-ci ; s'ils sont deux ou davantage, ils se mettent
derrière lui ; [55] s'il y a en outre une femme, elle se
met derrière les hommes ; si, avec l'imâm et une femme,
il y a un homme, celui-ci prend la droite de l'imâm et la
femme se tient derrière eux ; le mari priant avec sa femme, celle-ci se tient derrière (2) ; si enfin un seul homme
prie avec un enfant, ils se tiennent derrière l'imâm, si
toutefois l'enfant comprend (la valeur de la prière), et
celui-ci alors ne peut se retirer en laissant l'adulte son
compagnon.

L'imâm régulièrement attitré, s'il prie seul, est regardé
comme constituant une assemblée (3). Il est blâmable de
dire deux fois une même prière en commun dans toute
mosquée qui a un imâm attitré.

Celui qui répète une prière ne peut, dans l'exécution
de celle-ci, servir d'imâm à personne (4).

L'imâm qui fait une prosternation à titre de réparation

---

(1) C'est un acte interdit.
(2) Il en est de même si la femme est une étrangère ou une parente au
degré prohibé.
(3) Autrement dit, sa prière a tout le mérite de la prière dite en commun.
(4) C'est ce que dit Khalil (p. 28, l. 22) dans des termes plus nets que
ceux de notre texte.

pour une erreur par lui commise doit être imité par ceux
qui, même n'ayant pas commis cette erreur, prient sous
sa direction, et nul d'entre eux ne relève la tête (1) avant
lui, ni ne fait rien qu'il n'ait commencé à faire. Il ne
commence le *tekbir* qu'après le sien, se redresse au bout
de deux (*rek'a*) après que l'imàm s'est redressé et fait le
salut après le sien. Quant aux actes autres que ces trois
derniers, il est loisible au fidèle de les faire avec l'imàm,
mais, de préférence, après. Toute erreur commise [56]
par le fidèle dirigé, mais du fait de l'imàm, est à la charge
de celui-ci, sauf quand il s'agit de choses telles que la
rek'a, la prosternation, le *tekbir* initial, le salut terminal
et l'intention (2).

Que l'imàm, une fois le salut fait, ne reste pas en place ;
il a à se retirer, à moins qu'il ne soit chez lui, car alors
il lui est loisible de rester.

XII

PRESCRIPTIONS DIVERSES RELATIVES A LA PRIÈRE.

Le minimum de vêtements imposés à la femme pour
que sa prière soit valable, c'est une tunique épaisse et
longue qui lui couvre le dessus des pieds, c'est-à-dire la

(1) C'est une interdiction absolue reposant sur un hadith qui menace le
délinquant d'être transformé en âne, ce que l'on entend soit au sens
propre, soit au sens figuré.

(2) Autrement dit, quand il s'agit des choses qui sont d'obligation
divine dans la prière, et qui, partant, ne peuvent être traitées comme de
simples oublis ou inadvertances rachetables à l'aide d'une prosternation ;
voir le chapitre suivant, p. 47.

chemise, et un voile épais. Une seule pièce de vêtement suffit à l'homme. Le fidèle (des deux sexes) ne se couvre ni le nez ni le visage, non plus qu'il ne ramasse ses vêtements ni n'enroule ses cheveux (1).

Pour toute négligence commise par addition (2) dans la prière, le fidèle doit faire après le salut terminal deux prosternations [57] chacune avec *techehhoud*, et à la suite desquelles il fait le salut terminal ; pour toute négligence commise par omission, il doit faire une prosternation avant le salut terminal et après le prononcé du *techehhoud*, pour ensuite redire de nouveau le *techehhoud* et faire le salut terminal. On dit aussi que le *techehhoud* ne doit pas être renouvelé. Quand il y a eu à la fois omission et addition, il fait une prosternation avant le salut terminal.

Celui qui a oublié de faire la (seconde) prosternation de négligence après le salut terminal l'accomplit quand, même longtemps après, il se le rappelle ; quand il a oublié celle qui est antérieure au salut, il l'accomplit quand il s'en souvient peu après, tandis que, si c'est longtemps après, il recommence la prière, à moins qu'il ne doive cette prosternation pour une omission peu importante, telle que celle de la récitation de la sourate qui accompagne la *fâtiḥa*, ou des deux *tekbir*, ou des deux *techehhoud* et autres choses analogues.

_____

(1) Ces pratiques ne sont déclarées blâmables que si l'on y recourt en vue de la prière, mais non chez celui qui a par exemple l'habitude de se voiler la face.

(2) Cette addition doit être peu importante, sinon elle serait une cause d'invalidation.

La prosternation de négligence est inopérante (1) (pour l'omission d'une prescription d'obligation divine ou d'un élément constitutif, c.-à-d.) pour l'omission d'une *rek'a*, ou d'une prosternation, ou de la récitation (de la *fâtiha*) soit dans toute la prière, soit dans deux des *rek'a* de cette dernière, soit dans une *rek'a* de la prière de l'aurore. On discute sur l'omission de la *fâtiha* dans une *rek'a* [58] d'une prière autre que cette dernière : pour les uns, la prosternation de négligence faite avant le salut terminal suffit dans ce cas ; pour d'autres, le fidèle fautif, sans tenir compte de la *rek'a* défectueuse, en fait une autre ; enfin, d'autres encore disent qu'il fait une prosternation avant le salut, et que, sans faire de *rek'a*, il recommence, par précaution, la prière ; et c'est, des trois systèmes, le préférable.

Celui qui a omis un *tekbir* ou un seul prononcé de la formule « Allàh écoute qui le loue » ou le *konoût*, ne doit pas de prosternation (2). Celui qui, s'étant retiré après avoir fini la prière, se rappelle ensuite qu'il l'a dite imparfaitement, doit, si c'est peu après, y revenir, et, débutant par le *tekbir* initial, faire ce qu'il devait faire ; si c'est longtemps après ou qu'il soit sorti de la mosquée, il refait la prière. Celui qui a oublié le salut terminal suit la même règle.

(1) Les mots entre parenthèses synthétisent l'énumération que fait le texte, qui aurait été plus concis en s'exprimant ainsi.

(2) Car le prononcé des deux premières formules est d'ordre traditionnel, et celui de la troisième un acte méritoire, الله.

Celui qui ne sait pas si c'est trois rek'a qu'il a faites ou bien quatre, reprend (1) sa prière à partir de ce dont il est sûr et fait ce dont il doute, c.-à-d. fait une quatrième rek'a, puis une prosternation à la suite du salut terminal.

Celui qui, par inadvertance, parle (au cours de la prière) fait une prosternation à la suite du salut terminal.

Celui qui (n'ayant pas encore bougé) ne sait s'il a ou non fait le salut terminal, s'en acquitte, [59] et ne doit pas de prosternation. Quant à celui que harcèle le doute d'avoir commis quelque inadvertance, il n'a pas à en tenir compte (2) ni à reconstituer la prière, et il se borne à faire une prosternation après le salut. Nous voulons ainsi parler de celui à qui il arrive fréquemment de douter s'il s'est rendu coupable de négligence par addition ou omission, et qui n'a pas de certitude : à celui-là il suffit de faire une prosternation après le salut (3).

Le fidèle sûr de sa négligence fait une prosternation après avoir restauré sa prière. Quand ces marques de négligence se manifestent fréquemment chez lui, si bien qu'il s'en rend souvent coupable (4), il restaure sa prière sans faire de prosternation de négligence.

---

(1) C'est l'acception technique de بنى : le fidèle, tenant pour acquise la portion dont il est sûr, continue d'édifier sa prière, la complète en y ajoutant la portion qu'il ne se rappelle pas avoir faite ou sur laquelle il a des doutes.

(2) Car il n'y a là qu'une suggestion diabolique.

(3) C'est la répétition de ce qui vient d'être dit.

(4) C'est la même idée exprimée sous deux formes différentes.

4

Celui qui, après les deux *rek'a* (d'une prière d'obligation) s'apprête à se relever (et se rappelle être en faute) se remet en place tant que ses mains et ses genoux n'ont pas quitté le sol (et dit le *techehhoud*) ; quand ils ont quitté le sol, il poursuit son mouvement sans se remettre en place et fait une prosternation avant le salut.

Celui qui se rappelle avoir oublié de faire une prière rituelle la fait par compensation, à quelque moment qu'il s'en souvienne (1), telle qu'il l'aurait dû faire ; après quoi il réitère (2), à la suite, la prière faite au moment voulu.

Celui qui a omis [60] plusieurs prières les fait par compensation à tout moment du jour ou de la nuit, au lever comme au coucher du soleil (3), selon ce que cela lui est facile.

S'il doit un nombre de prières inférieur à celles de vingt-quatre heures, c'est par celles-là qu'il commence, bien que laissant ainsi échapper le moment prescrit pour une prière actuelle ; si ce nombre est supérieur, il fait d'abord la prière pour laquelle il craint de manquer le moment prescrit.

Si le souvenir d'une prière omise lui revient pendant qu'il est à faire une prière, celle-ci est viciée (et il l'interrompt) (4).

----

(1) Faute de quoi il est mis en demeure de s'exécuter, et s'il refuse il peut même, d'après certains, être mis à mort.

(2) A titre d'œuvre recommandée.

(3) Ce que n'admet pas Aboû Hanîfa.

(4) Cette interruption est, pour les uns, obligatoire, et, pour d'autres, seulement recommandée.

Celui qui rit au cours de sa prière doit recommencer celle-ci, mais non l'ablution. S'il est sous la direction d'un imàm, il la poursuit, et ensuite la recommence. Le simple sourire est sans conséquence.

Le fait de souffler (1) au cours de la prière est comme le fait de parler, et, s'il a lieu intentionnellement, vicie la prière.

Celui qui prend une *kibla* erronée (2) [61] (et s'en aperçoit) refait sa prière dans le temps (d'élection), et de même celui qui prie en oubliant qu'il porte un vêtement souillé ou qu'il est dans un lieu souillé ; de même encore pour celui qui se rappelle s'être lotionné avec de l'eau au sujet de laquelle il est controversé si elle est polluée ou non. Quant à celui qui a employé pour se lotionner de l'eau dont la couleur ou le goût (ou l'odeur) n'est pas normal, il refait toujours sa prière et son ablution.

Réunion de prières : 1° Il est permis de réunir (dans le temps) les deux prières du *maghreb* et de l''*ichâ* quand la pluie tombe en abondance, comme aussi dans les cas de boue et de profonde obscurité. L'appel à la prière du *maghreb* est alors fait en dehors de la mosquée au début du moment fixé, (mais l'imàm) retarde un peu, au dire de Màlek, la prière elle-même ; puis il fait le réappel à l'intérieur de la mosquée et procède à la prière. Sitôt celle-ci finie, il fait l'appel à l''*ichâ* à l'intérieur de la mosquée, puis le réappel, et cette prière elle-même ; après

(1) C.-à-d. pousser l'air avec la bouche.
(2) C.-à-d. qui se trompe sur la direction de la Ka'ba.

quoi chacun se retire, tandis qu'il fait encore clair avant
la disparition du crépuscule ;

2° La réunion, au jour d''Arafat, des deux prières de
midi et de l'après-midi, lors du déclin du soleil, est une
pratique traditionnelle obligatoire, avec appel et réappel
pour chacune des deux prières ;

3° La réunion des deux prières du *maghreb* [62] et de
l''*ichâ* à Mozdelifa présente le même caractère (1), (et est
observée pour le fidèle) qui peut arriver à cet endroit (2) ;

4° Il est loisible au voyageur pressé de réunir les deux
prières en les disant, celle de midi à la fin du temps
prescrit, et celle de l'après-midi au commencement du
temps prescrit (3) ; et de même pour celles du *maghreb* et
de l''*ichâ*. Quand il veut partir au début de la période
prescrite pour la première, il fait préalablement la réunion
(dite effective) ;

5° Le malade qui redoute de n'avoir pas sa raison (au
moment prescrit pour la seconde prière) peut les réunir au
commencement du moment prescrit pour la première,
c.-à-d. au déclin du soleil (pour les prières de midi et de
l'après-midi) et au coucher (pour celles du *maghreb* et
de l''*ichâ*). Si la réunion lui est plus commode à raison
d'un dérangement intestinal ou autre, il la fait pour les
deux premières au milieu du temps de la prière de midi,

---

(1) Cette *réunion* n'est que recommandée, d'après Khalil, mais cette
opinion est peu fondée.

(2) Sinon, il fait la *réunion* à l'endroit où il est surpris par le crépuscule.

(3) C'est la réunion que l'on qualifie de formelle صورى, par opposition
au cas suivant, où elle est effective فعل.

et pour les deux autres à la disparition du crépuscule.

Celui qui a perdu connaissance ne fait pas compensatoirement les prières dont il a manqué le moment pendant son évanouissement, mais il fait, quand il reprend connaissance pour le moment prescrit, celles auxquelles il peut, quoiqu'en retard, participer pour une *rek'a* ou davantage. [63] De même pour la femme dont l'état d'impureté cesse avec l'achèvement du flux menstruel : si c'est dans le jour et que, une fois purifiée sans retard exagéré, il lui reste le temps de faire cinq *rek'a*, elle fait les prières de midi et de l'après-midi ; si c'est dans la nuit et qu'il lui reste assez de temps pour faire quatre *rek'a*, elle fait les prières du *maghreb* et de l'*'ichâ*. S'il lui reste moins que le temps indiqué, tant pour le jour que pour la nuit, elle ne fait que la dernière prière. Si son indisposition commence alors qu'il lui reste le temps ci-dessus supposé, elle ne fait pas à titre compensatoire les prières (qu'elle aurait retardées et) dont le moment prescrit est venu pendant son indisposition.

Si celle-ci commence quand il lui reste assez de jour pour faire de quatre jusqu'à une *rek'a*, ou assez de nuit pour faire de trois à une *rek'a*, elle ne fait compensatoirement que la première prière de chacune de ces périodes.

Si son indisposition commence quand il lui reste assez de nuit pour faire quatre *rek'a*, on n'est pas d'accord : les uns appliquent la règle qui vient d'être dite, les autres disent que, indisposée au moment prescrit pour ces deux prières, elle n'a pas à les dire compensatoirement.

Celui qui est sûr de s'être lotionné, mais qui ensuite a des doutes sur l'existence d'une souillure matérielle, recommence son ablution.

Quand dans l'ablution il y a eu omission d'une partie de ce qui est d'obligation divine : A) si le fidèle se le rappelle assez vite, il lotionne la partie omise [64] et poursuit la lotion jusqu'au bout ; B) s'il se le rappelle au bout d'un certain temps, il lotionne seulement la partie omise ; C) si l'omission est voulue, il refait toute l'ablution quand celle-ci remonte à un certain temps. Celui qui, dans ces divers cas, a fait sa prière, doit toujours refaire celle-ci, ainsi que l'ablution (1).

Si l'omission porte sur une pratique (d'obligation imitative) telle que le rinçage de la bouche, le reniflement ou l'onction des oreilles : A) s'il s'en souvient assez vite, il s'acquitte de la pratique omise, et non de ce qui la suit ; B) si c'est au bout de quelque temps, il s'en acquitte pour procéder à la prochaine prière. Il ne refait pas la prière dite (à la suite de l'ablution défectueuse) avant d'avoir réparé (le défaut de) celle-ci.

Il n'y a rien à reprocher à celui qui prie sur la portion pure d'une natte alors que, dans une autre portion, il se trouve quelque cause de souillure (2).

(1) Ces quatre derniers mots ne figurent pas dans tous les exemplaires, et il résulte de ce que vient de dire le texte qu'il est préférable de les supprimer.

(2) Il en serait différemment pour le turban p. ex., car celui-ci est porté par le fidèle lui-même.

Le malade installé sur une couche polluée peut valablement étendre par dessus une étoffe pure et épaisse
pour y prier. Quant au malade hors d'état de se mettre
debout, il prie assis et les jambes croisées, si cela lui est
possible ou, à défaut, comme il peut ; s'il est incapable de
s'incliner et de se prosterner, qu'il fasse l'une et l'autre
choses par gestes, celui de la prosternation étant plus
marqué. S'il ne peut s'asseoir, il se met sur le flanc droit
et fait les gestes, et s'il ne peut que [65] rester allongé
sur le dos, il fait de même. En effet, le fidèle qui a sa
connaissance ne doit pas omettre la prière et il s'en
acquitte comme il peut.

Le fidèle qui ne peut toucher l'eau parce qu'elle lui
fait mal ou qui (étant malade), n'a personne pour lui en
procurer, fait la lustration pulvérale. Faute de quelqu'un
qui lui procure de la poussière, (le malade) se sert du
mur qu'il a près de soi, si celui-ci est bâti en terre ou s'il
s'y en trouve, mais non s'il y a sur ce mur du plâtre ou
de la chaux.

Le voyageur surpris dans un terrain fangeux par le
moment de la prière et ne trouvant pas d'endroit où prier,
descend de sa monture et prie debout et par gestes, mais
en accentuant la prosternation plus que l'inclination. S'il
ne peut descendre, il prie en restant en selle et tourné
vers la *kibla*.

Le voyageur peut, au cours de son voyage et en restant
sur sa monture, tourné dans la direction où elle l'emporte,
dire une prière surérogatoire, si toutefois ce voyage est

abréviatif de la prière. Il peut, s'il le veut, rester monté
pour dire le *witr*. [66] Mais il ne peut dire que par terre
la prière d'obligation divine, sauf au cas où, s'il descend,
il ne pourra prier qu'assis et par gestes à raison de son
état de santé : il prie alors sur sa monture arrêtée et
tournée vers la *ḳibla*.

Celui qui, priant avec l'imàm, est pris d'un saignement
de nez, sort et lave le sang, puis reprend et achève sa
prière, à condition de n'avoir pas parlé, ni marché sur
une ordure (1). Il ne reprend pas pour l'achever une
rek'a non complétée par les deux prosternations et doit
la tenir pour inexistante (2). S'il n'est émis que peu de
sang, il ne se retire pas et le roule entre les (bouts des)
doigts, mais il ne faut pas que le sang coule ou dégoutte.

Il n'y a pas à reprendre une prière interrompue pour
l'achever en cas de vomissement ou de souillure matérielle.

Celui qui saigne du nez après le salut final de l'imàm
fait le salut (et se retire) ; si c'est avant, il se retire pour
se laver, [67] puis rentre, s'assied et fait le salut.

Celui qui est victime de cet accident poursuit sa prière
dans l'endroit où il s'est nettoyé quand il ne peut espérer
de prendre part avec l'imàm au reste de la prière. Mais

---

(1) Il faut en outre qu'il recoure à l'eau la plus proche, qu'il ne tourne
pas le dos à la *ḳibla* sinon pour chercher l'eau, qu'il ne soit pas taché
de sang, et enfin que cet accident survienne au cours de la prière en
commun.

(2) D'autres disent que le *binâ* peut aussi se faire même pour une portion de *rek'a*.

il ne poursuit la prière du vendredi que dans le *djâmi'*.

Le sang en faible quantité sur le vêtement, etc., doit être lavé ; mais la prière ne doit être refaite que s'il y en a beaucoup. Quant à toute autre matière impure, il n'y a pas à tenir compte de la quantité.

On n'a pas à laver le sang des puces, à moins qu'on n'en soit plein jusqu'à en avoir honte.

XIII

DE LA PROSTERNATION KORANIQUE.

Cette prosternation a lieu à propos de onze passages du Saint Livre, et c'est ce qu'on appelle les *'azâ'im*, dont il n'y a aucun dans le *mofaçcal* (1). Les voici : 1° VII, 205, et par suite celui qui, dans sa prière, le récite, fait la prosternation exigée, après quoi il se relève, récite ce qui lui est le plus commode, la S. VIII ou [68] une autre, puis il fait une inclination et une prosternation ; 2° XIII, 16, à la fin ; 3° XVI, 52, à la fin ; 4° XVII, 109 ; 5° XIX, 59 ; 6° XXII, 19 au commencement ; 7° XXV, 61 ; 8° XXVII, 26 ; 9° XXXII, 15 ; 10° XXXVIII, 23, ou, d'après d'autres, 24 ; 11° XLI, 57 [ou d'après d'autres, 38].

Le fidèle ne la fait, au prononcé de ces versets, que s'il est en état de pureté ; il y prononce le *tekbir* (en s'abaissant et en se relevant), mais non le salut final. Il est libre aussi de ne pas dire le *tekbir* en se relevant, mais il est mieux vu chez nous de le dire.

(1) La portion du Koran comprenant les S. XLIX à CXIV est ainsi dénommée, supra, p. 33.

Elle se fait, au prononcé d'un de ces versets, dans la prière tant obligatoire que surérogatoire. Quand ce prononcé a lieu après le point du jour, on s'en acquitte tant que l'aurore n'a pas paru ; après l'*açr*, tant que le soleil n'a pas commencé à rougir.

XIV

[69] DE LA PRIÈRE FAITE EN VOYAGE.

Celui qui va en voyage et s'éloigne à la distance de quatre *berid*, soit 48 milles, doit (1) abréger la prière et ne la faire que de deux *rek'a*, sauf celle du *maghreb*, qui ne s'abrège pas (2). Il ne l'abrège qu'après avoir dépassé les habitations d'un centre, alors qu'il les a laissées en arrière et qu'il n'y en a en vue ni devant ni sur les côtés, et ne la refait dans son intégrité que quand il a rejoint des habitations ou s'en est rapproché de moins d'un mille.

Le voyageur qui a l'intention de séjourner dans un endroit quatre jours ou (d'après d'autres) une période équivalente à vingt prières, fait la prière intégrale jusqu'à son départ de cet endroit.

A) Celui qui se met en route sans avoir fait les prières de midi et de l'après-midi et alors qu'il y a encore assez de jour pour faire trois *rek'a*, accomplit ces deux prières au titre du voyage ;

---

(1) A titre d'obligation traditionnelle, d'après l'opinion la plus générale.
(2) Non plus que celle de l'aurore.

B) Si ce qui reste de jour [70] suffit à deux *rek'a* ou à une seule, il accomplit la prière de midi au titre sédentaire et celle de l'après-midi au titre du voyage. S'il rentre chez lui avec assez de jour pour faire cinq *rek'a* et alors qu'il a oublié ces deux prières, il les accomplit l'une et l'autre au titre sédentaire ; si la clarté du jour ne suffit qu'à quatre *rek'a* ou moins jusqu'à une, il accomplit celle de midi au titre du voyage et celle de l'après-midi au titre sédentaire ;

C) Quand il arrive de nuit et que, n'ayant pas fait les prières du *maghreb* et de l'*ichâ*, il lui reste le temps de faire, avant le lever de l'aurore, une ou plusieurs *rek'a*, il dit la prière du *maghreb* par trois *rek'a* et celle de l'*ichâ* au titre sédentaire ;

D) Quand il part de nuit et que ce qui reste de la période nocturne suffit pour faire une ou plusieurs *rek'a*, il dit la prière du *maghreb* par trois *rek'a* et l'*ichâ* au titre du voyage.

XV

DE LA PRIÈRE DU VENDREDI.

Il est d'obligation divine (1) de se précipiter à la prière du vendredi lorsque l'imâm s'asseoit dans la chaire et que les muezzins commencent l'appel. D'après la coutume postérieure (au Prophète), ceux-ci montent au minaret au moment où l'imâm s'installe, et font l'appel, et il y a

(1) Koran, LXII, 9.

alors interdiction de faire des transactions commerciales
ou tout acte pouvant détourner de se rendre à la prière.
[71] Ce second appel a été institué par ('Othmàn ben
'Affàn, l'un d'entre) les Omeyyades.

La prière du vendredi est obligatoire dans une ville et
dans un groupe (form int une réunion qui se suffit à
elle-même), et l'on doit y dire la *khoṭba* avant la prière
proprement dite (1). L'imâm (quand il est debout pour la
khoṭba) s'appuie (de la main droite) sur un arc ou un bâton.
Il s'asseoit au commencement et au milieu de ce prêche.
Après l'achèvement de celui-ci a lieu la prière : l'imâm fait
deux *rek'a*, pour chacune desquelles a lieu à haute voix la
récitation koranique, dans la première et après la *fâtiha*,
de la Sourate LXII ou autre analogue, dans la seconde de
la 'S. LXXXVIII ou autre analogue.

Doivent s'y précipiter ceux qui sont dans la ville ou à
une distance de trois milles ou de moins de trois milles ;
mais les voyageurs ou ceux qui sont de passage à Mina n'y
sont pas astreints, non plus que l'esclave, ni la femme, ni
l'enfant. Cependant l'esclave, la femme [72] ou le voyageur
qui y assistent font cette prière (qui représente pour eux
celle de midi). Les femmes se placent à la suite des rangées
d'hommes, mais les jeunes femmes ne s'y rendent pas (2).

On doit garder le silence pour écouter l'imâm pendant
qu'il prononce la *khoṭba* et lui faire face.

---

(1) Koran, LXII, 10.
(2) Cela est blâmable ; et c'est même interdit s'il s'agit de femmes
remarquables par leur beauté.

Pour la prière du vendredi on doit (traditionnellement) se laver complètement جمع, de même qu'il est recommandé de s'y rendre au milieu, et non au début du jour ; il sied aussi de se parfumer et de revêtir ses plus beaux vêtements. Ce qu'il y a de mieux pour nous (Malékites), c'est que le fidèle, la prière dite, se retire et ne dise pas de prières surérogatoires dans la mosquée. Le simple fidèle peut, à son gré, en dire avant (la prière officielle), mais non l'imâm, qui doit, dès son entrée, monter en chaire.

XVI

PRIÈRE DE LA PEUR.

Dans la prière de la peur, quand elle est dite pour des fidèles en route et ayant à redouter l'ennemi, [73] l'imâm s'avance avec un groupe et laisse l'autre faire face à l'ennemi ; il prie une *rek'a* avec ceux qui l'ont suivi, puis il reste tranquille et debout, tandis que ceux-ci disent une autre *rek'a* pour leur compte personnel et font le salut terminal, après quoi ils vont faire face à l'ennemi en remplacement de l'autre groupe. Alors celui-ci se présente et entame la prière derrière l'imâm, qui dit avec lui la seconde *rek'a*, prononce le *techehhoud* et fait le salut terminal ; puis ce second groupe fait la première *rek'a* qu'il a manquée, et ensuite se retire.

Ainsi procède l'imâm dans les diverses prières d'obligation divine, sauf pour celle du *maghreb*, où il fait deux

rek'a avec le premier groupe ; puis quand vient le second
groupe, il fait une *rek'a* (1).

L'imâm qui dit la prière de la peur pour des sédentaires fait pour chaque groupe deux *rek'a* aux prières de
midi, de l'après-midi et de l''*ichâ*. Qu'il s'agisse de
voyageurs ou de sédentaires, il y a appel et réappel. Mais
quand il y a trop à redouter de prier en commun, chacun
prie isolément et comme il peut, à pied ou monté, mar-
chant ou courant, orienté ou non vers la *kibla* (2).

XVII

PRIÈRE DES DEUX FÊTES (3) ET *tekbir* DES JOURNÉES DE MINA.

Pour la prière de l'une et de l'autre fêtes, qui est une
pratique traditionnelle d'obligation, l'imâm [**74**] et les
fidèles sortent de chez eux pour s'y rendre au lever du
soleil assez à temps pour arriver au moment fixé pour
cette prière (4). On n'y fait ni appel ni réappel (5). L'imâm
y fait avec les fidèles deux *rek'a* où il dit à haute voix la

---

(1) Ainsi que le *techehhoud* et le salut terminal ; et, d'autre part, ce
second groupe accomplit les deux *rek'a* auxquelles il n'a pas participé.

(2) Ces diverses prescriptions sont fondées sur le Koran, II, 240, et IV,
104.

(3) Celles de la Rupture du jeûne ou du 1er chawwâl, et des Sacrifices ou
du 10 dhoû'l-hiddja. Les 11, 12 et 13 de ce dernier mois sont appelés
« journées de Mina ».

(4) Alors que le soleil est élevé au dessus de l'horizon d'une ou deux
longueurs de lance arabe, celle-ci équivalant à douze empans de longueur
moyenne.

(5) Ce dont l'usage, contraire à celui du Prophète, avait été introduit par
les Omeyyades.

fâtiha et les sourates LXXXVII (dans la première) et CXI (dans la seconde) ou autres analogues. Dans la première et avant la récitation koranique, il dit sept *tekbir*, y compris le *tekbir* initial, et dans la seconde cinq, non compris celui qu'il prononce en se redressant. Chaque *rek'a* comporte deux prosternations, après quoi il dit le *techehhoud* et fait le salut ; puis il monte en chaire et prononce la *khoṭba*, au commencement et au milieu de laquelle il s'assied. Ensuite il se retire.

Il lui est recommandé, de même qu'aux fidèles, de s'en aller [75] par un chemin autre que celui de l'arrivée.

A la fête des Sacrifices, l'imâm se rend au *moçalla* avec sa victime et il l'égorge ou (selon le cas) lui tranche la jugulaire pour que les fidèles sachent la chose, et ils procèdent après lui à l'égorgement.

A la fête de la Rupture du jeûne comme à celle des Sacrifices, il sort de chez lui en disant les louanges d'Allâh à haute voix jusqu'à son arrivée au *moçalla* ; les fidèles font de même, mais les cessent à l'arrivée de l'imâm au lieu de prière. Ils répètent (à voix basse) le *tekbir* que dit l'imâm dans la *khoṭba*, mais, sauf cela, l'écoutent en silence.

Pendant les jours du sacrifice (1), les fidèles disent (à titre méritoire) le *tekbir* à la suite des prières (d'obligation divine), depuis la prière de midi du jour du sacrifice jusqu'à, y compris, celle de l'aurore du quatrième jour

---

(1) Les 10, 11 et 12 dhoù'l-hiddja sont les « jours du sacrifice ».

qui suit, lequel est le dernier des journées de Mina. Ils
cessent alors de dire ce *tekbir*, qui consiste dans la formule
trois fois répétée *Allâho akbaro*. Il est bien d'y joindre les
formules (*tehlil* et *tahmid* c.-à-d.) *là ilâha illa'llâh* et *el-hamdo
lillâh*, et par suite de dire, à son gré, *allâho akbaro, allâho
akbaro, là ilâha illa 'llâh*, et *Allâho akbaro, Allâho akbaro
ii'alillâhi'l-hamdo*. L'une et l'autre formules sont rappor-
tées d'après Mâlek et sont permises.

Les *jours connus* (du Koran, XXII, 29) sont les trois
jours du sacrifice, et les *jours comptés* (du Koran, II, 199)
sont les journées de Mina, c.-à-d. les trois jours qui suivent
celui du sacrifice (les 11, 12 et 13 dhoù'l-hiddja).

Il est bien, mais non nécessaire, de faire un lavage
complet pour les deux fêtes. Il est recommandé (aux
hommes) de se parfumer à cette occasion et de se bien
vêtir (1).

XVIII

[76] PRIÈRE DE L'ÉCLIPSE.

Cette prière a le caractère traditionnel obligatoire (2).
Lors d'une éclipse de soleil, l'imâm se rend à la mosquée
et commence la prière avec le peuple, sans qu'il soit fait
d'appel ni de réappel : (après la *fâtiha*) il fait à voix basse
une longue récitation koranique, la sourate II par exem-

(1) Qu'ils se rendent ou non à cette prière ; mais les femmes qui y
assistent ne doivent pas se parfumer.
(2) Ce caractère est discuté s'il s'agit de l'éclipse de lune.

ple, puis il fait une longue inclination d'une durée à peu près équivalente et relève ensuite la tête en disant « Allâh écoute ceux qui le louent », (les fidèles ajoutant « Seigneur, à Toi la louange »). Il (dit alors la *fâtiḥa* et) fait une récitation koranique moins longue que la première (la S. III de préférence), qu'il fait suivre d'une inclination de durée à peu près égale à celle de cette lecture ; il relève la tête (de même que les assistants) en disant « Allâh écoute ceux qui le louent » (et les assistants, « Seigneur, à Toi la louange ») et fait deux prosternations complètes ; après quoi il se redresse, dit (la *fâtiḥa* et) une sourate moins longue que la précédente (de préférence la S. IV) ; il fait une inclination d'une durée à peu près égale ; il relève la tête comme il a été dit (1), puis il dit (la *fâtiḥa* et) une sourate moins longue (la S. V de préférence), fait une inclination de durée à peu près égale, relève la tête comme il a été dit (2), fait deux prosternations semblables aux précédentes ; et il les fait suivre du *techehhoud* et du salut terminal.

Il est loisible à celui qui le veut de faire ainsi cette prière chez soi.

Pour l'éclipse de lune, la prière ne se fait pas en commun (3) et chacun doit prier en son particulier ; la récitation koranique y a lieu à haute voix, les *rek'a* s'y faisant comme dans les autres prières surérogatoires.

---

(1) En répétant « Allâh écoute... », et les assistants répétant « Seigneur... ».
(2) C.-à-d. en répétant « Allâh ... » etc.
(3) L'opinion reçue est que cela est blâmable ; pour d'autres c'est interdit.

A la suite de la prière pour l'éclipse de soleil, il n'y a
pas de *khoṭba* en règle (1), mais il n'y a pas de mal à ce
que l'imàm adresse des exhortations aux assistants et leur
rappelle le souvenir des faits passés.

XIX

[77] PRIÈRE POUR DEMANDER DE LA PLUIE.

Pour cette prière, qui est une pratique traditionnelle
que l'on suit (2), l'imàm sort avec les fidèles, comme
pour la Prière des deux fêtes, au lever du soleil (3), et
il fait deux *rek'a* en disant à haute voix dans la première
(la *fâtiḥa* et) la S. LXXXVII (ou autre analogue), dans la
seconde (la *fâtiḥa* et) la S. CXI (ou autre analogue). Dans
chaque *rek'a* il fait deux prosternations, mais avec une
seule inclination. Après quoi il dit le *techehhoud* et fait le
salut terminal ; alors, se tournant la face vers les fidèles,
il s'assied ; puis, après que les assistants ont retrouvé le
calme, il se redresse et fait, en s'appuyant sur un arc ou
un bàton, la *khoṭba*, se rassoit, puis se redresse et poursuit (la seconde partie de) la *khoṭba*. Cela fait il se tourne
vers la *ḳibla* et retourne son manteau (4) en passant sur
l'épaule droite la partie qui est sur l'épaule gauche, et in-

---

(1) C.-à-d. au milieu et à la fin de laquelle l'imàm s'assoit.

(2) فرض est expliqué par « traditionnellement obligatoire », en opposition
avec Aboû Hanîfa, pour qui cette prière est une innovation.

(3) Et cela s'entend jusqu'au moment où il commence à décliner.

(4) En signe du changement de temps désiré.

versement, mais sans le mettre sens dessus dessous (1).
Les assistants mâles font de même, eux étant assis,
tandis qu'il est debout, et c'est dans cet état qu'il invoque
le ciel ; après quoi il se retire, de même que les fidèles.

Dans cette prière comme dans celle de l'éclipse, il ne
prononce d'autre *tekbir* que celui du début et celui des
moments où il se penche et où il se relève. On n'y fait
non plus ni appel ni réappel (2).

XX

PROCÉDÉS A L'ÉGARD DE L'AGONISANT ; LAVAGE, ENSEVELISSE-MENT, AROMATISATION, TRANSPORT ET INHUMATION DU MORT.

[78] Il est recommandé de tourner l'agonisant vers la
ķibla, de lui fermer les yeux après sa mort et, à l'approche
de celle-ci, de lui souffler la formule *là iláha illa 'lláh*.
Il est bon, si on peut le faire, que son corps et ce qui le
recouvre soient en état de pureté. Il est recommandé qu'il
ne soit approché ni par une femme en état menstruel ni
par quelqu'un en état d'impureté. Il est recommandé par
un savant (3) de lire à son chevet la S. XXXVI, mais ce
n'est pas, d'après Málek, une pratique à suivre. Il n'y a
pas de mal à pleurer alors, mais il est mieux de s'efforcer
à se consoler et de se résigner si on le peut ; les cris et
les lamentations sont défendus.

---

(1) Car cela serait de mauvais augure, d'après le Koran, XV, 74.
(2) L'auteur a omis de dire que ce n'est pas l'imàm attitré qui procède
à cette prière (voir Màwerdi, *Aḥkàm solṭániyya*, 182).
(3) Qui serait Ibn Habib ('Abd el-Melik, † 238 ou 239).

[79] Le nombre de fois qu'on lave le cadavre est indéterminé ; cependant nettoyages et lavages se font en nombre impair, avec de l'eau et des feuilles de lotus ; au dernier lavage on ajoute du camphre. Pour cette opération, on voile les parties naturelles ; on ne coupe pas les ongles et l'on ne rase pas les cheveux ; on presse légèrement le ventre. Il est bien, mais non obligatoire, de le lotionner comme pour la prière. Il est préférable, pour procéder au lavage, de le tourner sur le flanc, mais il est loisible aussi de le mettre sur son séant.

Il est recommandé que le survivant lave, (même) sans que la nécessité s'en impose, son conjoint mort (1).

Quand une femme meurt en voyage en l'absence d'autres femmes ou d'un parent au degré prohibé, c'est un homme qui lui frotte avec du sable le visage et les mains. Si c'est un homme qui meurt ainsi en l'absence d'un autre homme (2) ou d'une parente au degré prohibé, les femmes lui frottent avec du sable le visage et les mains jusqu'aux coudes ; [80] mais s'il y a une parente au degré prohibé, elle le lave en lui couvrant les parties (3). S'il se trouve un parent au degré prohibé de la morte, il la lave par dessous une pièce d'étoffe qui lui couvre tout le corps (4).

---

(1) L'épouse sous le coup d'une répudiation révocable ne perd pas sa qualité d'épouse.

(2) Soit musulman, soit juif ou chrétien.

(3) Ce qui s'entend de la partie du corps qui s'étend du nombril aux genoux.

(4) Et en s'enveloppant la main d'une étoffe épaisse, de manière à ne voir ni palper le cadavre.

Il est recommandé d'ensevelir le mort avec des pièces de vêtement en nombre impair, trois, cinq ou sept. Ce que l'on met au cadavre, ceinture, chemise et turban, compte comme nombre impair de pièces de vêtement. Le Prophète fut enseveli dans trois pièces d'étoffe blanche provenant de Sahoûl (1) dans lesquelles il fut enroulé soigneusement.

Il n'y a pas de mal à mettre au mort une chemise et un turban (2). Il est recommandé de l'aromatiser en plaçant les aromates entre les linceuls, dans les (orifices du) corps et sur les parties qui sont employées dans l'acte de prosternation.

[81] On ne lave pas le corps du martyr tombé dans le combat, non plus qu'on ne prie sur lui ; il est enseveli dans ses vêtements. On dit la prière sur celui qui s'est tué (3) et sur celui que l'imâm a fait mettre à mort en appliquant soit une peine légale soit le talion, sans que l'imâm lui-même fasse cette prière. On ne fait pas suivre le mort d'un encensoir, et il est mieux de le précéder à pied lors du convoi.

Le cadavre est, dans le tombeau, placé sur le flanc droit, puis l'on met sur lui des briques crues ; après quoi on dit : « O grand Dieu, notre compagnon T'a rejoint, a laissé ce monde derrière lui et a besoin de (la miséricorde)

(1) Nom d'une localité du Yémen ; mais on peut aussi entendre l'adjectif tiré de cette racine comme signifiant « foulé, blanchi ».

(2) Cela est même recommandé ; et un bout flottant du turban est ramené sur la face.

(3) Volontairement ou accidentellement.

qui est tienne ; ô grand Dieu, affermis ses paroles lors de
l'interrogatoire ; [82] ne le soumets pas dans le tombeau
à des épreuves qu'il ne puisse supporter et place-le sous
la protection de son prophète Mohammed ».

Il est blâmable d'élever des constructions par dessus
les tombes, ou de blanchir celles-ci.

Le musulman ne doit pas laver le cadavre de son propre
père qui est infidèle ni l'introduire dans la tombe ; mais
s'il craint qu'il ne reste à l'abandon, il doit l'enfouir.

La niche latérale, qui est mieux vue (1) des gens de
science, consiste en une cavité creusée au dessous du bord
dans la paroi de la *kibla* de la tombe ; ce qui se fait dans
un sol dur peu exposé aux glissements et aux effritements.
C'est ainsi qu'il a été procédé pour le Prophète.

XXI

PRIÈRE DES FUNÉRAILLES ET INVOCATION A FAIRE POUR LE MORT.

Le *tekbir* dans cette prière est répété à quatre reprises,
à la première desquelles l'imâm élève les mains, ce qu'il
peut faire aussi sans inconvénient aux suivantes. Il fait,
à son gré, [83] l'invocation puis le salut terminal après
(chacun) des quatre *tekbir*, ou se borne au salut terminal
après le quatrième *tekbir*.

---

(1) De préférence à la fente جب (ou portion rétrécie de la fosse) où peut
être mis le cadavre après que les parois en ont été consolidées.

L'imâm se tient à la hauteur de la ceinture du mort s'il s'agit d'un homme, et des épaules s'il s'agit d'une femme. Le salut dans cette prière est unique et chuchoté à voix basse par l'imâm comme par les assistants.

La prière sur un mort entraîne un *kîrâṭ* de récompense, la présence à son inhumation un autre *kîrâṭ*, et ce *kîrâṭ* est égal à la récompense due pour (une aumône en or grosse comme) le mont Oḥod.

Les paroles à prononcer dans l'invocation sur le mort ne sont pas déterminées, et on y a toute liberté. D'entre les meilleures formules à employer après les *tekbîr* est celle-ci : « Louange à Allâh qui donne la mort et la vie, louange à Allâh qui [84] ressuscite les morts, à Lui la grandeur, la magnificence, la souveraineté, la puissance et l'élévation, Il peut toutes choses ! O grand Dieu, sois propice à Mohammed et à la famille de Mohammed, fais miséricorde à Mohammed et à la famille de Mohammed, bénis Mohammed et la famille de Mohammed, de même que Tu as été propice et as accordé Ta miséricorde et Ta bénédiction à Abraham et à la famille d'Abraham parmi les créatures, car Tu es loué et généreux ! O grand Dieu, voici Ton serviteur fils de Ton serviteur et de Ta servante, c'est Toi qui l'as créé et sustenté, c'est Toi qui l'as fait mourir, c'est Toi qui le rendras à la vie, c'est Toi qui connais le mieux ses pensées et ses actes extérieurs ! Nous venons à Toi comme intercesseurs pour lui, accepte-nous comme tels ; nous réclamons pour lui Ta promesse de protection, car certes Tu tiens Tes engagements. O grand

Dieu, protège-le contre l'épreuve du tombeau et le supplice de la géhenne ! O grand Dieu, pardonne-lui, fais-lui miséricorde, sauve-le, fais-lui une généreuse réception, facilite-lui l'entrée, lave-le à l'eau, à la neige et à la glace, purifie-le de ses péchés de même qu'une étoffe blanche est débarrassée de toute souillure ; échange sa demeure contre une autre meilleure, ses proches contre de meilleurs, son conjoint contre un meilleur ! O grand Dieu, s'il est homme de bien, accrois (la récompense due à) sa vertu, sinon pardonne-lui ! O grand Dieu, il est déjà rendu auprès de Toi, qui es le meilleur des hôtes ; il a besoin de Ta miséricorde et son châtiment ne Te fait pas défaut ! O grand Dieu, affermis ses paroles lors de l'interrogatoire et ne lui inflige pas dans la tombe une épreuve qu'il ne puisse supporter ! O grand Dieu, ne nous prive pas de la récompense demandée pour lui et garde-nous de la séduction après lui ! »

Voilà ce qu'on dit après [85] chacun (des trois premiers) *tekbir* ; après le quatrième, on dit : « O grand Dieu, pardonne-nous, tant aux vivants qu'aux morts, aux présents comme aux absents, aux enfants comme aux adultes, aux hommes comme aux femmes ; Tu connais nos variations et notre demeure ; pardonne à nos parents et à nos prédécesseurs dans la foi, aux musulmans et aux musulmanes, aux croyants et aux croyantes, tant morts que vivants ! O grand Dieu, ceux de nous que Tu laisses en vie, maintiens-les dans la foi ; ceux que Tu prends, prends-les professant l'islàm ; donne-nous la félicité de Ta rencontre, purifie-nous pour la mort et purifie-la pour nous, mets-y notre repos et notre joie ». Puis on fait le salut terminal.

S'il s'agit d'une femme, on dit : « O grand Dieu, voici Ta servante, etc. » en continuant au féminin, sauf qu'on ne dit pas « et donne-lui un conjoint meilleur que le sien », parce qu'elle sera au paradis l'épouse de son conjoint terrestre. Les femmes seront au paradis bornées à leurs époux sans qu'elles désirent en changer ; l'homme y aura de nombreuses épouses sans que la femme y ait plusieurs époux.

Il n'y a pas de mal [86] à faire une prière commune à plusieurs morts. L'imâm se met alors près des cadavres des hommes s'il y en a aussi de femmes ; sinon, c'est le plus méritant des cadavres masculins qui est près de l'imâm, et successivement les femmes et les enfants, dans la direction de la *ķibla*. Il n'y a pas de mal à ce qu'ils forment une seule rangée, le plus méritant étant placé le plus près de l'imâm.

Au cas d'inhumation de plusieurs morts dans une même tombe, le plus méritant est placé le plus près de la *ķibla*. Pour le mort qui est inhumé sans qu'on ait dit les dernières prières et qui est déjà enfoui, c'est sur sa tombe qu'on prie.

Les dernières prières une fois dites ne sont pas renouvelées. On prie sur le cadavre dont la majeure partie est présente ; mais on discute s'il faut le faire sur une partie telle que la main et le pied.

XXII

INVOCATION FUNÈBRE SUR LE JEUNE ENFANT, PRIÈRE A DIRE
SUR LUI ET LAVAGE DE SON CADAVRE.

Après avoir loué Allâh et prié sur son Prophète, on dit :
« O grand Dieu, voici Ton serviteur, fils de Ton serviteur
et de Ta servante ; c'est Toi qui l'as créé et sustenté, c'est
Toi qui l'as fait mourir, Toi qui le rendras à la vie ;
ô grand Dieu, fais de lui pour ses ascendants un précur-
seur et une provision, [87] un fourrier et une récompense ; augmente par lui le poids de leurs œuvres, accrois
par lui leur récompense, ne prive ni eux ni nous de la
récompense due à cette prière, garde-nous et garde-les
de la séduction après lui ; ô grand Dieu, joins-le aux
vertueux enfants des croyants qui l'ont précédé sous la
sauvegarde de notre père Abraham, donne-lui une demeure meilleure que celle d'ici-bas, une famille meilleure
que la sienne, épargne-lui l'épreuve du tombeau et le
châtiment de la géhenne ! »

On s'exprime en ces termes après chaque *tekbir* (1), et
l'on ajoute à la suite du quatrième : « O grand Dieu,
pardonne à nos devanciers et prédécesseurs et à ceux qui
nous ont précédés dans la foi ! O grand Dieu, ceux d'entre
nous que Tu vivifies, vivifie-les en état de foi, ceux
d'entre nous que Tu ramènes à Toi, prends-les en état

_____

(1) Ou, d'après d'autres, après chacun des trois premiers seulement.

d'islâm , pardonne aux musulmans et aux musulmanes, aux croyants et aux croyantes, tant vivants que morts ! » Enfin, après avoir exprimé tout cela, on prononce le salut terminal.

On ne prie pas sur l'enfant qui n'a pas fait entendre les premiers vagissements, et il n'est ni ne peut rendre héritier.

Il est blâmable d'inhumer un fœtus dans une habitation (1).

Il n'y a pas de mal [88] à ce que des femmes lavent le cadavre d'un garçon de six à sept ans, mais les hommes ne lavent pas les fillettes. On discute pour le cas où elles ne sont pas d'âge à provoquer les désirs, mais nous préférons qu'ils ne procèdent pas au lavage.

XXIII

DU JEÛNE.

Le jeûne du mois de ramadân est une prescription d'ordre divin (2). On l'observe dès la visibilité de la nouvelle lune et on le rompt lors de la visibilité de la lune suivante, que le mois (qui précède celui où il y a visibilité) ait trente ou vingt-neuf jours. Si la nouvelle lune (de ramadân) est masquée par des nuages, on compte

(1) Cette inhumation ne constituerait pas, en cas de vente de la demeure, un vice de nature à provoquer la rescision, au contraire du cas d'inhumation d'un enfant viable ou d'un adulte.
(2) Koran, II, 181.

trente jours depuis le premier du mois (de cha'bân) qui précède, puis on commence le jeûne ; et pour le rompre on fait de même.

L'intention pieuse est requise du fidèle dès la nuit qui précède le premier jour, mais non pendant le reste du mois (1). Le jeûne se poursuit jusqu'à la nuit, et il est de tradition (2) qu'on se hâte de le rompre et qu'on recule le repas de la fin de la nuit. Si le fidèle a des doutes sur le lever de l'aube, il ne doit pas manger (3). On ne jeûne pas, [89] à l'effet de chercher à respecter le ramadân (4), le jour où il y a doute sur l'apparition de la nouvelle lune, et le jeûne ainsi pratiqué ne compte pas si ce jour se trouve faire effectivement partie de ce mois. Mais on est libre de jeûner ce jour-là à titre volontaire. Pour celui qui, en ce jour douteux, n'aurait mangé ni bu dès le matin, et s'assurerait ensuite que ce jour fait partie du ramadân, ce jeûne ne compterait pas (5) ; mais il doit néanmoins s'abstenir de manger, etc., le reste de la journée, puis refaire ce jour de jeûne à titre compensatoire.

---

(1) Mâlek, Châfi'i et Aboû Hanifa déclarent obligatoire le renouvellement de cette intention chacune des nuits de ce mois ; pour notre auteur, il n'est que recommandé pour les nuits autres que la première. Il en est de même chez Khalil, texte p. 49, l. 6.

(2) On rapporte en effet un hadith à ce propos ; pour Khalil, les deux faits qui suivent ne sont que recommandés.

(3) Non plus que boire ou cohabiter, autrement dit ne rien faire des actes interdits dans le jour pendant la durée du jeûne.

(4) On s'appuie sur un hadith pour déclarer blâmable — certains disent même interdit — de jeûner ce jour-là (Kharchi-Khalil, II, 142).

(5) Car l'intention, indispensable pour la validité de l'acte, a fait défaut.

Lorsque, dans le courant d'une journée et ayant commencé à manger, un voyageur arrive à destination ou qu'une femme souffrant de son indisposition mensuelle recouvre l'état de pureté, l'un et l'autre peuvent continuer de manger pendant le reste de cette journée.

Celui qui, intentionnellement (ou par ignorance) rompt un jeûne volontaire, ou qui, au cours de ce jeûne, le rompt à raison d'un voyage, doit le faire compensatoirement, mais non s'il le rompt par négligence ; au contraire, il doit en ce cas le jeûne compensatoire pour rupture du jeûne d'obligation divine (1).

Il n'y a pas de mal [90] à ce que le jeûneur se serve du cure-dent toute la journée. L'application de ventouses n'est pas pour lui un acte blâmable, sauf s'il y a lieu de craindre qu'elle rende malade.

Un vomissement incoërcible survenu en ramadân n'entraîne pas de jeûne compensatoire, au contraire du vomissement provoqué.

La rupture du jeûne s'impose (à la femme surprise par son incommodité, et) à la femme enceinte qui craint pour son fœtus sans qu'elle doive, ou d'après d'autres, en devant la nourriture expiatoire. Cette rupture est facultative pour la nourrice quand elle craint (soit pour elle-même, soit) pour son nourrisson et qu'elle ne trouve pas de remplaçante salariée, ou quand l'enfant n'accepte pas d'autre sein que le sien ; elle doit alors la nourriture

_____

(1) C.-à-d. du jeûne proprement dit du ramadân ou de celui résultant d'un vœu ou constituant une expiation.

expiatoire. S'acquitter de celle-ci est recommandé au
vieillard d'un âge avancé qui vient à rompre le jeûne.
Dans tous ces cas, le mot *nourriture* s'entend du versement d'un *moudd* du Prophète pour chaque jour entraînant l'accomplissement compensatoire.

De même, pareille nourriture est due par celui qui
néglige d'accomplir compensatoirement un ramadân avant
qu'un autre commence.

Le jeûne n'est pas imposé aux enfants avant (la puberté,
c.-à-d. avant) que le garçon ait des pollutions nocturnes
et que la fille ait ses règles. [91] La puberté leur impose
à titre d'obligation divine l'accomplissement des devoirs
corporels (et immatériels), car Allâh a dit : « Que les
enfants qui, parmi vous, auront atteint la puberté, deman-
dent la permission d'entrer » (*Koran*, XXIV, 58).

L'homme qui, au lever du jour, a une souillure spermatique et ne s'est pas lavé, ou la femme qui redevient
pure avant l'aube par la cessation du flux menstruel,
alors que soit l'un soit l'autre ne se sont lavés qu'après
l'aube, jeûnent valablement ce jour-là.

Il n'est pas permis [c.-à-d. pas valable et interdit] de
jeûner à la fête de la Rupture du jeûne, ni le jour du
Sacrifice, ni les deux jours qui suivent celui-ci, sauf dans
ce dernier cas pour le pèlerin *motamatti'* [qui fait en même
temps le pèlerinage proprement dit et l'*omra*] et qui ne
trouve pas de victime. Quant au troisième jour (1), il est

----

(1) Le troisième jour qui suit celui du Sacrifice, ou le quatrième en
tenant celui du Sacrifice comme étant le premier de ce compte.

(blâmable) pour le jeûneur volontaire de jeûner, tandis que celui qui en a fait le vœu ou celui qui poursuit un jeûne continu et commencé antérieurement, doivent le faire.

Quand, par oubli, le fidèle rompt le jeûne dans un jour de ramadân, il en doit l'accomplissement compensatoire seulement (1) ; et de même quand il le rompt parce qu'il y est forcé par la maladie.

Il est permis à celui qui entreprend un voyage donnant lieu à abréviation de la prière, de rompre le jeûne bien qu'il n'en ressente pas la nécessité, mais il en doit l'accomplissement compensatoire. Cependant il est, pour nous malékites, mieux vu d'observer le jeûne. Le voyageur qui s'éloigne de moins que quatre *berîd* et qui, dans la croyance [92] que cela est permis, rompt le jeûne, ne doit pas d'expiation et est tenu (seulement) à l'accomplissement compensatoire. D'ailleurs, quiconque rompt le jeûne par suite d'une fausse interprétation n'est pas tenu à expiation. Celle-ci n'est due que par celui qui rompt de propos délibéré le jeûne en buvant, en mangeant ou en cohabitant, et il doit en outre l'accomplissement compensatoire.

L'expiation consiste : ou à nourrir soixante pauvres à raison d'un *moudd* du Prophète (2) par tête, ce qui est le

_____

(1) L'expiation s'y ajouterait si, sans être induit en erreur par une interprétation erronée des textes, il persistait dans son manquement.

(2) Ce qui représente un *rill* et un tiers, poids de Baghdâd, ou le contenu des deux mains ouvertes et moyennement déployées.

mode le mieux vu de nous malékites ; ou à affranchir un
esclave ; ou à jeûner pendant deux mois consécutifs.

Celui qui rompt de propos délibéré un jeûne compensatoire de ramadân ne doit pas d'expiation.

Celui qui perd connaissance pendant la nuit (et ne peut
par suite avoir l'intention de jeûner) et revient à soi après
le lever de l'aurore, doit le jeûne compensatoire, mais non
des prières à titre compensatoire ; il doit seulement dire
celles qui sont de règle quand il a repris connaissance (1).

Il convient que le jeûneur refrène sa langue et ses autres
organes et qu'il vénère le mois de ramadân conformément à ce qu'en a dit Allâh (2). Il n'approchera pas les
femmes par cohabitation, attouchement [93] ou baiser
voluptueux dans le courant du jour, mais cela ne lui est
pas défendu dans la nuit. Le fait de se trouver le matin
en état de souillure majeure par suite de cohabitation, est
sans conséquence. Celui qui, dans un jour de ramadân,
a éprouvé un plaisir voluptueux résultant d'un attouchement ou d'un baiser et a eu un écoulement prostatique,
doit le jeûne compensatoire. S'il fait cet acte intentionnellement et le prolonge jusqu'à production de l'écoulement spermatique, il doit en outre l'expiation.

A celui qui, avec confiance et pour s'en faire un mérite
auprès de Dieu, dit les prières à pauses (تراويح) de rama-

----

(1) La règle relative aux prières, déjà édictée plus haut, est ici répétée pour faire ressortir la règle différente relative au jeûne.
(2) Koran, II, 181.

dàn, ses péchés [véniels] antérieurs sont pardonnés (1).
Celui qui dit ce qu'il peut de ces prières peut en espérer
le mérite et l'expiation de ses péchés. Elles peuvent se
dire dans le temple destiné aux prières en commun (2) et
sous la direction d'un imàm ; mais on peut aussi s'en
acquitter chez soi, ce qui est préférable pour celui qui
conserve dans la solitude toute sa fermeté d'intention.

Les vertueux Compagnons s'acquittaient de cette dévotion en faisant dans le temple vingt *rek'a*, et ensuite une
prière de trois *rek'a* dont les deux premières étaient séparées de la troisième par un salut ; mais ensuite [sous
'Omar ben 'Abd el-'Aziz] on en vint, après avoir fait vingt
rek'a, à en faire trente-six, en outre de la prière de trois
rek'a. Ces diverses manières sont permises ; mais on fait
le salut après chaque couple de *rek'a*. Cependant, d'après
'A'icha, le Prophète, tant en ramàdàn qu'autrement, ne
faisait pas plus de douze *rek'a*, qu'il faisait suivre du *witr*
[ou trois *rek'a*, c.-à-d., proprement, un *chef'* et un *witr*].

XXIV

DE LA RETRAITE SPIRITUELLE

[94] La retraite spirituelle, mot dont la racine signifie
« s'attacher à », est l'une des pratiques surérogatoires
pieuses. Elle ne se fait qu'en jeûnant, doit se poursuivre

---

(1) Ce qui est fondé sur un hadith.
(2) Cela est même recommandé, tandis qu'il est blâmé de faire de
simples prières surérogatoires dans le temple.

6

sans interruption [sauf vœu contraire], et avoir lieu dans
une mosquée, ainsi que l'a dit Allâh « alors que vous
êtes en retraite dans les mosquées » (1). La retraite du
fidèle qui se trouve dans un lieu où se fait la prière solen-
nelle du vendredi, ne peut avoir lieu que dans la mosquée
cathédrale (2), à moins que son vœu ne porte sur un
nombre de jours où le vendredi ne figure pas (3). Pour
nous malékites, le minimum de retraite préféré est de dix
jours. Le vœu d'une retraite pour un jour (4) ou davantage
lie celui qui le prononce ; le vœu pour une nuit le lie
pour les vingt-quatre heures.

Celui qui rompt sa retraite de propos délibéré (5) doit
la recommencer, et de même si cette rupture, soit de jour
soit de nuit, intentionnellement ou par oubli, résulte de
la cohabitation. Si la maladie est cause de l'interruption,
le fidèle rentre chez lui, et après guérison poursuit sa
retraite suspendue, comme fait aussi la femme surprise
par son incommodité ; mais l'un et l'autre, pendant la
durée de la maladie et de l'indisposition, sont soumis
aux interdictions (autres que la nourriture) qu'entraîne
la retraite. Sitôt que, soit de jour soit de nuit, la femme

---

(1) Koran, II, 183.

(2) Aboû Hanîfa n'admet que les mosquées de Médine, la Mekke et
Jérusalem comme lieux de retraite spirituelle.

(3) Autrement dit, pour le nombre de six jours au maximum.

(4) D'après la Modawwana, « un jour » s'entend de la période de vingt-
quatre heures.

(5) Soit en mangeant soit en buvant ; mais si la violation du vœu
résulte de l'acte sexuel, il importe peu qu'elle soit intentionnelle ou non,
ainsi qu'il est dit immédiatement après.

redevient pure ou que le malade est guéri, ils retournent à la mosquée.

Le fidèle en retraite ne sort que [95] pour satisfaire à ses besoins naturels. Il doit entrer dans le lieu qu'il s'est choisi avant le coucher du soleil du jour à partir duquel il veut commencer sa retraite.

Il ne doit pendant cette période ni visiter un malade, ni dire les dernières prières, ni sortir pour commercer. La retraite ne peut être soumise à des conditions.

Il n'y a pas de mal à ce que l'imâm attaché à une mosquée fasse une retraite dans ce temple.

Celui qui est en retraite peut se marier ou marier autrui.

En commençant une retraite le 1ᵉʳ ou le 15 du mois (par exemple), on en sort le dernier jour de la période fixée après le coucher du soleil. Mais si c'est en ramadân et que cette période finisse lors de la Rupture du jeûne, on passe dans la mosquée la nuit qui précède cette rupture jusqu'au moment où l'on se rend au Moçalla, [et de même si ce dernier jour coïncide avec la Fête du sacrifice].

XXV

DÎME AUMÔNIÈRE A PRÉLEVER SUR LE NUMÉRAIRE, LES PRODUITS DE LA TERRE, LE BÉTAIL ET LE PRODUIT DES MINES ; CAPITATION ET IMPÔTS A LEVER SUR LES MARCHANDS TANT TRIBUTAIRES QU'ÉTRANGERS NON-TRIBUTAIRES.

[96] La dîme aumônière sur l'or et l'argent, sur les

produits de la terre et le bétail est une prescription
d'ordre divin (1). Elle est due pour les produits de la
terre le jour de la récolte (2) ; pour l'or et l'argent et
pour le bétail, une fois par an. Elle ne se prélève pas sur
moins de cinq charges de grain ou de dattes, représentant
six *kafiz* et un quart : la charge ou *wask* représente
soixante *çâ‘*, mesure du Prophète, et le *çâ‘* représente
quatre *moudd*, mesure du Prophète (3).

On totalise, pour calculer la dîme, le blé, l'orge et le
soult (4), et quand ces trois sortes réunies forment un
total de cinq charges, *wask*, elles sont passibles de la
dîme. On totalise encore les diverses espèces de légumes
farineux, comme aussi les diverses espèces de dattes,
ainsi que les diverses espèces de raisins secs. Mais le riz,
le millet (*dokhn*) et le sorgho (*dhoura*) ne sont pas, en ce
qui concerne la dîme, ajoutés les uns aux autres.

Quand un jardin renferme diverses catégories de
dattes, la dîme se prélève sur le tout en fruits de qualité
moyenne.

La dîme sur les oliviers est due quand les fruits font
un total de cinq [97] charges, et se prélève, de même
que pour le sésame et les graines de rave, sur l'huile qui
en est extraite. Si l'assujetti vend ces fruits ou graines, il

----

(1) Elle fut établie en l'an 2 de l'hégire.
(2) Koran, VI, 142.
(3) Le prélèvement est du dixième ou du vingtième, selon que le sol est
arrosé naturellement ou non.
(4) Espèce d'orge appelée aussi *cha‘ir en-nebî*.

peut aussi se libérer en versant la dîme du prix, ce qui est cependant douteux.

Elle n'est pas due sur les fruits ni les légumes verts, non plus que sur l'or en quantité inférieure à vingt dinars. A partir de vingt dinars, elle est due à raison d'un demi-dinar, c.-à-d. du quart du dixième, et à ce taux pour une somme supérieure, même faible. Pour l'argent, elle n'est pas due sur moins de deux cents dirhems, soit cinq onces de quarante dirhems chacune et faisant un poids de sept, je veux dire par là que sept dinars [98] pèsent autant que dix dirhems (1). Quand ces dirhems montent à deux cents, ils sont assujettis au quart du dixième, soit cinq dirhems, et ainsi de suite proportionnellement. On totalise l'or et l'argent, et le propriétaire de cent dirhems et de dix dinars doit 2 1/2 pour cent de chacun.

Les biens mobiliers ou non échappent à la dîme, à moins qu'ils ne soient des objets de commerce. Quand la vente en a lieu un an ou davantage après le jour où l'on en a perçu le prix (2) ou celui où l'on a payé la dîme de ce prix, la dîme d'une année est due sur le prix de vente, que la possession de ces biens ait duré un an ou davantage. Mais celui qui fait du commerce courant, sans accaparement d'argent ni de marchandises, estime annuellement ses marchandises et paie la dîme de cette

----

(1) Le dirhem pesant 50 2/5 grains d'orge de moyenne grosseur, et le dinar 72, on trouve que 50 2/5 × 10 = 72 × 7, ou 504 grains.

(2) Cela s'applique aux opérations de spéculation, par opposition aux cas où la propriété a été acquise par donation ou succession.

valeur augmentée de l'argent comptant qu'il a entre les mains.

Le bénéfice produit par un capital est, pour compter l'année de jouissance requise, censé acquis depuis le jour où l'on a ce capital (1) ; et de même le croît du bétail rétroagit au jour où l'on était propriétaire des mères.

Celui qui, ayant une somme d'argent passible de la dîme, a une dette ou égale à la quotité imposable, ou ramenant son actif au-dessous, [99] est exempté de la dîme. Mais s'il a, en fait d'effets mobiliers non-dîmables et d'usage personnel ou en fait d'esclaves, d'animaux, d'immeubles bâtis ou non, de quoi couvrir sa dette, il doit la dîme sur son numéraire ; si ces objets ne couvrent pas sa dette, il impute le surplus de cette dernière sur son numéraire, et si, après cela, il reste de celui-ci une quotité imposable, il acquitte la dîme. Mais l'existence d'une dette ne dispense pas de payer la dîme sur les grains, ni sur les dattes et le bétail.

Le créancier d'une somme d'argent n'en doit la dîme qu'après avoir été désintéressé, et il la paie pour une seule année quand il ne touche qu'au bout de plusieurs années. De même pour des objets achetés (par spécula-tion), la dîme n'en est due qu'une fois [nous l'avons dit], et lors de la vente. Si la créance ou les effets mobiliers proviennent d'héritage, (donation, etc.), l'année se compte à partir de l'entrée en jouissance.

_____

(1) Sans distinguer si le capital originel atteignait ou non le *niçâb* ou minimum imposable.

Les biens des mineurs (et des déments) consistant en numéraire, en récoltes et en bétail sont soumis à cet impôt, de même qu'aux aumônes à faire lors de la Rupture du jeûne. L'esclave intégral [100] ou mixte (1) n'est soumis à aucune de ces deux obligations ; l'affranchissement survenant, il commence dès lors à compter l'année à courir pour le bien qu'il possède.

Nul ne doit la dîme sûr son esclave homme ou femme, sur son cheval, sur son habitation, non plus que sur les immeubles ou meubles d'usage personnel, ni sur les bijoux employés pour se parer (2).

Celui qui acquiert un objet mobilier ou immobilier par héritage ou donation ou qui retire un produit de sa terre, n'en doit la dîme qu'après avoir vendu et alors qu'il s'est écoulé un an compté à partir de la perception du prix ou du produit.

Sur le produit d'une mine d'or ou d'argent (3), faisant un poids de vingt dinars d'or ou de cinq onces d'argent, une dîme de 2 1/2 °/₀ est due au jour de l'extraction, et ainsi de suite sur le produit ultérieur, même inférieur à ces minima, qui vient s'y ajouter. Si ce travail épuise le filon, et qu'un autre mineur recommence l'extraction, il ne doit la dîme que quand la quotité imposable est atteinte.

(1) On entend par esclave mixte l'affranchi posthume ou contractuel ou partiel, etc.

(2) Ou pour parer ses femmes.

(3) Mais non d'un autre métal, dit Chernoûbî.

La capitation se prélève sur les tributaires mâles, majeurs et libres, mais non [101] sur leurs femmes et enfants ou sur leurs esclaves. Elle est due par les mages et par les Arabes chrétiens (1). Le montant en est de quatre dinars ou quarante dirhems, selon qu'ils emploient la monnaie d'or ou la monnaie d'argent, mais pour le pauvre la perception en est réduite (2). Sur les tributaires qui commercent d'un pays à un autre, on prélève le dixième du prix de leurs ventes, même s'ils font annuellement plusieurs voyages. Le seul commerce de vivres transportés à la Mekke et à Médine n'est assujetti qu'au vingtième du prix de vente. On prélève sur les commerçants étrangers non-tributaires *(harbi)* le dixième de ce qu'ils importent, à moins que leur entrée ne soit soumise à un droit plus élevé.

L'inventeur d'un trésor enfoui et ancien, *rikâz* (3), en doit le cinquième.

XXVI

[102] DÎME DU BÉTAIL.

La dîme sur les chameaux, les bovins et le petit bétail

---

(1) D'autres soutiennent que les Arabes doivent nécessairement ou se convertir ou être mis à mort.

(2) Dans la mesure fixée par l'imâm ou souverain ; cf. Mâwerdî, 2

(3) Le *rikâz* peut être constitué par des métaux précieux ou non, des pierres précieuses, etc. ; peu importe qu'il atteigne ou non la quotité imposable, que l'inventeur soit pauvre ou endetté. S'il n'est pas ancien, c.-à-d. antéislamique, c'est une épave لقطة et on lui applique les règles relatives à cette dernière.

est d'obligation divine. Elle n'est pas due sur moins de cinq chameaux, mais à partir de ce nombre et jusqu'à neuf, elle consiste en un animal, âgé de plus d'un an et de moins de deux ans, de la race ovine ou caprine la plus répandue dans le pays ; de dix à quatorze, elle consiste en deux têtes ; de quinze à dix-neuf, en trois ; de vingt à vingt-quatre, en quatre ; de vingt-cinq à trente-cinq, en une chamelle ayant accompli sa première année, ou, si le troupeau n'en renferme pas, en un chameau mâle ayant accompli sa deuxième année ; à défaut de l'un et de l'autre, le percepteur impose le propriétaire d'une cha- melle ayant plus d'un an (1) ; — de trente-six à quarante- cinq, une chamelle dans sa troisième année ; de quarante- six [103] à soixante, une chamelle de plus de trois ans, c.-à-d. apte à porter des fardeaux et à être saillie ; de soixante-et-un à soixante-quinze, une chamelle de plus de quatre ans ; de soixante-seize à quatre-vingt-dix, deux chamelles de plus de deux ans ; de quatre-vingt-onze à cent vingt, deux chamelles de plus de trois ans ; au-dessus de ce nombre, une chamelle de plus de trois ans par chaque cinquantaine, et une chamelle de plus de deux ans par chaque quarantaine.

Les bêtes bovines au-dessous de trente sont exemptes ; à partir de ce nombre, la dîme est d'un taurillon comp- tant deux années pleines, et cela jusqu'à 40 têtes. Ce nombre étant atteint, la dîme est d'une vache *mousinna*,

_____

(1) Cette phrase ne figure pas dans l'édition de Chernoûbî.

c.-à-d. ayant quatre ans. Au-dessus de 40, elle est d'une vache de quatre ans par quarantaine et d'un taurillon de deux ans par trentaine.

Le petit bétail au-dessous de 40 têtes est exempt. A partir de ce nombre et jusqu'à 120, la dîme est d'une bête, mâle ou femelle, des espèces ovine ou caprine, ayant un an juste ou dans sa deuxième année. A partir de 121 et jusqu'à 200, deux bêtes; à partir de 201 et jusqu'à 300, trois bêtes ; au-dessus de 300, une bête par centaine.

Les têtes de bétail comprises entre deux des échelons de la dîme sont exemptes. On totalise, pour fixer la redevance, les moutons et les chèvres, comme aussi les buffles et les bovins, [104] de même que les chameaux et les dromadaires. S'il y a confusion de deux troupeaux, chacun des propriétaires associés doit sa juste part de l'impôt; mais celui dont la part est inférieure à la quotité imposable ne doit rien. Il n'y a pas à séparer ce qui est réuni ni à réunir ce qui est séparé, par crainte de la dîme, et alors que l'échéance de l'année est proche; si par l'un de ces actes les assujettis diminuent leur charge, chacun est taxé comme il devait l'être avant cela.

On ne reçoit pas en paiement de la dîme les agneaux ou chevreaux, bien qu'ils figurent dans le dénombrement du troupeau, non plus que les jeunes veaux s'il s'agit de bovins ou les jeunes chamelons s'il s'agit de chameaux, bien qu'ils figurent aussi dans le dénombrement. Ne sont pas davantage acceptés un jeune bouc ou une femelle hors d'âge ou pleine, ou l'étalon d'un troupeau de petit bétail, ou un mouton à l'engrais, ou une mère qui allaite, (en un mot, ni bêtes de rebut) ni bêtes de choix.

La dîme ne se perçoit pas en effets mobiliers ni en argent ; mais si le percepteur exige de l'argent pour l'impôt du bétail, etc., ce paiement est, [105] prétend-on, valable.

L'existence d'une dette ne soustrait pas à la dîme le propriétaire de grains, de dattes ou de bétail (1).

XXVII

DE L'AUMÔNE A FAIRE LORS DE LA RUPTURE DU JEUNE.

Elle constitue une pratique traditionnelle obligatoire imposée par le Prophète à tout musulman majeur ou mineur, homme ou femme, libre ou esclave, et est par tête d'un *çâ'*, mesure du Prophète, de la nourriture la plus usitée dans le pays, blé, orge, *soult*, dattes, fromage séché ﺑﻂ, raisin sec, millet, sorgho ou riz. Ce peut être aussi, dit-on, de l'*alas* ou froment d'Arabie, petit grain qui a presque l'apparence du blé, quand [comme à Çan'â] la population s'en nourrit.

Le maître fait cette aumône pour son esclave, et le père pour son enfant mineur et sans ressources, [en d'autres termes] un homme la paie pour tout musulman

_____

(1) Ce qui a été dit déjà. — Le paiement de la dîme doit être accompagné de l'intention religieuse de l'assujetti, être fait sur place et au moment où elle est exigible ; le montant en doit être consacré aux divers usages énumérés par le Koran, IX, 60.

à qui il doit la pension alimentaire (1), comme aussi pour son affranchi contractuel, à qui cependant il ne doit pas cette pension, [106] mais il en est ainsi parce que cet affranchi peut redevenir sa propriété.

Il est recommandé de la verser dès l'aube du jour de la Rupture du jeûne. Il est aussi recommandé de rompre le jeûne avant de se rendre au Moçalla, à la différence de ce qui a lieu pour la Fête des sacrifices.

Il est recommandé pour les deux Fêtes d'aller par un chemin et de revenir par un autre (2).

XXVIII
PÈLERINAGE ET VISITE SACRÉE (3)

Le pèlerinage à la sainte Maison de Dieu, à la Mekke, s'impose d'ordre divin (4) à tout musulman qui peut voyager jusque là, et qui est libre et majeur (5), une fois au cours de son existence. La possibilité du voyage comporte la sécurité de la route, les vivres nécessaires pour aller à la Mekke, la vigueur nécessaire pour y arriver à pied ou monté, et la santé physique.

[107] L'ihrâm (6) ou état pèlerinal [dont la période est

(1) A raison de sa parenté, ou de sa qualité soit d'époux soit de propriétaire.

(2) Ce qui a été dit déjà en parlant des deux Fêtes.

(3) C'est l'omra, qu'on traduit aussi par « petit pèlerinage ».

(4) Koran, III, 91.

(5) Une cinquième condition est que le fidèle doit jouir de sa raison.

(6) D'autres indications relatives au pèlerinage figurent dans le chapitre XXXVIII ou des *Questions particulières*. — Sur les limites du territoire sacré, cf. Mâverdi, *Ahkâm*, p. 186, qui s'exprime autrement. Le *Tanbîh* de Shîrâzi, p. 12, est, sur ce point, d'accord avec notre auteur.

chawwâl, dhoù'l-ka'da et dhou'l-ḥiddja] n'est ordonné
qu'à partir des limites : Djoḥfa pour les Syriens, les
Egyptiens et les Maghrebins, qui le prendront de préférence à Dhoù'l-Ḥoleyfa s'ils passent par Médine; Dhât
'Irḳ pour les Irakains ; Yelemlem pour les Yéménites, et
Ḳarn pour les Nedjdites, et ceux de ces trois dernières
catégories qui passent par Médine le prennent obligatoire-
ment à Dhoù'l-Ḥoleyfa, puisqu'au delà il n'y a plus pour
eux aucun point-limite,

Le pèlerin ou le visiteur par dévotion se met en cet
état en disant, aussitôt après une prière soit obligatoire
soit surérogatoire : « Me voici ڬ ô grand Dieu, me
voici, me voici ! Tu n'as pas d'associé, me voici ! À Toi la
louange et le bienfait, ainsi que la souveraineté, Tu n'as
pas d'associé, » et il arrête son intention de faire soit le
pèlerinage soit une visite de dévotion. [108] Il lui est
aussi (traditionnellement) ordonné, avant de prendre cette
allure, de se laver entièrement, et de se dépouiller de
tout vêtement cousu (1). Il lui est recommandé de se
laver (2) pour entrer à la Mekke. Il ne cesse pas de dire
« me voici » à la suite des prières, à chaque élévation (et
dépression) du sol, et à la rencontre des caravanes, sans
avoir cependant à répéter cette formule avec une insistance
exagérée. Une fois entré à la Mekke, il s'en abstient
jusqu'aux tournées et à la Course, après lesquelles il la

(1) Pour ne porter en guise de vêtements autre chose que les deux
pièces d'étoffe sans couture appelées *izâr* et *ridâ'*, ainsi que des sandales.
(2) A Dhoû Tawa.

recommence jusqu'au déclin du soleil du jour d'Arafa et à son départ pour le Moçalla (1) de cet endroit.

Il est recommandé d'entrer à la Mekke par Kedâ' (2), dans le col du haut de la Mekke, et de sortir par Koda (3), mais l'inobservation de cette double recommandation n'est pas un péché. D'après Mâlek, il faut, dès l'entrée à la Mekke, se rendre au Temple sacré. Il est recommandé de pénétrer dans celui-ci par la porte des Benoù Cheyba (4), puis de toucher la Pierre noire avec les lèvres, si possible, ou, à défaut, avec la main, qu'on porte ensuite à la bouche sans la baiser. Après quoi le fidèle commence la tournée (d'arrivée) en laissant le sanctuaire [**109**] à sa gauche et à sept reprises, les trois premières au pas gymnastique [ce que ne fait pas la femme], les quatre autres au pas ordinaire. (A titre de pratiques recommandées) : 1° il baise l'angle (de la Pierre noire) chaque fois qu'il passe devant, de la manière que nous avons dite, et dit le *tekbîr*; 2° il ne baise pas l'angle yemâni, mais le touche de la main et porte celle-ci à sa bouche sans la baiser; [3° il adresse des invocations dans le Moltazam] (5).

---

(1) Aussi appelé Mesdjid Namra.

(2) Aujourd'hui appelé Bâb el-Ma'la ('Adewi), le Darb el-Maala de Burton (*A pilgrimage to Meccah*, p. 399).

(3) Aujourd'hui Bâb Beni Sehm ou Bâb Chobeyka ('Adewi); voir Burckhardt, *Voyages en Arabie*, I, 134.

(4) Autrefois Bâb 'Abd Chems et Bâb 'Abd Menâf; aujourd'hui Bâb es-Salàm ('Adewi et Kharchi); cf. Burckhardt, I, 204.

(5) Le Moltazam ou Ḥaṭim est la portion du mur qui s'étend de la porte de la Ka'ba jusqu'à la Pierre noire (Kharchi-Khalil, II, 232; 'Adewi); cf. Burckhardt, I, 184.

Après avoir achevé les tournées, il fait une prière de deux *rek'a* à la Station d'Abraham ; il baise ensuite, s'il le peut, la Pierre noire [et boit de l'eau de Zemzem]. Après quoi il se rend à Eç-Çafa pour adresser des invocations du haut de cette colline ; il gagne alors El-Merwa, en parcourant au pas gymnastique accéléré la seule partie creuse de la vallée [c.-à-d. entre les pilastres verts], et s'arrête à El-Merwa pour adresser des invocations ; puis il retourne à Eç-Çafa, et accomplit ce rite à sept reprises, en faisant quatre pauses à Eç-Çafa et quatre à El-Merwa.

Après quoi il se rend le jour de *terwiya* (8 dhoù'l-ḥiddja) à Mina, où il dit les prières de midi, de quatre heures, du coucher du soleil, de la nuit close et de l'aurore. Il passe de là (1) à 'Arafât, sans cesser pendant tout cela de répéter le « me voici » jusqu'à ce que le soleil se couche ce jour-là et que le fidèle se rende au *Moçalla* de cet endroit. [110] Il doit, avant de s'y rendre, faire une lotion complète, et y fait, avec l'imâm, la réunion des deux prières de midi et de l'après-midi. Après quoi, et toujours avec lui, il se rend à 'Arafa (2) au lieu de station, où il se tient jusqu'au coucher du soleil. Il gagne ensuite, en même temps que l'imâm, Mozdelifa, où il dit avec lui les prières du coucher du soleil et de la nuit close, (en les réunissant), et (le lendemain) celle de l'aurore. Après quoi il s'arrête ce jour-là [le 10] avec lui à El-Mach'ar

---

(1) C.-à-d. le 9 dhoù'l-ḥiddja.
(2) On emploie les deux formes grammaticales 'Arafa et 'Arafât.

el-ḥarâm (1), et de là il se rend, quand le soleil est près
de monter à l'horizon, à Mina, en poussant sa bête [s'il
est monté] dans le trajet de Baṭn Moḥassir. Sitôt arrivé à
Mina, il lapide la Djemrat el-'Aḳaba avec sept cailloux
semblables à des cailloux de jet, et en prononçant chaque
fois le *tekbir*.

Après cela il procède au sacrifice de la victime s'il l'a
avec lui, puis se rase, retourne au Temple sacré et fait
les tournées finales, au nombre de sept, [**111**] ainsi
qu'une prière (de deux *rek'a*). Il fait ensuite à Mina un
séjour de trois jours, pendant chacun desquels, alors que
le soleil décline, il lapide à sept reprises, chaque fois en
disant le *tekbir*, la *djemra* voisine de la mosquée de Mina,
puis les deux autres (en finissant par celle de l''Aḳaba),
toujours en accompagnant chaque caillou du *tekbir*; il
fait une pause, après la lapidation de la première et de la
deuxième *djemra*, pour invoquer le Ciel, mais n'en fait
point à la Djemrat el-'Aḳaba, d'où il se retire aussitôt.
Les lapidations du troisième jour terminées, c.-à-d. le
quatrième jour du Sacrifice, il regagne la Mekke, et le
pèlerinage est achevé. On peut aussi réduire à deux les
jours passés à Mina et se retirer après avoir fait les lapidations. Avant de quitter la Mekke (après le pèlerinage
(ou l''*omra*), on fait (à titre méritoire) la tournée d'adieu
suivie d'une prière de deux *rek'a*, puis on part.

Pour accomplir l''*omra* on fait tout ce qui a été dit

_____

(1) Construction érigée sur une hauteur de Mozdélifa (qui s'écrit aussi
El-Mozdelifa).

depuis le commencement, jusqu'à ce qu'on ait fini la
course entre Çafa et Merwa ; alors on se rase la tête et
l'*omra* est terminé.

Il est préférable, dans le *haddj* comme dans l'*omra*, de
se raser (les cheveux), mais il suffit de se les raccourcir,
dans ce sens que l'homme doit se les raccourcir tous (1).
La pratique traditionnelle pour la femme est de se les
raccourcir.

Il n'y a pas de mal à ce que le fidèle en état pèlerinal
(*ihrâm*) tue une souris, un serpent, un scorpion et autres
animaux semblables (2), non plus qu'un chien qui mord
ou un animal agressif tel que loup, bête féroce ou autres
semblables ; il ne peut tuer, en fait d'oiseaux, que les
corbeaux et les milans, dont il y a à redouter des dommages. On doit s'abstenir, dans le pèlerinage [112]
comme dans l'*omra*, de femmes et de parfums ; on ne doit
pas porter de vêtements cousus, non plus que chasser,
tuer des insectes, prendre des soins de toilette (tels que
s'épiler, se tailler les ongles, etc.), se couvrir la tête, non
plus que, sauf par nécessité, la raser (3). Dans ce dernier
cas, le fidèle doit, en expiation, jeûner trois jours, ou
donner à six pauvres des vivres à raison de deux *moudd*,
mesure du Prophète, par tête, ou sacrifier un mouton là
où il lui plaît.

La femme (en état pèlerinal) peut porter des bottines

---

(1) Certains étendent cette règle à la barbe et à la moustache.
(2) Cela s'entend d'autres animaux nuisibles de ce genre.
(3) Voir le Koran, II, 192.

7

et des vêtements (cousus), mais, sauf cela, est soumise
aux mêmes prohibitions que l'homme. Pour elle, cette
allure porte sur le visage et les mains (1), [113] et pour
l'homme sur le visage et la tête (2). Ce dernier ne peut
employer des bottines que s'il ne trouve pas de sandales,
mais alors il les coupe plus bas que le cou-de-pied.

Le pèlerinage simple (3) est, pour nous malékites, préférable au *temettou'* et au *ķirân*. Celui qui, n'habitant pas
la Mekke, pratique l'un de ces deux modes, doit une
victime expiatoire qu'il égorge ou sacrifie à Mina s'il en
est accompagné à 'Arafa, ou, au cas contraire, à la Mekke,
après l'avoir fait passer en territoire profane (4). S'il n'en
trouve pas, il fait un jeûne de trois jours au cours du
pèlerinage, c'est-à-dire depuis le moment où il s'est mis
en état pèlerinal jusqu'au jour d''Arafa, ou, s'il manque
cette période, pendant les jours de Mina ; il fait en outre
sept jours de jeûne quand il est de retour (soit à la Mekke,
soit chez lui).

Le *temettou'* (pèlerinage par adjonction médiate) consiste en ce que le fidèle se met en état pèlerinal pour
faire l''omra et le terminer dans les mois réservés au
grand pèlerinage, et ensuite fait ce dernier dans la même

---

(1) Elle peut les laisser à découvert lorsqu'elle n'est pas ou n'est plus à
même de provoquer les désirs.
(2) Qu'il doit laisser à découvert nuit et jour.
(3) Ou proprement dit, sans aucune adjonction, par opposition aux deux
modes dont il va être parlé et qui sont définis quelques lignes plus bas.
(4) Toute victime expiatoire doit avoir passé sur le territoire profane et
le territoire sacré.

année et avant de regagner son pays ou une région tout
aussi éloignée. Ce fidèle peut aussi commencer à se mettre
en état pèlerinal pour le grand pèlerinage, à la Mekke s'il
réside dans cette ville ; [114] mais celui qui veut faire
l'*omra* ne peut prendre cette allure à partir de la Mekke
qu'après s'être rendu en territoire profane (1).

Dans le *ḳirân* (pèlerinage par adjonction immédiate), le
fidèle se met en état pèlerinal avec l'intention de faire à
la fois le grand et le petit pèlerinage, et il s'en est acquitté
après avoir fait suivre celui-ci, avant les tournées et la
prière, de celui-là.

Les gens de la Mekke (2) ne doivent de sacrifice expiatoire ni dans le *temettou'* ni dans le *ḳirân*.

Il n'y a pas *temettou'* dans le cas où quelqu'un, ayant
terminé l'*omra* avant les mois du pèlerinage, fait le grand
pèlerinage la même année.

Celui qui (étant en état pèlerinal ou en territoire sacré)
tue un gibier, doit un sacrifice réparatoire جزاء consistant
en une tête de bétail équivalente (3), ce qu'apprécient
deux juristes musulmans hommes de bien. Le sacrifice a
lieu à Mina si le coupable stationne avec sa victime à
'Arafa ; sinon il a lieu à la Mekke, et alors c'est du territoire profane qu'il doit amener la victime. Il peut choisir
entre ce mode de compensation, ou la distribution de

----

(1) Il faut, pour faire l'*omra*, avoir passé tant en territoire profane
qu'en territoire sacré.

(2) On entend par là ceux qui sont en résidence à la Mekke ou à Dhoû
Ṭawa à l'époque de ces pèlerinages.

(3) Voir Koran, V, 96.

vivres aux pauvres en tenant compte de ce que le gibier
tué représente comme nourriture, ou, à titre d'équivalence, le jeûne, à raison d'un jour plein par *moudd* ou
fraction de *moudd*.

L'*omra* est une pratique traditionnelle qu'il est chau-
dement recommandé رَكْبَة d'accomplir une fois en sa vie.

Il est recommandé de dire en quittant [115] la Mekke
à la suite du grand pèlerinage ou de l'*omra* : « Nous
revenons (à Dieu) et nous repentons, nous servons notre
Seigneur et Le louons, Allâh a fait une promesse véridi-
que, Il est venu en aide à Son serviteur et Lui seul a
mis en déroute les cohortes (ennemies) ».

XXIX

Sacrifices du 10 dhoù'l-ḥiddja, immolations, oblation de nativité ; chasse ; circoncision ; aliments et boissons interdits.

Le sacrifice rituel du 10 dhoù'l-ḥiddja (أُضْحِيَة) est traditionnellement obligatoire pour qui le peut (1). La plus
jeune victime acceptable est, en fait d'ovins, un *djedha'*,
c'est-à-dire âgé d'un an, ou, dit-on aussi, de huit mois
ou de dix mois ; en fait de caprins, un *theniy*, c.-à-d. ayant

(1) Ce qui s'entend de tout musulman libre des deux sexes, majeur ou
mineur, sédentaire ou voyageur, à qui la valeur représentative de la
victime ne fera vraisemblablement pas défaut dans l'année. La victime
offerte par le pèlerin s'appelle *badana* ou *hediy*, celui-ci se disant aussi
des victimes offertes à raison d'un manquement aux règles du pèlerinage
(Kharchi, II, 282).

achevé sa première année et commencé la seconde ; en fait de caprins (1), bovins ou camélins, est seul acceptable ce qui est nommé *theniy*, c.-à-d. le bovin entré dans sa quatrième année et le camélin entré dans sa sixième (2). Les béliers et les moutons châtrés sont, pour cet usage, préférables aux brebis ; ces dernières sont préférables aux caprins mâles ou femelles ; mais le bouc (châtré) est préférable (à la chèvre, qui est elle-même préférable) au camélin et au bovin pour le sacrifice en question.

Dans les sacrifices réparatoires faits à la Mekke, هدايا (3), l'ordre de préférence est : camélin, bovin, ovin, caprin (4). Mais, dans tous les cas, la victime, pour être valable, ne peut être borgne, ni malade, ni manifestement boiteuse, [116] ni étique et décharnée ; tout défaut la fait rejeter. Il faut que l'oreille ne soit pas fendue, à moins que ce ne soit légèrement, ni coupée. N'est pas valable la victime dont la corne est brisée et non cicatrisée, au contraire du cas où elle est cicatrisée.

(Il est recommandé) que le fidèle homme sacrifie sa victime quelconque de sa propre main après que l'imàm lui-même l'a fait (5) au jour fixé, lors du lever du soleil

---

(1) Si les caprins sont ici répétés, c'est, semble-t-il, parce que le mot *theniy*, quand il leur est appliqué, a une autre acception que pour les espèces bovine et caméline.

(2) Ainsi est expliqué le texte, qui porte « âgé de six ans ».

(3) Voir p. 100, n. 1.

(4) Là, la quantité passe avant la qualité.

(5) Le texte a les deux mots ذبح et نحر, c.-à-d. égorger en coupant la jugulaire, *et*, tuer en piquant la fossette sussternale, ce second mode étant employé ordinairement à l'égard du chameau et du bœuf. Cf. infra.

ou un peu après (1), le 10 dhoù'l-ḥiddja ; celui qui
devance l'imâm doit recommencer son sacrifice après lui.
Ceux qui n'ont pas d'imâm se réfèrent à la prière et au
sacrifice de l'imâm le plus proche. Le sacrifice, soit d'obligation à cette date, soit de réparation (2), n'est pas valable
s'il est fait de nuit ; les jours où l'on y procède sont au
nombre de trois et finissent avec le coucher du soleil du
troisième (3). Le plus méritoire est le premier; un savant
[Ibn Ḥabîb] recommande au fidèle qui n'a pas sacrifié
avant le déclin du soleil de ce premier jour, d'attendre
pour le faire jusqu'au lever du soleil ou peu après ضحى
du lendemain.

On ne peut rien vendre des victimes rituelles [ou
autres], ni peau ni quoi que ce soit.

[117] La victime, lors de l'égorgement, est tournée
vers la ḳibla, et le sacrificateur prononce les mots
bismillah et *Allâh akbar* ; il n'y a pas de mal à ce qu'il
ajoute dans le sacrifice rituel [tout comme dans les
autres] « Seigneur, accepte cela de nous ». S'il oublie
le *bismillah*, la chair de la victime peut être consommée,
et elle ne peut l'être si ces mots sont omis intentionnellement. Il en est de même quand, à la chasse, on lance [le
trait ou] les animaux chasseurs.

_____

(1) ضحى période comprenant le lever du soleil proprement dit et
l'ascension de l'astre jusqu'à ce qu'il soit de la hauteur d'une lance au-
dessus de l'horizon.

(2) Le texte oppose les deux mots نحى راقنى.

(3) Soit les 10, 11 et 12 dhoù'l-ḥiddja.

Des victimes rituelles ou de réparation non plus que des oblations de nativité, on ne doit vendre ni chair, ni peau, ni graisse, ni nerfs, ni autre chose. Ce qui est préférable, c'est de consommer soi-même la chair de la victime rituelle en en faisant part à d'autres, mais cela n'est pas obligatoire.

Celui qui est débiteur d'une victime soit pour un manquement, soit pour un fait de chasse, soit à raison d'un vœu au profit des pauvres, n'en doit pas manger (après qu'elle est parvenue au lieu du sacrifice), ni non plus avant qu'elle y soit parvenue quand il s'agit d'une victime offerte spontanément et qui vient à périr ; dans les autres cas, il peut en manger si cela lui convient.

L'égorgement rituel ذَكَاة consiste à trancher la gorge et les veines jugulaires ; on ne peut valablement faire moins. Si le sacrificateur retire sa main après [118] une section partielle, puis la remet en place et achève la victime, la chair n'est pas consommable. S'il va jusqu'à détacher entièrement la tête, il fait un acte blâmable, mais la chair est consommable. La chair de la victime égorgée par la nuque n'est pas consommable.

On coupe le haut de la gorge ذَبْح aux bovins ; mais s'ils sont piqués à la fossette susternale نَحْر, la chair en est consommable. Ce dernier mode est employé pour les camélins, dont la chair n'est pas consommable si on leur coupe le haut de la gorge ; cependant on discute sur ce point. Le sectionnement du haut de la gorge est employé pour le petit bétail, et l'autre procédé en rend la chair

inconsommable, mais ce point aussi est discuté. Le fœtus
est considéré comme égorgé dans les conditions où sa
mère l'a été quand il a atteint tout son développement
et est velu.

L'animal étranglé avec une corde ou autre chose analogue, assommé avec un bâton ou autre chose semblable,
victime d'une chute, blessé à coups de cornes ou déchiré
par un fauve, de telle manière dans chacun de ces cas
qu'il ne puisse survivre, ne peut, bien qu'*égorgé* rituellement, être consommé.

Il n'y a pas de mal pour celui qu'y contraint la nécessité à manger d'un cadavre (autre que celui de l'homme),
[119] à s'en rassasier et à s'en approvisionner, mais
ensuite il jette ce dont il peut se passer (1).

Il n'y a pas de mal à employer la peau d'un animal
mort quand elle est tannée, mais on ne prie pas dessus,
et on ne la vend pas ; il n'y a, (au contraire) pas de mal
à prier sur une peau de fauve (ou d'autre animal non
consommable) égorgé rituellement ni à la vendre. On
tire parti (de toutes manières) de la laine et des poils d'un
animal mort, de même que de ce qu'on retire de lui (2)
alors qu'il est vivant ; mais il est mieux vu de nous,
malékites, que ces produits soient lavés. On ne peut au
contraire employer d'un animal mort ni les plumes, ni

_____

(1) De même, en cas de nécessité absolue, on peut avaler tout liquide
quelconque autre que le vin.

(2) Il faut ajouter « sans le faire souffrir » ce qui est nécessaire pour
éviter qu'il y ait contradiction avec ce qui suit immédiatement.

les cornes, ni les ongles, ni les canines. L'usage des défenses de l'éléphant est blâmable, mais cela est discuté (de même que pour les cornes et les ongles).

[120] Tout beurre, huile ou miel liquéfiés dans lesquels une souris a trouvé la mort est jeté et n'est pas consommable ; mais il n'y a pas de mal à employer pour l'éclairage l'huile et les autres corps rendus impurs, ailleurs que dans les mosquées, où il faut se garder d'en faire usage. Si ces matières sont solides, on enlève la souris et la partie avoisinante, puis on peut manger [ou vendre] le surplus ; mais Sohnoûn (1) fait cette réserve « à moins que cet animal n'y ait séjourné longtemps, car alors on jette le tout ».

On peut consommer la chair provenant des animaux égorgés par les adeptes des religions révélées (2). Il est blâmable, sans qu'il y ait prohibition, de consommer la graisse (3) provenant d' (une bête abattue par) un juif appartenant à cette catégorie de gens ; mais on ne consomme pas ce qu'a abattu un païen [مجوسي non-adepte d'une religion révélée]. Quant aux aliments provenant de ce dernier, et autres que la chair abattue, ils ne sont pas prohibés.

---

(1) Célèbre juriste, mort en 240 et déjà cité (Ibn Khallikán, II, 131 ; Kharchi, V, 140 ad f. ; A'dewi, etc.).

(2) C'est ainsi que les commentaires entendent le texte. Cette permission est fondée sur le Korân, V, 7. Il ne faut pas, bien entendu, ni que l'animal soit de ceux dont la chair est interdite au musulman, ni qu'il ait été égorgé au nom d'une idole par exemple, ni qu'il soit mort naturellement.

(3) C.-à-d. les parties uniquement graisseuses dont la consommation est interdite au juif.

Il est blâmable de chasser par plaisir, et permis de le faire dans un autre but. Tout gibier que tuent ton chien ou ton faucon dressés à cet effet est de consommation licite quand tu les lâches dessus, comme est licite aussi la proie qu'un carnassier a blessée mortellement avant que tu puisses l'égorger ; mais celle que tu atteins avant qu'elle soit blessée mortellement ne devient licite que par l'égorgement. Tu peux manger tout gibier que tu as frappé de ta flèche ou de ta lance ; si tu peux l'égorger, fais-le ; s'il meurt [121] des suites du trait que tu as lancé, mange-le pourvu que tu n'aies pas perdu ses traces pendant toute une nuit. On a dit aussi que la chair du gibier dans ce dernier cas n'est illicite que quand sa mort est le fait des carnassiers, et qu'elle est licite quand cette proie est retrouvée percée du trait mortel.

La chair de l'animal domestique ne devient pas licite dans les mêmes conditions que celle du gibier (1).

L'oblation de nativité est une pratique recommandée (2). Elle se fait au nom du nouveau-né le septième jour de sa naissance, et consiste en une tête de petit bétail réunissant les conditions d'âge et de qualité que nous avons dites à propos des victimes de sacrifice. Dans les sept jours n'est pas compté celui de la naissance. La

---

(1) En d'autres termes, l'animal domestique, ou le sauvage apprivoisé, ne doit pas être mis à mort dans les mêmes conditions que le gibier.

(2) سُنَّة مُحَبَّبَة ce que les commentaires tâchent d'expliquer de diverses manières ; j'ai adopté celle qui ne donne pas au premier mot son acception technique.

victime est égorgée peu après le lever du soleil, et nulle goutte de son sang ne sert à frotter l'enfant (1). La chair en est mangée, et donnée en aumône, les os en sont brisés (2). Il est tout à fait recommandé (3) de raser les cheveux de l'enfant et de faire l'aumône de l'équivalent de leur poids en or ou en argent. Il n'est pas mauvais de lui parfumer la tête avec du *khaloûk* (4) au lieu du sang employé par les antéislamites.

[122] La circoncision des mâles est une coutume obligatoire (5), et l'excision des femmes un acte distingué (6).

XXX

DE LA GUERRE SAINTE.

La guerre sainte est une prescription d'ordre divin dont la réalisation par les uns en dispense les autres. Il est préféré chez nous (malékites) de ne combattre l'ennemi qu'après l'avoir invité à embrasser la religion d'Allâh,

---

(1) Le hadith d'après lequel cet acte est déclaré blâmable ferait allusion à une coutume antéislamique : le sang de la victime était employé à barbouiller la tête de l'enfant, à l'effet de lui inspirer la bravoure et le dédain du sang versé.

(2) Ce qu'on ne faisait pas avant l'islâm, par crainte d'attirer le malheur sur le nouveau-né.

(3) مندوب مستحب ces qualificatifs sont synonymes, et le second est ici regardé comme corroboratif du premier. — C'est à ce moment aussi qu'ordinairement un nom est donné à l'enfant.

(4) Parfum dans lequel entre l'eau de rose.

(5) Elle est fondée sur un hadith ; il est blâmable de la pratiquer le jour de la naissance, ou le septième jour, car c'est là un usage juif.

(6) C'est là, dit un commentateur, un usage d'Orient, et non d'Occident,

à moins qu'il ne soit l'agresseur. Il doit ou se convertir ou payer la capitation, faute de quoi il doit être combattu. Le paiement de la capitation n'est acceptable que quand il habite un lieu accessible à nos lois [ou quand il s'est rendu par composition] ; s'il habite trop loin, elle n'est acceptable que s'il immigre sur notre territoire, faute de quoi il doit être combattu.

C'est un péché mortel de fuir devant lui quand il est en nombre double ou inférieur au double de celui des musulmans ; mais s'il est plus de deux fois plus nombreux, il n'y a pas de mal à fuir (1).

La guerre se fait sous la conduite de tout chef quelconque, loyal ou pervers.

[123] Il n'y a pas de mal à massacrer les infidèles mâles faits prisonniers (2), mais nul n'est mis à mort qui a obtenu quartier, et l'on respecte les conventions conclues. Ni les femmes ni les enfants ne sont mis à mort, et l'on respecte également la vie des moines et des docteurs, à moins qu'ils ne participent à la lutte ; et de même la femme combattante est mise à mort. Est valable l'amân accordé aux survivants (3) par le plus humble des musulmans, et de même par une femme ou par un enfant qui connaît la valeur de cet acte. Cepen-

_____

(1) Alors même, d'après certains, que les fidèles seraient au nombre de 12.000 ; cf. Koran, VIII, 66 et 67.

(2) Si l'adoption de ce parti est avantageuse aux musulmans.

(3) Ce qui s'entend d'un individu ou d'un groupe, mais ne s'applique pas à une région.

dant, dans ce dernier cas, il a été dit que la validité de l'amân est subordonnée à la ratification de l'imâm.

Du butin réalisé par les efforts militaires (1) des musulmans, l'imâm doit prélever le quint à lui réservé, et partager les quatre cinquièmes restants entre les combattants. Ce partage a lieu de préférence en pays ennemi. On ne divise par quints et on ne partage que ce qui a été l'objet des attaques des chevaux et des chameaux, en d'autres termes, le butin provenant du combat (2). Celui qui en a besoin peut, avant qu'il soit procédé au partage, prélever la nourriture et le fourrage qui lui sont nécessaires. Participent au partage ceux-là seulement qui ont pris part au combat [124] ou qui en ont été empêchés par le soin de quelque affaire concernant les fidèles engagés dans la guerre sainte, ainsi que ceux qui sont tombés malades (pendant ou après le combat), et les chevaux atteints de bleimes.

Deux parts sont attribuées au cheval (3) et une à son cavalier. Il n'en est pas attribué à l'esclave, ni à la femme ni à l'enfant, sauf si celui-ci, impubère mais apte au combat et autorisé par l'imâm, s'est effectivement battu, non plus qu'à un serviteur attaché à la personne et n'ayant pas combattu.

Quand un ennemi se convertit alors qu'il a entre les

---

(1) Qu'il y ait eu des combats ou une simple invasion dans un pays abandonné par l'ennemi.

(2) Ce qui est conquis autrement constitue le *fey'*, dont l'imâm a la disposition. C'est l'imâm aussi qui dispose des captifs, ainsi que des femmes et des enfants.

(3) Le chameau, le mulet et l'âne ne sont point admis au partage.

mains des choses ayant appartenu à des musulmans,
celles-ci restent sa propriété légitime. Des choses de ce
genre achetées [par un musulman en pays ennemi] à un
ennemi ne sont reprises par leur propriétaire primitif
que moyennant versement du prix payé. Quand elles ont
figuré dans des parts de prise [puis ont été revendues],
le propriétaire primitif peut les revendiquer contre versement du prix payé, et, quand elles n'y ont pas figuré,
sans ce remboursement.

Toute part supplémentaire de butin est prélevée,
d'après l'appréciation consciencieuse de l'imâm, exclusivement sur le quint, et cette attribution n'a pas lieu (1)
avant le partage. Les dépouilles (d'un guerrier ennemi
promises par l'imâm) constituent une part supplémentaire [et sont, partant, prélevées sur le quint].

Il y a un grand mérite à s'installer dans une ville
frontière pour la défendre (رباط); il est proportionné aux
motifs de craindre qu'ont les habitants de la frontière
et à la fréquence des occasions qu'ils ont de se garder
de l'ennemi.

Le consentement des père et mère est requis pour
qu'on parte en expédition, sauf quand l'ennemi se présente devant un lieu habité pour l'attaquer, car il est
alors de prescription divine que les habitants [125] le
repoussent, et le consentement des père et mère n'est
pas requis pour cela ni pour un devoir analogue (2).

---

(1) C'est, pour les uns, un acte interdit, et, pour d'autres, simplement
blâmable.

(2) Le mot مثله, qui correspond à ces cinq derniers mots, est aussi
expliqué comme étant redondant.

XXXI

SERMENTS ET VŒUX.

Celui qui prête serment doit le faire au nom d'Allâh ou pas du tout. S'il jure par le divorce ou l'affranchissement, il encourt une peine arbitraire, mais est tenu de remplir son engagement. Il n'y a lieu de respecter une restriction stipulée ou de faire une expiation que dans le cas de serment prononcé en invoquant Allâh ou l'une de ses dénominations ou l'un de ses attributs (1).

Il n'y a pas d'expiation due par celui qui a juré en faisant une réserve quand celle-ci est voulue et qu'il a ajouté *si Dieu le veut*, en joignant ces derniers mots à son serment avant d'en terminer l'énoncé ; hors de cela, cette réserve est inefficace.

Les serments faits en invoquant Allâh sont au nombre de quatre, dont deux exigent expiation, savoir, « Par Dieu, si je fais [ou, je ne ferai pas] telle chose » (2) ou bien « par Dieu je ferai [ou, si je ne fais pas] telle chose » ; et deux autres qui n'emportent pas expiation, savoir : [126] 1° celui qui est fait à la légère, quand on

---

(1) Il s'agit d'un de ses attributs essentiels ذاتيّة, qui sont au nombre de huit (tandis qu'ils ne seraient, d'après les *Prolégomènes*, III, 56, qu'au nombre de quatre).

(2) Ces deux modes de jurer ont la forme de piété يمين برّ parce que le jurant est en règle avec sa conscience jusqu'à réalisation de la chose jurée ; les deux autres ont la forme de parjure يمين حنث parce qu'il est parjure jusqu'à cette réalisation.

jure au sujet d'une chose que l'on croit bien être telle et dont on a ensuite la preuve qu'elle est autre (1); il n'exige pas d'expiation (nous venons de le dire) non plus qu'il ne constitue un péché; 2° le faux serment, où quelqu'un affirme un fait qu'il sait faux ou dont il doute; il commet un péché, l'expiation ne le dégage pas (2) et il doit offrir à Dieu son repentir.

L'expiation consiste : 1° à nourrir dix musulmans pauvres et libres à raison d'un *moudd*, mesure du Prophète, par tête. Il est mieux vu chez nous malékites d'augmenter (3) d'un tiers ou d'une moitié, selon que les cours sont plus ou moins élevés, chaque *moudd*, qui a pour contenu la nourriture généralement employée dans le pays. Mais il suffit de mesurer en tout cas le *moudd* juste;

2° Ou bien à vêtir ces dix pauvres, à raison d'une tunique قميص pour un mâle et, s'il s'agit d'une femme, d'une tunique et d'un voile;

3° Ou bien à affranchir un esclave musulman;

4° Ou enfin, si l'on ne peut pratiquer l'un de ces modes, à jeûner trois jours consécutifs; [127] mais si on les entrecoupe on est encore en règle.

---

(1) لغو اليمين, qui est aussi expliqué par Lakhmi dans le sens que lui donnent les Chaféites (*Ta'rifât*, p. 202) de « serment proféré sans intention sérieuse, comme « oui par Dieu, et, non par Dieu ».

(2) Koran, III, 71. Il n'y a pas d'expiation pour le faux serment portant sur un fait passé, à la différence du fait actuel ou futur; il y a expiation pour le serment prononcé à la légère et portant sur un fait futur, et il n'y en a pas pour un fait passé ou actuel.

(3) Sauf, d'après Khalil, à Médine, où les vivres sont rares.

On peut faire l'expiation après avoir violé son serment, ce qui est mieux vu chez nous, ou avant.

Le vœu d'obéir aux ordres divins doit être respecté, au contraire de celui d'y désobéir, lequel n'entraîne pas d'expiation. Le vœu de faire l'aumône du bien d'autrui ou d'affranchir l'esclave d'autrui n'engage pas [s'il est fait sans condition]. On est engagé quand on dit, « Si je fais telle chose, je fais vœu de tel acte, » de même que quand il s'agit d'un acte indiqué et consistant en quelque œuvre pieuse telle que prière, jeûne, pèlerinage, visite sacrée, aumône d'une chose déterminée. On l'est de même par un vœu pur et simple émis sans serment. Mais le vœu sans désignation d'une œuvre permettant de s'en dégager entraîne l'expiation imposée au serment.

Le vœu de commettre un fait coupable, tel que de tuer, de boire du vin et autres semblables, ou un fait qui n'est ni une bonne œuvre ni une œuvre impie (1), est sans conséquence quant à l'expiation, mais il en faut demander pardon à Dieu. Si l'on jure par Allâh qu'on commettra un acte impie, on doit expier ce serment et s'abstenir de cet acte ; si l'on ose le commettre, on est en état de péché, mais l'expiation n'est pas due.

L'emploi de la formule « que soient sur moi la promesse et le pacte d'Allâh » dans un serment qui est ensuite violé, entraîne deux expiations. (Cependant on dit aussi que) celui qui renforce en le répétant un ser-

(1) C.-à-d. un acte qu'il est permis de faire ou qui est simplement blâmable.

8

ment (128) portant sur une chose unique ne doit qu'une
expiation. Celui qui dit qu'il sera polythéiste ou juif ou
chrétien s'il fait telle chose (et qui la fait en effet) ne doit
pas d'expiation, et n'est astreint qu'à demander le
pardon divin. Il en est de même pour celui qui se déclare
interdite une chose que la Parole divine a déclaré lui
être permise (1), sauf s'il s'agit de son épouse (2), qui alors
lui reste interdite tant qu'elle ne s'est pas remariée, (ou
de son esclav· femme, s'il a en vue de l'affranchir).

L'engagement de consacrer tout son bien à des aumônes ou à des sacrifices est rempli quand on y emploie
le tiers.

Celui qui jure d'égorger son fils [n'est pas tenu (3)],
et s'il ajoute « au makâm Ibrâhîm », il procédera à la
Mekke à un sacrifice pour lequel une tête de petit bétail
suffira (4) ; s'il ne fait pas cette addition, il ne doit rien
(pas même l'expiation). Celui qui, ayant juré de (faire
ou d'omettre telle chose sous peine de) se rendre à pied à
la Mekke, viole son serment, doit fair· ce trajet à partir du
lieu de son serment ; et il le fait [sauf intention contraire]

(1) Koran, X, 60.
(2) Parce que cela équivaut à une répudiation par trois, du moins pour
l'épouse avec qui il a cohabité ; s'il n'y a pas eu cohabitation, il y a à tenir
compte de l'intention du mari de répudier soit par un soit par deux, ainsi
qu'on le verra.
(3) Puisque cet acte est un crime, ainsi qu'on vient de le voir ; peu
importe d'ailleurs que celui qu'on a fait le vœu d'égorger soit un fils, un
parent ou un étranger.
(4) Mais il est recommandé à celui qui le peut d'égorger un chameau ou
un bovin.

à son gré soit pour le pèlerinage soit pour la simple visite sacrée. Si le trajet dépasse ses forces, il a recours à une monture, puis revient sur ses pas, s'il le peut, et refait à pied ce qu'il a fait sur une monture ; quand il s'en reconnaît incapable, il ne bouge pas mais offre un sacrifice. Cependant, d'après 'Atâ ben Aboû Rebâh (1), il n'a pas, même le pouvant, à retourner sur ses pas, et le sacrifice suffit. Pour le fidèle qui ne s'est pas encore acquitté du pèlerinage (2), ce trajet à pied est destiné à accomplir une simple visite sacrée ('omra), et le fidèle, après s'être acquitté des tournées, de la course et de la coupe des cheveux, se met en état pèlerinal à partir (du territoire profane ou) de la Mekke en vue du pèlerinage proprement dit, de sorte qu'il fait le *temettou'*. Il est plus méritoire de se raser entièrement quand il ne s'agit pas de ce *temettou'* ; et s'il est bien vu ici de se borner à la coupe des cheveux, c'est pour que ceux-ci restent embroussaillés [129] au cours du pèlerinage.

Au cas de vœu de se rendre pédestrement à Médine ou à Jérusalem, on peut employer une monture (et ce vœu oblige) s'il est accompagné de l'intention d'y prier dans la mosquée ; sinon, cela n'engage à rien (3). En dehors de ces trois mosquées [la Mekke comprise], le vœu de

---

(1) *Tâbi'* et traditionniste célèbre, mort en 115 (Nawâwi, p. 422 ; Ibn Khallikân, II, 203).

(2) C.-à-d. pour le *çaroûra*, celui qui doit encore le pèlerinage auquel tout musulman est astreint une fois en sa vie.

(3) Car le fait même d'accomplir ce voyage à pied ne constitue pas un acte de religion ou *'ibâda*.

prier dans une mosquée quelconque n'oblige à s'y rendre
ni à pied ni sur une monture ; l'auteur du vœu n'a qu'à
prier dans le lieu où il est. Le vœu de combattre l'infidèle à tel point-frontière impose qu'on s'y rende.

XXXII

DU MARIAGE, DE LA RÉPUDIATION, DE LA RÉPUDIATION RÉVO-CABLE, DU SERMENT FORMEL DE CONTINENCE, DU SERMENT DE CONTINENCE TEMPORAIRE, DE L'ANATHÈME, DU DIVORCE PAR RACHAT ET DE L'ALLAITEMENT.

Il n'y a pas de mariage (1) là où il n'y a pas de tuteur
matrimonial (2), une dot et deux témoins hommes de
bien. Si ceux-ci n'ont pas été requis lors du contrat par
le tuteur et l'époux, ce dernier ne peut consommer le
mariage avant que les témoins en aient pris acte. [130]
La dot est d'au moins un quart de dinar (3).

Le père a le droit de marier sa fille vierge, sans son
consentement, même si elle est nubile ; mais dans ce
dernier cas, il peut, si cela lui plaît, la consulter. Mais
un autre que le père, qu'il soit exécuteur testamentaire

---

(1) نكاح a ce sens en droit, tandis que dans la langue courante il signifie
« cohabitation ». Toute cohabitation autre que celle qui résulte du mariage
ou du droit du maître sur son esclave femme, est interdite.

(2) Le *wali* doit être musulman, libre, majeur, mâle et sain d'esprit ;
il peut être *sefih*, mais doit alors être autorisé par son propre tuteur. La
nécessité de l'interrogation du wali repose sur un hadith rapporté par
Dârakotni.

(3) Ou de son équivalent en argent, soit trois dirhems.

ou autre, ne marie pas la vierge avant qu'elle soit nubile et sans son consentement, celui-ci résultant du silence qu'elle garde. Ni le père ni nul autre ne peuvent marier celle qui est déflorée (1) qu'avec son consentement exprimé de vive voix.

La femme [d'un certain rang] ne peut se marier qu'avec le consentement de son tuteur matrimonial ou d'un parent homme de bon conseil, tel le chef de sa tribu, ou du prince ; mais sur la question si la femme du commun peut prendre un non-parent comme tuteur, il y a des avis divers.

Pour exercer cet office, le fils est plus qualifié que le père, le père que le frère, (en un mot) le plus qualifié est l'*âceb* le plus proche. Cependant le mariage [131] conclu par un parent éloigné (et moins qualifié) est admis comme valable (2).

L'exécuteur testamentaire peut marier [d'office et pour son bien] le jeune garçon pendant qu'il l'a sous sa garde ; mais il ne peut le faire pour la fillette que si le père de celle-ci le lui a commandé (3). Les parents utérins (4) ne figurent pas parmi les tuteurs matrimoniaux, qui sont pris chez les *âceb* ou consanguins (5).

---

(1) A la suite d'un mariage, et non par suite d'un accident ou par inconduite.

(2) Lorsque les conditions de convenances sont respectées.

(3) Certains exigent même que le père ait, en outre, désigné le futur mari.

(4) Sans distinguer s'ils ont la vocation héréditaire (tel le frère utérin) ou non (tel l'oncle maternel).

(5) On définit l'*âceb* « le mâle qui est apparenté à quelqu'un par soi-même

Nul ne doit ajouter une demande en mariage à celle qu'a déjà faite son frère (musulman) ni surenchérir sur lui (1), ce qui s'entend du cas où il y a eu fiançailles et accord sur les conditions.

N'est pas permis le mariage chighâr ou par compensation de dots, qui consiste dans une livraison réciproque des parties sexuelles (2), non plus que le mariage où l'absence de dot (est stipulée), ni le mariage de jouissance, c'est-à-dire expirant à un terme déterminé, ni celui [132] contracté au cours de la période de retraite (3), ou de manière à introduire un aléa soit dans le contrat soit dans la dot (4), ou quand celle-ci consiste en choses dont la vente est illicite.

Le mariage vicié à raison de la dot est, quand il n'y a pas eu consommation, rompu (par répudiation), mais devient valide par le fait de la consommation, et alors c'est la dot d'équivalence qui est due. Dans le cas de mariage vicié par un défaut du contrat et rompu après la consommation (5), c'est la dot fixée (6) qui est due, et il

ou par un mâle qui est son pareil ». Cette qualité comporte des degrés : ainsi le frère germain exclut le consanguin.

(1) Cette défense repose sur un hadith.

(2) C'est le premier mode de *chighâr* : Primus épouse la fille de Secundus, qui lui-même épouse la fille de Primus, et il n'y a pas de dot ; 2° dans la même hypothèse, chacun stipule une dot égale ; 3° Primus épouse la fille de Secundus avec dot, et marie sa propre fille à Secundus sans dot.

(3) Soit par suite de viduité soit par suite de répudiation, soit encore au cours de la période d'*istibrâ*.

(4) P. ex. en se réservant un droit d'option ou en constituant en dot un esclave fugitif.

(5) S'il est rompu avant la consommation, la dot n'est pas due.

(6) Pourvu qu'elle soit constituée licitement ; sinon il y a lieu à la dot d'équivalence.

entraîne les mêmes prohibitions de parenté qu'un mariage valide ; cependant il ne rend pas licite (pour son répudiateur) la femme répudiée par trois, non plus qu'il ne rend les époux *mohçan* (1).

Allâh a interdit le mariage avec sept femmes pour raison de parenté et avec sept autres pour raison de parenté de lait ou d'alliance, en s'exprimant ainsi : « Vous sont interdites vos mères, vos filles (2), vos sœurs, [133] vos tantes paternelles, vos tantes maternelles, les filles de votre frère et les filles de votre sœur ». Telle est la première catégorie ; voici la seconde : « ainsi que vos mères nourricières, vos sœurs de lait, les mères de vos femmes, les filles élevées par vos soins et provenant de celles' de vos femmes avec qui vous avez cohabité (3) ; mais si vous n'avez pas cohabité, il n'y a pas de faute à votre charge ; — non plus que les femmes des fils sortis de vos reins, ou deux sœurs simultanément ; mais il est fait exception pour ce qui est passé » (4). Il a dit encore : « N'épousez pas les femmes que vos pères ont épousées, sous réserve de ce qui a eu lieu (5) ». De plus, le Prophète a déclaré interdit pour la parenté de lait ce qui est interdit pour la parenté naturelle, et il a défendu [134] d'avoir simulta-

---

(1) Ce mot est expliqué plus loin.
(2) C.-à-d. ascendantes et descendantes de tous degrés.
(3) Les Malékites et les Hanéfites étendent cela à la simple impression voluptueuse et au baiser.
(4) Koran, IV, 27. A cette énumération incomplète, il faut, pour parfaire le nombre sept annoncé, ajouter la femme en puissance de mari.
(5) Koran, IV, 26.

nément pour épouses la nièce et la tante, soit paternelle soit maternelle, de celle-ci.

En conséquence, quand un homme épouse une femme, elle devient, par le fait du contrat et en dehors de tout attouchement, interdite aux ascendants et descendants de cet homme ; à celui-ci deviennent interdites les ascendantes de sa femme, mais les descendantes ne deviennent telles pour lui qu'après cohabitation avec la mère ou impression voluptueuse provenant d'elle, n'importe que cela soit une suite du mariage ou du droit de propriété (sur une esclave), soit réels, soit fondés en apparence.

Des relations illicites ne créent pas de prohibitions.

Allâh a interdit la cohabitation, à titre de maître ou d'époux, avec les femmes infidèles qui n'ont pas de livre révélé (1) ; mais avec celles qui en ont un, la cohabitation à titre de maître est licite. Il est également licite d'épouser ces dernières quand elles sont d'origine libre ; mais le musulman, qu'il soit libre ou esclave, ne peut épouser les esclaves de ces femmes. La femme ne peut épouser son esclave ou celui de ses enfants ; l'homme ne peut épouser sa propre esclave ou celle de ses enfants, mais il lui est permis d'épouser l'esclave de son père ou de sa mère, ou la fille qu'une femme de son père a eue d'un autre homme (2). De même, la femme peut épouser le fils que la marâtre de cette femme a eu avec un autre homme.

---

(1) Koran, II, 220.
(2) Et qu'elle n'allaite plus. Mais quand elle l'allaite encore lors du mariage, ou qu'il s'agit d'une fille issue d'un second mariage contracté par la femme répudiée, les avis sont partagés.

Le musulman, libre ou esclave, peut épouser quatre
femmes libres, musulmanes ou adeptes d'une religion
révélée. [135] L'esclave peut épouser quatre femmes
esclaves musulmanes, et l'homme libre le peut aussi (les
esclaves ne lui appartenant pas) s'il craint de tomber dans
le péché et n'a pas de quoi épouser des femmes libres.

Il doit traiter ses épouses sur le même pied ; il leur
doit l'entretien et le logement dans la mesure de ses
moyens. Il ne doit pas le partage des nuits à ses esclaves
ou à ses concubines-mères. La pension alimentaire n'est
due à l'épouse qu'après consommation du mariage ou
invitation de la femme à y procéder alors qu'elle est de
celles avec qui la cohabitation est possible (1).

Est permis le mariage fiduciaire, c.-à-d. contracté sans
indication du montant de la dot ; mais alors le mari ne
le consomme pas (si la femme s'y refuse) avant de lui
avoir assigné la dot d'équivalence. A la suite de l'assi-
gnation de celle-ci, la femme est liée ; mais si le montant
de la dot d'équivalence n'est pas atteint, elle peut opter,
et si elle n'accepte pas, la séparation (définitive) est
prononcée entre eux. Cependant le mari peut augmenter
ses offres de manière à obtenir l'agrément de la femme,
ou assigner la dot d'équivalence, et alors elle est liée.

L'apostasie d'un des époux entraîne la rupture du

---

(1) Autrement dit, qui est nubile. Il faut d'ailleurs, dans ce cas, que
l'époux soit également pubère pour être tenu au paiement de la pension
alimentaire.

mariage par répudiation (1) et, selon d'autres, sans répudiation. La conversion de deux époux infidèles laisse
subsister leur mariage ; si un seul se convertit, [136]
le mariage est rompu sans répudiation. Si c'est la femme
qui se convertit, son mari, quand lui-même se convertit
pendant la période d'*idda* (2), a un droit de préférence
pour la reprendre. Si le mari se convertit le premier,
la femme professant une religion révélée, le mariage
subsiste ; quand la femme est païenne et se convertit aussitôt après son mari, le mariage subsiste, tandis que si elle
tarde, sa séparation d'avec lui est définitive (3).

L'infidèle qui se convertit alors qu'il a plus de quatre
femmes, doit arrêter son choix sur quatre d'entre elles
et se séparer des autres.

La femme contre qui son mari a prononcé anathème
(et qui a fait de même) est à toujours interdite à ce mari ;
même interdiction perpétuelle à l'égard de la femme qu'il
épouse pendant la période d'*idda* et avec qui il a des
rapports sexuels au cours de cette période (4).

---

(1) Qui est définitive, selon l'opinion dominante, et qui par suite ne
permet pas le retour *ridj'a* de l'époux qui, au cours de l'*idda*, revient à
l'islâm.

(2) Ce mot n'est pas ici employé dans son sens propre, mais se comprend
facilement. On n'est d'ailleurs pas d'accord pour fixer la durée de cette
période dans le cas présent, soit à une soit à trois périodes menstruelles.
Cf. Khalil, *Mariage et répudiation*, tr. fr., p. 38.

(3) Cf. Khalil, l. l.

(4) Il semble donc qu'il n'y a pas interdiction perpétuelle si les rapports
n'ont lieu qu'après l'achèvement de cette période. Mais cette conséquence
n'est pas admise par Khalil, d°, p. 179 (à la l. 9, corrigez « la marier » en
« l'épouser »).

Pour l'esclave des deux sexes, il n'y a de mariage valable que moyennant le consentement du maître.

La femme, l'esclave ou le non-musulman ne peuvent procéder à la conclusion d'un mariage (1).

Il n'est pas permis d'épouser une femme avec l'intention de la rendre licite pour le mari qui l'a répudiée par trois, et ce mariage ne la rend pas licite pour ce dernier (2).

A celui qui est en état pélerinal il n'est pas permis de se marier [137] ni de conclure un mariage pour autrui. Il n'est pas non plus permis de se marier avec celui, homme ou femme, qui est atteint d'une maladie grave : alors le mariage est annulé, mais s'il a été consommé l'épouse a droit, avant tous autres, à prélever sa dot sur le tiers disponible, bien que n'héritant pas. Si ce malade répudie sa femme, son acte est valable, mais elle hérite de lui s'il meurt de cette même maladie.

La femme qui a été répudiée par trois devient interdite à son répudiateur, soit comme épouse, soit comme esclave, tant qu'elle n'a pas été remariée à un autre (et coïtée par lui).

La répudiation par trois prononcée en une formule unique est une pratique moderne, mais qui, le cas échéant, oblige. La répudiation traditionnelle, qui est permise, est constituée par la répudiation prononcée

---

(1) Ce texte indique, par opposition, trois des qualités que doit réunir le *wali* ; il doit de plus être majeur, sain d'esprit et n'être pas en état pèlerinal, toutes conditions qu'on admet unanimement.

(2) Décision reposant sur un hadith rapporté par Dàrakotni ; mais Chàfe'i est d'opinion contraire.

pendant la période intermenstruelle, sans cohabitation dans cette période, avec emploi de la formule par un, et sans qu'une formule nouvelle soit répétée avant l'expiration du délai d'attente légale.

Le mari répudiateur peut reprendre sa femme, quand elle est menstruée, avant qu'elle n'entame sa troisième période menstruelle si elle est libre, ou sa seconde si elle est esclave. Si elle n'est pas encore menstruée ou qu'on désespère qu'elle le soit, le mari répudie quand il veut (1), de même que si elle est enceinte (2). Il peut reprendre celle-ci tant qu'elle n'est pas accouchée, et celle qui compte son délai d'attente [138] par mois (3) tant que ce délai n'est pas écoulé. Le mot *akrā'* désigne les périodes intermenstruelles (4).

Il est interdit de prononcer la répudiation au cours de la période menstruelle, mais si cela a lieu le mari est lié, et il est contraint [judiciairement] de reprendre sa femme avant l'expiration de l'*idda* (5).

---

(1) Puisqu'alors l'*idda* se calcule par mois, et non par périodes menstruelles.

(2) Toute cette phrase, qui traite de la répudiation, et non du droit de retour du mari, devrait être placée avant la précédente.

(3) Autrement dit, celle chez qui l'on désespère de voir les menstrues et celle qui est atteinte de pertes sanguines non-différenciables des pertes menstruelles.

(4) Le Koran (II, 228) porte : « Les femmes répudiées attendront et garderont leurs personnes pendant trois *kor'* » ; ce dernier mot signifie, chez les Malékites et les Châfe'ites, *période intermenstruelle*, et chez les Hanéfites, *période menstruelle* (infra p. 133).

(5) Pour ensuite la répudier dans les règles, à condition toutefois que la première répudiation n'ait pas été définitive.

Il peut répudier au moment qu'il veut celle avec qui il
n'a pas consommé le mariage, et la répudiation par un
est définitive. La répudiation par trois la lui rend interdite
jusqu'après un autre mariage. S'il dit à sa femme « tu es
répudiée » (anti ṭâliḳ), c'est une répudiation par un tant
qu'il n'a pas d'intention autre.

Le khol' (divorce par consentement mutuel) est une
séparation sur laquelle le mari ne peut revenir, bien que
le mot de « répudiation » n'ait pas été prononcé, et qui
consiste en ce qu'il renonce à sa femme moyennant un
don qué lui fait celle-ci.

Quand il dit à sa femme « tu es répudiée définitive-
ment » انت طالق البتة, cela équivaut à une répudiation par
trois, que le mariage ait ou non été consommé. Quand il
dit « tu es indemne, ou libre, ou interdite, ou tu as la
corde sur le cou », elle est répudiée par trois s'il a
consommé le mariage ou si, à l'égard de celle avec qui il
ne l'a pas consommé, il a cette intention.

A la femme répudiée avant la consommation appartient
la moitié de la dot, à moins qu'elle n'y renonce elle-même
si elle est déflorée, ou que n'y renonce son père si elle
est vierge, [139] ou son maître si elle est esclave.

Il convient que le répudiateur lui fasse un cadeau de
répudiation (1), mais il n'y est pas forcé. Il n'en fait pas
à celle avec qui il n'a pas cohabité et à qui il a assigné

_____

(1) L'importance en est proportionnée au rang et à la fortune du
mari.

une dot, non plus qu'à celle qui a acheté son divorce (1).

Quand l'époux meurt sans avoir fixé le montant de la dot ni consommé le mariage, la veuve hérite de lui mais ne peut réclamer de dot (2) ; tandis que s'il y a eu cohabitation, elle a droit à la dot d'équivalence à moins qu'elle n'ait accepté une valeur déterminée (moindre que celle-ci).

La femme peut être refusée pour cause de démence, de lèpre tuberculeuse ou de lèpre blanche (existant antérieurement au contrat) ou encore de maladie des parties génitales (3). Si le mari consomme le mariage sans connaître l'existence de ce vice, il verse la dot, pour laquelle il a recours contre le père de la femme (4), et il en est de même si c'est son frère qui l'a mariée (5), ou

---

(1) Ce cadeau, qui est traité de don de consolation, n'a pas de raison d'être à l'égard d'une femme qui a consenti un sacrifice pour se débarrasser de son mari ; de même si le mari lui a consenti le droit d'option quant à l'existence du lien conjugal, si, quand elle est mariée à un esclave, elle recouvre sa liberté et réclame la dissolution du mariage, etc.

(2) Une autre opinion lui reconnaît le droit à la dot.

(3) Ces maladies sont : le *ratak*, obstruction du vagin rendant impossible l'introduction de la verge ; l'*ifdâ* ou confusion de la vulve et de l'urètre ; le *karn* ou *karan*, excroissance charnue ou cartilagineuse à l'entrée du vagin ; l'*afl*, excroissance charnue analogue à la hernie chez l'homme, se montrant dans le vagin et le plus souvent suintante ; ou, d'après d'autres, écume produite dans le vagin lors du coït ; et enfin le *bakhr* ou odeur fétide de la vulve.

(4) Le père lui-même est sans recours contre sa fille si elle n'était pas présente au contrat ; si elle était présente et que ni elle ni son père n'aient décelé le vice, le mari a recours soit contre l'un, soit contre l'autre.

(5) Il en est d'ailleurs encore ainsi quand le *wali* est un autre proche parent à même de connaître le vice rédhibitoire.

s'agit-il même d'un parent éloigné (un cousin paternel,
par exemple, mais connaissant ce vice) ; il n'est alors
laissé à la femme, sur le montant de la dot, qu'un quart
de dinar.

Il est imparti à l'impuissant (1) un délai d'un an : si
(dans ce délai) il procède à l'acte sexuel (le mariage
subsiste) ; sinon, la séparation est prononcée si la femme
le veut (2).

Au disparu (en pays musulman) il est imparti un délai
[140] de quatre ans à partir du jour où la femme porte
l'affaire devant l'autorité, et (d'après une autre opinion)
à partir du jour où ont fini les recherches pour le
retrouver. Ce délai écoulé, elle accomplit l''idda de
viduité, après quoi elle est libre de se remarier (sans
autorisation). Mais les biens du disparu ne sont susceptibles de dévolution héréditaire qu'après un espace de
temps tel qu'il ne puisse être encore en vie (3).

Il ne doit pas être adressé de demande en mariage à

---

(1) Les défauts physiques analogues donnent à la femme, quand ils existent chez le mari, le droit de réclamer la rupture du mariage. Les défauts
affectant chez lui l'appareil génital sont : le *djebb* ou castration complète ;
le *khaçâ*, castration incomplète portant soit sur la verge soit sur les
testicules ; la '*inna* ou développement tout à fait insuffisant de la verge ;
l'*i'tirâḍ* ou impuissance d'accomplir l'acte sexuel par suite de maladie.

(2) Le mari reçoit alors du kâdi l'ordre de répudier si la femme le
demande, et la répudiation est définitive ; si le mari s'y refuse, c'est le
kâdi qui prononce la répudiation par un, ou, d'après d'autres, la femme
est autorisée à prononcer la répudiation, que le kâdi homologue.

(3) On assigne comme limite extrême à la vie humaine tantôt soixante-
dix, tantôt soixante quinze ou même quatre-vingts ans.

une femme en *'idda* ; mais il n'y a pas de mal à la faire par allusion et en termes convenables (1).

A celui qui (ayant déjà d'autres femmes) épouse une vierge, il est permis de consacrer exclusivement à celle-ci sept fois vingt-quatre heures ; si c'est une femme déflorée, trois fois vingt-quatre heures.

Il ne doit pas cohabiter simultanément avec deux esclaves qui sont sœurs (2). Si (après avoir cohabité avec l'une) il veut cohabiter avec l'autre, il doit se rendre la première interdite à l'aide d'une vente, d'un affranchissement contractuel ou autre, ou de quelque procédé qui la lui rendé sacrée.

La mère tout comme la fille de l'esclave avec qui son maître a cohabité, cessent d'être licites pour ce dernier, de même que cette esclave devient sacrée pour les ascendants et les descendants de ce maître, de la même manière que la prohibition résulte du mariage (3).

La répudiation est à la libre disposition de l'esclave (marié avec autorisation), à l'exclusion de son maître ; [141] mais l'enfant impubère ne peut répudier.

La femme qui a reçu ou la libre disposition d'elle-même ou le droit de choisir peut prendre une décision séance

---

(1) Mais il ne faut pas alors que l'*'idda* soit consécutif à une répudiation révocable.

(2) Il n'est d'ailleurs pas davantage permis d'avoir les deux sœurs comme épouses simultanées ; voir p. 119.

(3) En termes plus clairs, « la prohibition résultant de l'alliance produite par le fait de relations entre maître et esclave est la même que dans le cas d'alliance proprement dite, c.-à-d. produite par le mariage ».

tenante ; et le mari, vis à vis de la première seulement, peut récuser la répudiation autre que par un (1). Celle qui a reçu le droit de choisir ne peut répudier que par trois, sans que le mari puisse y opposer aucune dénégation.

SERMENT DE CONTINENCE, *ilâ*. — Quiconque jure de suspendre la cohabitation (avec sa femme) pendant plus de quatre mois (2) se trouve en *ilâ* (3). La répudiation ne peut être prononcée contre lui que par l'autorité et après l'expiration du délai d'*ilâ*, soit de quatre mois pour l'homme libre et deux mois pour l'esclave. S'il revient à sa femme, la décision relative à l'*ilâ* ne lui est plus applicable (4).

SERMENT PAR ASSIMILATION INCESTUEUSE, *ḍihâr* (5). — Celui qui prononce le *ḍihâr* contre sa femme ne peut plus avoir de rapports avec elle jusqu'à ce qu'il l'ait expié en affranchissant un esclave croyant, dépourvu de vices physiques, dont la propriété n'est pas indivise et dont l'état de servitude n'est pas mixte ; ou, à défaut, en jeûnant

(1) Cette dénégation est soumise à cinq conditions : le mari doit la faire dès qu'il entend le prononcé de la répudiation, reconnaître que le droit qu'il a concédé a trait à la répudiation, ne nier que le caractère multiple de celle-ci, alléguer que dans son intention elle devait être simple ou double, et avoir de lui-même concédé ce droit de libre disposition.

(2) Les Hanéfites se contentent de quatre mois juste ; cf. Koran, II, 226.

(3) Le mari doit être musulman, majeur et capable de cohabitation ; la femme doit être pubère et, si elle allaite, l'abstention maritale ne doit pas être inspirée par l'intention de nuire.

(4) Cette dernière phrase manque dans Chernoubi, et pourrait en effet appartenir au commentaire.

(5) La formule proprement dite est « tu es pour moi comme le dos de ma mère » adressée à l'épouse ou à l'esclave concubine.

deux mois consécutifs, ou, s'il ne peut jeûner, en alimentant soixante pauvres à raison de deux *moudd* par tête. Il ne peut cohabiter avec elle pas plus de jour que de nuit, avant d'avoir parfait l'expiation ; mais s'il le fait, [142] c'est le pardon de Dieu qu'il doit invoquer (sans qu'il doive une seconde expiation). S'il cohabite après avoir fait une expiation partielle consistant en jeûne ou en alimentation de pauvres, il doit la recommencer.

Il n'y a pas de mal à faire porter, dans le *dihâr*, l'affranchissement sur un borgne, un produit de relations illicites, (etc.) ; celui d'un enfant est même valable, mais il est préférable à nos yeux qu'il soit en état de prier et de jeûner.

ANATHÈME, *li'ân*. — L'anathème a lieu entre chacun des deux époux (1) à l'effet de dénier le fruit d'une grossesse, alors que le mari prétend avoir respecté le délai de vacuité, *istibrâ*, ou avoir vu l'adultère à la manière du style dans la boîte à collyre (2).

On discute s'il y a *li'ân* dans le cas de simple imputation d'adultère.

Quand les époux sont séparés par suite du *li'ân*, le remariage entre eux est à jamais interdit (3).

_____

(1) Le mari doit être musulman, majeur et capable, apte à la reproduction ; la femme doit être apte à concevoir, mais peut n'être ni libre ni musulmane.

(2) Mais dans ce dernier cas, l'anathème doit être prononcé sur le champ.

(3) De plus, la peine légale pour calomnie n'est plus applicable au mari, il y a désaveu de paternité et le mariage est rompu. L'intervention de justice n'est pas nécessaire s'il y a anathème réciproque, ou même, d'après certains, si le mari seul l'a prononcé.

C'est le mari qui commence et qui affirme son dire
par un serment quatre fois répété en invoquant le nom
d'Allâh, puis une cinquième fois en appelant la malédic-
tion divine (sur sa tête s'il ment) ; ensuite la femme jure
aussi quatre fois, et invoque en cinquième lieu la colère
divine, ainsi que le dit le Livre saint (1).

Si elle décline le serment, elle est lapidée [143] lorsqu'elle est libre et est devenue *mohçana* par ses relations
avec ce mari ou un autre; sinon, elle reçoit cent coups
de fouet. Si c'est le mari qui le décline, il en reçoit
quatre-vingts (2), et il est déclaré père de l'enfant à naître.

Du *khol'*. — La femme peut acheter son divorce à son
mari au prix de sa dot et à un prix inférieur ou supérieur,
quand elle n'y est pas poussée par des préjudices subis ;
si tel en est le motif, elle a recours pour le prix payé, et
le divorce est acquis contre le mari. .

Ce divorce, *khol'*, est une répudiation (définitive) sans
droit de reprise du mari autrement que par un nouveau
mariage consenti par la femme.

La femme esclave qui, étant mariée avec un esclave,
vient à être affranchie, a le droit d'opter entre le main-
tien de son union ou la séparation (3).

-----

(1) Koran, XXIV, 6 et s. Ces serments sont échangés en présence
d'au moins quatre personnes, dans le lieu le plus vénéré de la localité,
c.-à-d. la mosquée; la femme, si elle est tributaire, jure à l'église ou
à la synagogue.

(2) Peine dont est puni l'auteur d'une dénonciation calomnieuse.

(3) Il faut pour cela que son affranchissement soit complet (c.-à-d. non
partiel), immédiat, (c.-à-d. non à terme, ou posthume, etc.), qu'elle soit

Le mariage de celui qui achète sa femme est annulé.

Le mari esclave prononce la répudiation par deux, et l'*idda* de la femme esclave est de deux périodes menstruelles.

L'esclave et l'homme libre sont traités de même en ce qui concerne l'expiation (sauf pour le mode par affranchissement), au contraire de ce qui a trait aux peines écrites et à la répudiation.

De la parenté de lait. — Toute quantité de lait, ne fût-ce qu'une succion, qui parvient dans l'estomac du nourrisson au cours des deux années d'allaitement, est une cause de prohibition (au point de vue du mariage), mais non pas ce qui peut être tété après ces deux années, à moins que ce ne soit très peu après, un mois p. ex. ou environ, ou même, a-t-on dit, deux mois. Mais il n'y a pas prohibition [144] par suite de succion survenue après que le nourrisson sevré à moins de deux ans peut s'alimenter avec du solide et du liquide.

Est aussi cause de prohibition le nourrissage opéré avec du lait déposé dans la bouche ou instillé dans le nez. Les enfants de la mère nourricière ainsi que ceux, tant actuels que postérieurs de son époux, deviennent frères ou sœurs du nourrisson, mais le frère par le sang de celui-ci peut épouser les filles de cette femme (1).

---

dans une période intermenstruelle et ne se livre pas volontairement à son mari après qu'elle se sait affranchie. Chez les Hanéfites, elle a ce droit d'option même quand son mari est un homme libre.

(1) C'est là une des six exceptions qu'admettent les juristes à la règle absolue résultant du *hadith* : « La prohibition résultant de la parenté de lait est la même qu'en cas de parenté naturelle ».

XXXIII

De l'attente légale (*'idda*), de la pension alimentaire et de l'attente de vacuité (*istibrâ*)

L.'*idda* de toute femme libre répudiée est de trois *ḳor'*, et pour la femme esclave intégrale ou mixte, de deux *ḳor'*, sans distinguer dans aucun cas si le mari lui-même est libre ou esclave. Le *ḳor'*, pour nous malékites, est la période intermenstruelle. Si elle n'est pas réglée ou ne peut plus espérer l'être, l'*idda* est de trois mois, sans distinguer si la femme est libre [145] ou esclave.

Quand l'une ou l'autre a des pertes sanguines, l'*idda* consécutif à la répudiation est d'un an. L'*idda* consécutif au veuvage ou à la répudiation, quand il y a grossesse, que la femme soit musulmane libre ou esclave, ou encore qu'elle soit juive ou chrétienne (mais libre), finit avec son accouchement. Pour celle avec qui le mariage n'a pas été consommé il n'y a pas d'*idda*. L'*idda* consécutif au veuvage est de quatre mois et dix jours pour la femme libre, pubère ou impubère, que le mariage ait ou non été consommé, qu'elle soit musulmane ou juive ou chrétienne ; pour l'esclave intégrale ou mixte, il est de deux mois et cinq jours. Mais quand elle est nubile et menstruée, il faut, (qu'elle soit esclave ou libre), qu'elle n'ait pas de doute à raison du retard des menstrues sur leur époque habituelle, car alors elle attend que son doute disparaisse. L'esclave non réglée à raison de son âge trop tendre ou trop avancé, et devenue veuve après consommation du mariage, ne peut convoler qu'au bout de trois mois (1).

Le deuil consiste en ce que la veuve, pendant l'*'idda*, doit s'abstenir de tout ornement, tel que bijoux, collyre d'antimoine ou autres choses analogues, et laisser de côté les vêtements de couleur autres que les noirs, ainsi que tout parfum quelconque ; [146] elle ne doit pas faire usage de henné ni employer d'onguent parfumé, non plus que d'odeur pour sa chevelure. Le deuil est imposé à l'esclave comme à la femme libre, qu'elles soient nubiles ou non, mais non à la répudiée. Pour le deuil de la femme juive ou chrétienne les avis diffèrent.

Ces deux dernières, quand elles sont libres, sont astreintes à l'*'idda* à la suite de la mort ou de la répudiation d'un époux musulman (2). Un *'idda* (3) d'une période menstruelle est imposé à la concubine-mère à la suite de la mort de son maître, et il en est de même quand il l'affranchit, tandis que quand elle a atteint l'époque de la ménopause, cette attente est de trois mois.

La période de vacuité, *istibrâ*, de la femme esclave est d'une période menstruelle lorsqu'elle est l'objet d'un

---

(1) C'est l'opinion d'Achhab ; mais, d'après Ibn el-Kâsim, le délai est de deux mois et cinq jours seulement pour la fillette hors d'état de concevoir.

(2) Dans le cas de mort, peu importe qu'il y ait eu ou non consommation du mariage ; dans le cas de répudiation, seulement quand il y a eu consommation.

(3) Le mot propre serait *istibrâ*, qui signifie techniquement « s'enquérir de l'état de la matrice à l'effet de s'assurer si elle renferme ou non un fœtus ».

transfert de propriété par suite de vente, de donation, de réduction en captivité, etc. Mais pour celle qui est entre les mains d'un homme (à titre de gage ou en dépôt p. ex.) et qui est menstruée dans cette période, puis devient (sa propriété) par achat (ou autrement), elle n'est pas soumise à l'*istibrâ* si elle n'est pas sortie (de dessous ses yeux).

L'*istibrâ* de l'impubère en cas de vente (ou de transfert de propriété), lorsqu'elle est apte à la cohabitation, est de trois mois, de même que quand elle a dépassé l'âge de la menstruation. Si elle est inapte à la cohabitation (à raison de son jeune âge), elle n'est pas soumise à l'*istibrâ*.

Celui qui acquiert par achat ou autrement une esclave enceinte des œuvres d'un autre ne doit ni cohabiter ni prendre de privautés avec elle avant qu'elle soit délivrée.

Le logement est dû à toute femme répudiée avec qui le mariage a été consommé. [**147**] La pension d'entretien n'est due qu'à la femme répudiée autrement que par trois, ou en état de grossesse (1) et répudiée par un, [deux] ou trois. Elle n'est due, au cas de *khol'* (ou de répudiation par trois) que s'il y a grossesse, et n'est pas due, quand il y a *li'ân*, même dans le cas de grossesse.

L'entretien n'est dû dans aucun cas à la femme en *'idda* de viduité, mais elle a droit au logement si (le mariage ayant été consommé) le défunt était propriétaire de la demeure ou en avait payé le loyer. Tant que l'*'idda* consécutif à la répudiation ou au veuvage n'est pas achevé,

---

(1) Dans ce dernier cas, quand seulement les deux conjoints sont libres.

elle ne doit pas quitter sa demeure (1), à moins que le
propriétaire ne l'en expulse quand elle refuse de subir
une augmentation de loyer raisonnable (et acceptée par
un autre locataire) (2) : alors elle quitte sa demeure et
séjourne dans le lieu où elle déménage jusqu'à l'achèvement de l'*idda*.

La femme doit allaiter son enfant tant qu'elle est sous
la puissance maritale, à moins qu'une femme de son
rang ne le fasse pas. La répudiée peut nourrir son enfant
en dépit du père de celui-ci, et peut, si elle le veut, faire
payer cet allaitement.

A la suite de la répudiation (ou du veuvage), le droit
de garde, *haḍâna*, revient à la mère et dure [**148**] jusqu'à
la puberté du garçon ou jusqu'au mariage consommé
de la fille. Quand elle-même meurt ou se remarie (3), ce
droit passe à la grand-mère (maternelle), puis à la tante
maternelle; à défaut de parentes maternelles de la mère
(et à défaut du père), il passe aux sœurs (de l'enfant),
puis aux tantes paternelles (4) et enfin aux *'açeb*.

La pension alimentaire (5) n'incombe à l'homme en état
d'y faire face qu'à l'égard de sa femme, qu'elle soit en

---

(1) Sauf bien entendu pour accomplir les choses indispensables.

(2) Cette augmentation, pour être acceptable, ne doit pas être du tiers
du prix primitif.

(3) A moins que ce ne soit avec quelqu'un qui a lui-même le droit de
garde.

(4) Le classement ici indiqué est plusieurs fois corrigé et complété par
le commentaire et la glose ; cf. Khalil, *Mariage et répudiation*, p. 218.

(5) Elle comprend la nourriture proprement dite, le vêtement et le
logement.

état de se suffire ou non, ainsi qu'à ses propres père et
mère besogneux, et aussi à ses propres enfants quand ils
sont jeunes et sans ressources : pour les garçons jusqu'à
la puberté quand ils sont sans infirmité, et pour les filles
jusqu'à ce que, étant mariées, [149] le mariage soit
consommé (1). La pension alimentaire n'est pas due à
des parents autres que ceux-là.

L'époux doit, quand il est aisé, faire servir sa femme.
Le maître doit entretenir ses esclaves et pourvoir, quand
ils meurent, à leur ensevelissement. Quant à l'ensevelissement de l'épouse, on n'est pas d'accord : Ibn el-Kâsim
y fait pourvoir sur son bien propre, 'Abd el-Melik (2) sur
le bien du mari, et Saḥnoûn sur son bien propre si elle
est aisée, et au cas contraire, sur le bien de l'époux.

XXXIV

Des ventes (3) et contrats analogues.

Allâh a déclaré la vente licite et a interdit l'usure.
Antérieurement à l'Islâm, il y avait usure soit par

(1) Quand elles sont répudiées ou deviennent veuves et qu'elles sont
majeures, cette obligation du père tombe.

(2) Ce nom désigne pour les uns Ibn Ḥabib, et pour d'autres, Ibn el-Mad-
jechoûn.

(3) Les éléments constitutifs de la vente sont : les deux co-contractants,
qui doivent être en état de discernement, capables de s'obliger, et musulmans si la vente porte sur un Koran ou un esclave musulman ; 2° l'objet
du contrat, c.-à-d. le prix et la chose vendue, qui doivent être purs, d'une
utilisation possible, livrables, connus des deux parties et n'être pas d'une
vente interdite; 3° la forme, constituée par l'offre et l'acceptation, *idjâb
wa-ḳoboûl*. — Il n'est donc pas requis que le prix soit représenté par de
la monnaie.

l'accroissement d'une dette impayée à l'échéance, soit par l'accroissement du principal de la dette. Il y a usure, mais non usure par retard (c.-à-d. par accroissement du principal) dans la vente faite de la main à la main d'argent contre argent avec supplément de l'un des deux côtés (1), et de même d'or contre or. Il n'est donc permis de vendre de l'argent contre de l'argent ni de l'or contre de l'or, par portions égales des deux côtés, que de la main à la main, et la vente d'argent contre de l'or autrement que de la main à la main constitue usure.

Quant aux vivres, tant grains que légumes farineux et analogues, d'entre ce qui se conserve à titre d'aliments ou de condiments : [150] 1° la vente d'objets de cette espèce contre la même espèce n'est licite que par quantités en poids égaux, de la main à la main, et aucun délai n'y est permis ;

2° On ne peut vendre des vivres contre des vivres livrables ultérieurement, qu'ils soient ou non de la même espèce, qu'ils se conservent ou non ;

3° On peut vendre des fruits, des légumes et des vivres non conservables contre une quantité plus forte, même de choses identiques, mais de la main à la main ;

4° On ne peut vendre avec augment des fruits secs d'une même espèce qui sont conservables (2). La vente avec augment de tous vivres ou condiments est (donc) inter-

_____

(1) Le mot المثمن est employé improprement (Glose de 'Adewi, II, 101, l. 6).

(2) Cette décision est regardée comme faible chez les Malékites.

dite, au même titre que celle des liquides, l'eau seule
étant exceptée ;

5° Quand il s'agit d'espèces différentes en fait de liquides comme en fait de vivres consistant en autres grains
ou en fruits, la vente avec augment faite de la main à la
main contre des vivres est licite ;

6° L'augment est (donc) interdit dans (la vente de) vivres
d'une même espèce (1) autres que les légumes verts et les
fruits.

Le blé, l'orge et le *soult* sont, pour ce qui a trait au
caractère licite ou interdit de la vente, considérés comme
ne faisant qu'une catégorie ; tout raisin quelconque ne
fait qu'une catégorie, de même que toute datte quelconque. Les légumes farineux forment plusieurs catégories
au point de vue de la vente ; mais l'opinion de Mâlek à
ce sujet a été transmise de deux manières (2), tandis
qu'elle reconnaît sans variation leur unité de catégorie
au point de vue de la dîme, *zekât*.

La chair des quadrupèdes comestibles [151] soit de
bétail soit d'animaux sauvages ne forme qu'une catégorie,
de même que celle de tous les volatiles (licitement comestibles) et que celle de tous les animaux aquatiques. Ce
qui provient de la chair d'une même catégorie en fait de
graisse (os, etc.) est regardé comme étant cette chair

---

(1) C'est la répétition de ce qui a été dit plus haut, mais ici il n'est pas
dit que les matières doivent être conservables.

(2) D'après Ibn el-Kâsim, Mâlek y voyait plusieurs catégories, tandis
que, d'après Ibn Wahb, il n'en faisait qu'une seule,

même. Le lait, le fromage et le beurre provenant d'une catégorie donnée en forment aussi chacun une.

L'acheteur d'objets alimentaires au poids, à la mesure ou au compte ne peut les revendre avant d'en avoir pris livraison, — à la différence de l'acheteur en bloc (1). Il en est de même pour les objets alimentaires quelconques (2) et les condiments ou les boissons, l'eau seule étant exceptée ainsi que ce qui entre dans les médicaments, et les graines d'où n'est pas extraite de l'huile (comestible). Ces choses exceptées ne rentrent donc pas dans les vivres dont est interdite soit la vente avant [152] prise de possession, soit la vente avec augment comme appartenant à la même catégorie.

L'emprunteur peut vendre (3) les vivres empruntés avant d'en prendre livraison ; l'acheteur peut, avant la livraison, les mettre en société, ou les céder à un tiers à prix coûtant ou résilier, quand il s'agit de vivres mesurés (pesés ou comptés).

Nul contrat de vente, de louage de services ou de location comportant indétermination ou aléa dans le prix ou l'objet du contrat ou le terme, n'est permis ; (ainsi donc)

---

(1) Parce que, dit-on, c'est à l'acheteur, dans ce dernier cas, qu'incombe la responsabilité sitôt le contrat conclu. Mâlek n'admet pas la revente par l'acheteur en bloc avait qu'il ait pris livraison.

(2) Cette répétition est une réponse à l'opinion d'Ibn Wahb, qui ne défend la revente avant prise de possession que pour les aliments pouvant donner lieu à usure.

(3) Au comptant seulement, car la vente à terme constituerait une vente de créance contre créance.

il n'est pas permis de vendre un aléa, ou une chose inconnue ou pour une date inconnue.

N'est pas permise la vente d'objets sans déclaration des vices cachés, d'objets adultérés, d'objets dont le prix de revient est surélevé par le vendeur, [158] non plus que la vente par ruse ou flatteries (حدبة). Il n'est (donc) pas permis de cacher les vices de la chose, ni de faire un mélange de mauvais avec du bon (1), ni de taire ce dont la connaissance pourrait soulever la répugnance de l'acheteur, ou ce dont la mention pourrait avilir le prix de la chose (2).

L'acheteur d'un esclave (ou autre objet) qui y découvre un vice (grave) peut le conserver sans indemnité, ou le rendre en en réclamant le prix (3). Il y a exception pour l'objet (défectueux) auquel survient un dommage grave chez l'acheteur : celui-ci a alors recours pour la portion du prix équivalant au vice caché, ou bien il rend l'objet en y ajoutant la valeur de la dépréciation survenue chez lui.

L'acheteur qui rend pour vice caché un esclave ou autre chose garde pour lui le produit qu'il en a retiré.

Est permise la vente à option quand les deux parties

---

(1) C'est la répétition ou le développement des deux premiers cas envisagés dans la phrase précédente.

(2) En taisant qu'un vêtement p. ex. provient d'un mort, ou en taisant qu'un objet neuf a été lavé ou souillé.

(3) S'il s'agit d'un immeuble, bâti ou non, il n'y a pas rescision, mais recours pour la valeur de la dépréciation ; s'il s'agit d'un objet mobilier, les opinions varient.

fixent un terme rapproché jusqu'à ce que l'objet soit éprouvé ou qu'on ait délibéré.

N'est pas permis le paiement comptant, quand il est stipulé, dans la vente à option, ni dans celle de l'esclave avec garantie des trois jours (1), [154] ni dans celle de la femme esclave mise en garde pour vérifier sa non-grossesse. Dans ces trois cas, la pension alimentaire et la responsabilité incombent au vendeur (2).

On ne met en garde pour l'*istibrá* que la femme esclave qui, le plus souvent, est employée comme concubine ou celle avec qui, bien que laide, le vendeur reconnaît avoir cohabité. La clause d'immunité de grossesse (3), sauf si elle a trait à une grossesse visible, n'est pas admise.

La clause de non-garantie d'un vice caché est licite dans la vente d'un esclave (4) quand le vendeur l'ignore (et a possédé l'esclave pendant un temps suffisant).

On ne peut dans la vente séparer la mère de son enfant tant qu'il n'a pas fait sa seconde dentition.

---

(1) Stipulation expresse ou coutumière qui laisse à la charge du vendeur la responsabilité de tout vice ou accident quelconque qui pourrait se manifester ou se produire dans les trois jours qui suivent celui où la vente a eu lieu.

(2) Mais dans le cas de vente à option d'un objet dissimulable et dont l'acheteur a pris livraison, c'est celui-ci qui est responsable à moins qu'il ne prouve la destruction de l'objet.

(3) Quand il s'agit d'une belle esclave avec qui le vendeur n'a pas cohabité, ou avec qui il a cohabité et qu'il a soumise à l'*istibrá*. Mais cette clause est licite s'il s'agit d'un laideron, même grosse de moins que six mois mais des œuvres d'un autre que le vendeur. Cette différence entre les deux esclaves tient à la différence de dépréciation dont la grossesse peut être la cause chez chacune d'elles.

(4) Et aussi dans toute vente quelconque, dit une autre opinion.

Dans toute vente viciée, la responsabilité de la chose incombe au vendeur ; mais si l'acheteur en prend livraison, c'est lui qui devient responsable à partir de ce moment. Si l'objet d'une vente viciée vient à se dénaturer تلف à raison de la variation des cours ou d'un changement survenu dans son essence, il doit (pour une chose non-fongible) la valeur au jour de la prise de possession, mais ne doit pas nécessairement rendre la chose ; pour les choses fongibles vendues au poids, [155] (au compte) ou à la mesure (1), il en rend l'équivalent. La variation des cours n'est pas regardée comme dénaturant les immeubles ربع.

N'est pas permis le prêt comportant avantage (pour le prêteur ou un autre que l'emprunteur), ni le contrat (stipulant) la réunion d'une vente et d'un prêt, non plus que celui où le prêt se trouve joint au louage de services ou à la location (ou à un autre contrat à titre onéreux). Il est néanmoins permis [ou plutôt recommandé] de consentir le prêt de toute chose quelconque autre que les jeunes filles esclaves, et aussi que la poudre d'argent.

Il n'est pas permis de faire un rabais sur une dette en acceptant le paiement anticipé de celle-ci (2), ni d'en augmenter le montant en en reculant l'échéance (3), ni d'avancer, moyennant supplément, la livraison d'un objet

---

(1) A la différence du cas où la vente se serait faite en bloc.

(2) C'est la مسئلة ضع وتعجل.

(3) Ce qui était un usage préislamique ; c'est la مسئلة أخّرني وأزيدك.

mobilier vendu (1). Mais il n'y a pas de mal à devancer l'échéance d'un objet prêté quand le supplément en question consiste dans une amélioration de qualité.

Est-il permis de restituer des objets prêtés avec accroissement de nombre lors du paiement ? Il y a divergence dans les cas où cet accroissement [156] n'est pas stipulé, ou promis expressément (2) ou coutumier : Achhab l'autorise, mais Ibn el-Ḳâsim le réprouve, c.-à-d. ne l'autorise pas.

Le débiteur à terme, par suite de vente ou d'emprunt, d'une dette d'or ou d'argent, a le droit d'en anticiper le paiement, de même qu'il peut anticiper le versement d'objets mobiliers ou de vivres lorsqu'il y a eu emprunt, mais non en cas de vente (3).

Il n'est pas permis de vendre des fruits ou des grains où il n'y a pas apparence de maturation (4), tandis que cela est permis quand la maturation apparaît dans une

---

(1) Afin de se soustraire à la garantie ; p. ex. j'ai vendu tel objet livrable dans un mois, et j'offre à mon acheteur, pour que la livraison se fasse sur le champ soit cinq, soit un objet supérieur, soit un objet supplémentaire. C'est la وازيدك حط اليمان مسئلة.

(2) Il serait préférable d'omettre cet adverbe.

(3) En termes plus clairs : le créancier peut être forcé de recevoir son dû avant l'échéance, car le terme est en faveur du débiteur, qui peut renoncer à son droit. Au contraire, dans la vente, le terme est un droit de chacune des parties.

(4) La vente est permise quand la maturation n'est pas apparente et que la cueillette est faite sur le champ, à condition que ces produits soient utilisables, que ce contrat ait une raison d'être et que tous ou la plupart des habitants de la localité n'en fassent pas autant.

portion seulement, ne fût-ce que sur un seul palmier parmi beaucoup d'autres (1).

Il n'est pas permis de vendre les poissons que peuvent renfermer des rivières ou des étangs (2), ni le fœtus encore dans le sein de sa mère, ni le contenu du ventre d'un animal quelconque, ni le produit à naître du produit d'une chamelle, ni le contenu des reins d'un étalon, chameau (ou autre) (3), ni l'esclave ou l'animal en fuite. La vente des chiens a été interdite (4), mais il y a désaccord en ce qui concerne ceux de ces animaux que l'on peut garder (5) ; néanmoins la valeur de ces derniers est due par celui qui vient à les tuer.

Il est interdit de vendre de la viande contre un animal appartenant à la même catégorie (6) — de réunir deux ventes en une, soit en achetant un objet ou pour cinq [157] comptant ou pour dix à terme et s'engageant pour l'un ou l'autre prix, soit en vendant au même prix l'un

---

(1) A condition que cet arbre n'appartienne pas à une variété précoce, *bákoûr*.

(2) A cause de l'*akča* résultant tant de la possibilité d'en opérer la tradition que de l'indétermination de leur nombre.

(3) Mais on permet, quoique certains la blâment, la vente de saillies répétées ou restreintes à une certaine période.

(4) D'après un hadith rapporté par Moslim, l'interdiction porte sur le prix à retirer d'un chien, ainsi que sur le salaire de la courtisane ou du devin.

(5) C.-à-d. les chiens de garde ou de chasse.

(6) P. ex. de la viande de bœuf contre un mouton, car il y aurait *mozábana*, vente d'une chose connue contre une inconnue ; mais si la viande est cuite, dit Khalil, le contrat est licite. Il est licite de vendre cette viande contre un équivalent appartenant à une autre catégorie, contre un volatile p. ex.

10

ou l'autre de deux objets différents — de vendre des dattes sèches contre des fraîches (1) — de vendre du raisin sec contre du frais, soit avec augment soit par quantités égales — de vendre tous fruits (ou grains) frais contre des secs de la même catégorie, car cela est défendu comme étant *mozâbana* (vente d'une chose connue contre une inconnue, ou d'une inconnue contre une inconnue de la même espèce). On ne peut davantage vendre au tas une chose (susceptible d'usure) contre une chose mesurée de la même espèce, non plus qu'un tas contre un autre tas de la même espèce sauf quand, l'un étant manifestement plus gros que l'autre, ils appartiennent à une même catégorie que l'on peut troquer avec augment.

Il est licite de vendre un objet absent sur description (2) quand le paiement comptant n'en est pas stipulé ; mais celui-ci peut l'être lorsque l'objet est dans un lieu rapproché ou que, consistant en une maison, une terre ou un arbre, [158] sa non-détérioration est assurée.

La garantie spéciale à l'esclave est autorisée (et recevable en justice) lorsqu'elle est stipulée ou d'usage courant dans le pays. Elle est : 1° de trois jours pleins, pendant lesquels le vendeur est garant de toute chose quelconque (3) ; 2° et

---

(1) Cette interdiction se fonde sur un hadith qu'Aboû Hanîfa entend dans le sens contraire.

(2) Il faut de plus que la description soit faite par un autre que le vendeur, s'il y a paiement comptant ; que l'acheteur soit à même de connaître l'objet décrit, que celui-ci ne soit pas à une distance excessive et qu'il ne soit pas assez rapproché pour qu'il puisse sans trop de peine être vu.

(3) Cette garantie spéciale repose sur un hadith.

d'une année pour ce qui a trait à la démence, aux dartres blanches ou noires et à la lèpre (1).

Selem. — Est permise la vente avec paiement anticipé d'objets mobiliers, esclaves, animaux, vivres et condiments, quand la qualité en est connue, que le terme est fixé, que le prix d'achat est versé (intégralement et) immédiatement ou avec un retard, fût-il même stipulé, de deux ou trois jours (seulement) (2). Le délai minimum que nous préférons est de quinze jours ; ou bien il faut que la livraison de la chose se fasse dans un autre lieu, celui-ci n'étant même distant que de deux ou trois jours de marche (3). Ce marché, quand il est conclu à trois jours de date et avec convention de livraison sur place, est permis par plus d'un docteur et déclaré nul (4) par d'autres.

---

(1) Ces maladies étant regardées comme saisonnières, les quatre saisons doivent être écoulées pour que l'on soit sûr que l'esclave est indemne. Il est généralement reconnu que les deux garanties, de trois jours et d'un an, ne se cumulent pas dans la durée.

(2) Pour la validité du *selem*, le commentaire indique des conditions plus nombreuses : que le prix رأس المال, soit connu et déterminé, susceptible de propriété, versé immédiatement, différent de la chose achetée المسلّم فيه ; que cette dernière soit livrée plus tard, qu'elle existe vraisemblablement à la date convenue, qu'elle consiste en un objet mobilier et susceptible de propriété, que le vendeur en ait la responsabilité à sa charge, qu'elle soit connue quant à son espèce, à sa quantité et, s'il y a lieu, à sa qualité ; que le délai de livraison soit fixé et assez long pour permettre une variation dans les cours d'objets de cette nature.

(3) Mais il faut alors que la prise de possession ait lieu dès l'arrivée au lieu fixé, que le départ de l'acheteur soit stipulé et ait lieu effectivement et que son voyage ait lieu par terre ou en descendant une rivière.

(4) C'est ainsi que le commentateur entend le « déclaré blâmable » du texte.

Le prix dans le *selem* ne peut être de la même espèce que la chose achetée (1). Une chose ne peut (donc) être vendue contre une chose de même espèce ou d'une espèce qui s'en rapproche. Cependant il peut y avoir prêt (de vivres ou d'argent) contre restitution de choses pareilles [159] en quantité et qualité quand cela est utile à l'emprunteur.

La vente d'une créance contre une autre n'est pas permise, et le retard conventionnel du paiement jusqu'à la date de livraison dans le *selem* ou jusqu'à une date trop éloignée de la conclusion du contrat, est compris dans cette prohibition. On ne peut non plus transformer une créance en une autre, c.-à-d. que la chose qui t'est due ne peut être remplacée par une autre que tu ne perçois pas sur le champ.

Il n'est pas davantage permis de vendre ce que l'on n'a pas en s'engageant à une livraison immédiate (2).

Que le vendeur d'une chose payable à terme ne la rachète pas à un prix inférieur payable comptant, ou à une date plus rapprochée (3), — ni ne la rachète plus

---

(1) Lorsqu'il y a entre les deux une différence, en plus ou en moins, de quantité ; mais il est permis quand l'un et l'autre sont égaux en quantité et en qualité. C'est improprement que dans ce dernier cas on emploie le mot *selem* pour désigner une opération qui est réellement un قرض (mutuum).

(2) C.-à-d. de vendre ce que l'on n'a pas par devers soi, mais qu'on a espoir de se procurer au marché. Cela entraînerait donc la défense au boulanger, au boucher, etc. de vendre le pain, la viande, etc., qu'il n'a pas entre les mains, conséquence que n'admettent pas maints juristes.

(3) Exemples : *a*) vente moyennant dix à un mois et rachat à cinq au comptant ; *b*) vente moyennant dix à un mois et rachat moyennant cinq à quinze jours.

cher à une date plus éloignée (1). Mais ces deux opérations conclues pour le même terme (à un prix égal, inférieur ou supérieur) sont licites et constituent une compensation (2).

Il n'y a pas de mal à vendre en bloc ce qui se mesure, se pèse (ou se compte), sauf [160] pour les dinars ou dirhems monnayés, tandis que cette vente portant sur des fragments d'or ou d'argent est permise. Elle ne l'est pas quand il s'agit d'esclaves ou de vêtements (3), ou de choses que l'on peut compter sans peine (4).

Le vendeur d'une palmeraie fécondée (en totalité ou pour la plus grande partie) a droit aux fruits, sauf stipulation contraire (5), et il en est de même pour les autres arbres fruitiers. La fécondation du palmier s'entend du fait de déposer le pollen sur la fleur femelle, celle des

(1) Exemple : vente moyennant dix à un mois et rachat moyennant quinze à deux mois. Mais le rachat moyennant dix ou moins est licite.

(2) En conséquence, dit le commentaire, la vente consentie moyennant cent à un mois et le rachat consenti à cette date moyennant cent, ou cinquante, ou cent cinquante, sont valables.

(3) Non plus que s'il s'agissait, p. ex. de têtes de bétail, en d'autres termes il ne faut pas que chacune des choses vendues en bloc ait une individualité propre et représentant une certaine valeur, à la différence p. ex. des noix, des amandes, etc.

(4) Il faut de plus que la vente en bloc porte sur des objets dont l'espèce soit connue, qu'elle ne comprenne pas, en outre, des objets régulièrement vendus à la mesure, que la quantité ne soit pas énorme, que les parties puissent voir le tas, qu'elles soient habituées à faire des estimations, qu'elles ignorent l'exacte mesure du tas et que celui-ci repose sur un sol uni.

(5) Cette décision repose sur un *hadîth*, dont Bokhâri ne cite que cette portion ; Moslim et d'autres y ajoutent « de même que le pécule de l'esclave vendu appartient au vendeur ».

semis du fait qu'ils sont sortis de terre. Le vendeur d'un
esclave avec pécule a droit à ce pécule, sauf stipulation
contraire de l'acheteur (1).

Il n'y a pas de mal à vendre sur facture descriptive ce
qui est en ballot. Il n'est pas permis de vendre un vêtement ni (en stipulant qu') il ne sera ni déployé ni décrit,
ni par une nuit obscure et sans que les contractants le
voient, ou sans qu'ils sachent ce qu'il est. La défense est
la même pour la vente de montures (ou de bétail) par
une nuit obscure.

Nul ne doit surenchérir [161] sur le prix offert par un
autre (2) lorsque les deux parties sont tombées d'accord,
mais le peut si c'est au début de leurs pourparlers.

La vente devient parfaite par les paroles échangées (3)
et sans que les contractants se soient quittés.

Louage. — Le louage est un contrat permis quand les
contractants lui assignent un terme (4) et en arrêtent le
prix.

---

(1) Le prix d'achat étant en or, et le pécule étant constitué par de l'or,
l'acheteur ne peut stipuler que le pécule deviendra sien, car il y aurait
usure *ribâ*.

(2) Cela repose sur un hadith que rappelle le commentaire et que cite
Lane, p. 1174 c. (cf. supra p. 118).

(3) Ou par signes ou par livraison réciproque ; la vente existerait par
la tradition opérée par l'une des parties seulement mais ne serait pas
parfaite جأ. Les Chaféites exigent au contraire que les deux parties se
soient séparées.

(4) Ce n'est pas là une condition de rigueur, puisqu'on peut p. ex. louer
les services de quelqu'un pour accomplir tel travail de couture. — D'autre
part, pour que le contrat ne soit pas seulement *çahîh*, mais aussi *lâzim*
(obligatoire, parfait), les contractants doivent avoir le discernement et
la capacité de s'engager (le *temyîz* et le *teklîf*).

Dans l'entreprise à forfait (1), il n'est pas fixé de délai
dans (maints cas tels que) ramener un esclave ou un
animal fugitif, creuser un puits, vendre un vêtement, etc.
L'entrepreneur n'a droit à rien que par l'achèvement
du travail entrepris.

Celui qui loue ses services pour procurer la vente de
quelque objet a droit à son salaire intégral quand, le délai
expiré, il n'a pas vendu, et à la moitié s'il réalise la vente
dans un délai moindre de moitié (2).

La location الكرا suit les règles de la vente quant à ce
qui est licite ou interdit. Quand quelqu'un a pris en
location une monture déterminée pour aller p. ex. à tel
endroit, et que cette bête vient à mourir, (à être enlevée,
etc.), la location est résolue pour le chemin restant à
parcourir. Il en est de même pour le salarié qui vient
à mourir et pour la maison qui tombe en ruine avant
l'échéance du délai de louage ou de location.

Il n'y a pas de mal pour un maître à louer ses services
à l'effet d'enseigner le Koran par cœur à des enfants (3),
non plus que de faire prix avec un médecin pour ses
soins jusqu'à guérison. Le louage n'est rompu [162]

---

(1) On dit جعل له على هى et aussi جاعله على ; le contrat s'appelle الجِمالة
et aussi جُعل, quoique ce dernier mot désigne plutôt le salaire convenu ;
l'objet du contrat c'est المى المجاعل عليه العمل ou العمل ; l'entrepreneur, c'est
العامل ou له المجعول, et le maître ou concédant du contrat الجاعل.

(2) Il s'agit dans ce cas d'un louage de services, et non d'un contrat
à l'entreprise.

(3) Ibn el-Hâdjeb n'admet pas ce louage à forfait et prétend qu'il doit
se faire au mois.

ni par la mort du cavalier d'une bête louée ou du locataire d'un logement, ni par celle du bétail confié pour être mené au pâturage. Quand il y a prise en louage pour transporter jusqu'à tel endroit (1) et que la bête meurt, le loueur doit la remplacer. La mort du cavalier n'annule pas le louage, et ses représentants ont à sous-louer la monture à quelque autre personne.

Celui qui prend en location des ustensiles ou d'autres choses (un vêtement, une monture, etc.) n'est pas responsable de la perte de ce qu'il a entre les mains, et sa parole, à moins de mensonge manifeste, fait foi.

Les artisans sont responsables de ce qu'ils peuvent dissimuler, que leur travail soit ou non rémunéré (2). Le maître du bain (3) est irresponsable, aussi bien que le maître du navire ; à ce dernier il n'est dû de prix de louage que pour le transport à destination.

Société. — Il n'y a pas de mal à contracter une association de personnes (4) quand les coassociés se livrent dans

_____

(1) C'est le الكراء المضمون, opposé au الكراء المعين ou louage d'une monture déterminée.

(2) Le mot اجر du texte signifie « salaire » ; les commentaires n'en disent rien ; mais cf. Dict. Lane et Khalil, passage parallèle, p. 179, l. 3, expliqué par Derdir, II, 239, l. 28 : (وان) عمله الصانع (ببعد او) عمله(بلا اجر). Ibn Farhoûn (*Tabçira*, II, 236) parle longuement de la responsabilité des artisans.

(3) A condition qu'il ne soit pas en faute. Quant au gardien des vêtements, il est responsable des objets qui lui sont confiés.

(4) On distingue plusieurs genres d'association : 1° شركة ابدان ou شركة عمل (dans le *Ta'rifât*, شركة الصنائع والتقبل) association corporelle ou de main-d'œuvre, dont parle le texte, et pour la validité de laquelle le commentaire exige en outre que les participants aient une habileté à peu

un local unique à un travail identique ou d'une nature
analogue. L'association de biens est permise à condition
que le bénéfice soit partagé proportionnellement à l'argent engagé par chacun et que le travail de chacun soit
proportionnel [163] à sa part de bénéfice. Il n'est (donc)
pas permis que des capitaux d'inégale importance recueil-
lent une part égale de bénéfice. *

Est permise la commandite (1) constituée en pièces
d'or et d'argent ; mais il est toléré aussi que le capital
soit en lingots d'or et d'argent (2). Il ne peut être représenté par des effets mobiliers (3), et, si cela a lieu, le

---

près égale, que leur but soit de s'entr'aider, qu'ils achètent ou louent
leurs outils en commun ; 2° شركة الاموال association pécuniaire, qui se
subdivise : a) شركة مفاوضة association à pouvoirs égaux où chacun peut
librement, soit en la présence soit en l'absence de son cointéressé, vendre,
acheter, donner ou prendre à bail, et disposer ; b) شركة عنان où rien ne
peut se faire que de l'accord commun des coassociés, d'après ce que disent
Kharchi, commentateur de Khalîl, IV. 285, l. 9, et Desoûki. III, 334 ; mais
notre texte l'explique autrement, de même que Lane, p. 2165, le Dictionnaire de Calcutta, pp. 716 et 1072, le Ta'rîfât, p. 131, et le Tanbîh, p. 121 ;
c) قراض ou مضاربة association en commandite ; 3° شركة ذمم et شركة
qu'on confond quelquefois, la première consistant dans la vente, avec
une part dans le bénéfice, par un homme connu, de ce qui appartient à
un pauvre diable, et la seconde dans l'achat de marchandises, opéré pour
les revendre, par des associés dépourvus de fonds. On parle aussi de la
شركة جبر, résultant p. ex. de la confusion accidentelle de choses appartenant à des propriétaires différents, ou d'une succession portant sur une
chose indivise (voir les commentaires et les ouvrages cités).

(1) قراض dans le Heïljâz, et مضاربة dans l'Irâk ; cf. aussi Lane.

(2) D'après une seconde opinion cela est interdit, ou seulement blâmable
d'après une troisième. Mais cette tolérance est admise unanimement
quand l'usage des lingots dans les opérations commerciales est courant.

(3) Non plus que par des matières fongibles. La commandite étant au
fond un louage de services, mais le commanditaire et le commandité

gérant n'est autre chose qu'un salarié qui, chargé de la vente de ces objets, devient ensuite commandité, dans les conditions où le serait son pareil, du prix de vente. Le gérant prélève, quand il doit voyager (1), de quoi se vêtir et se nourrir sur le capital qui a une importance suffisante (2) ; mais quant au vêtement, il n'en est question que pour un long voyage (3). Les associés ne peuvent se partager le bénéfice avant que le capital engagé soit réalisé en espèces.

Est permis le bail partiaire portant sur les arbres (et les végétaux vivaces) (4) moyennant accord des parties sur leurs parts respectives, travail exclusif du colon, [164] non-stipulation soit d'un travail autre que celui de la culture soit d'un travail nouveau à accomplir dans le clos, à moins que la chose ne soit sans importance, p. ex. consolider la clôture ou réparer un réservoir mais sans le

---

ignorant l'un et l'autre si et combien ils feront de bénéfice, l'extension de ce qu'autorise le Législateur عالم الا doit être restreinte à l'indispensable, c.-à-d. aux lingots, qui sont ou peuvent être regardés comme de la monnaie ou des capitaux. — Le capital, devant être livré au moment du contrat, ne peut non plus être représenté par le montant d'une dette due par le commandité au commanditaire, ni par un dépôt ou un gage dû par le premier au second.

(1) Il s'agit, naturellement, de déplacements nécessités par les affaires commerciales.

(2) L'usage décide de ce que l'on peut ainsi qualifier. Il s'agirait, d'après Malek, de 50 ou de 70 dinars.

(3) Quand il s'agit, explique-t-on, d'un voyage en pays lointain ou d'un voyage nécessitant une longue absence.

(4) Et aussi sur des plantes ou cultures annuelles quand le propriétaire ne peut s'en occuper, que le manque d'arrosage peut les faire périr, que ces plantes sortent de terre et que la maturation n'en est pas commencée.

refaire à neuf. C'est au colon qu'incombent la fécondation
des fruits, le nettoyage des mares d'arrosage des arbres,
la réparation du lieu de chute de l'eau provenant de la
machine hydraulique, le nettoyage de la source (1) ; et
d'autres choses semblables peuvent aussi être stipulées à
la charge du colon.

N'est pas permis le bail partiaire conclu sous la condition que le propriétaire retirera les bêtes du clos ; le
remplacement de celles qui viennent à mourir incombe
au propriétaire. L'entretien des animaux et des ouvriers (2)
est à la charge du colon. Ce dernier doit aussi fournir les
graines nécessaires pour ensemencer la faible partie de
terre non-plantée d'arbres (qui serait comprise dans le
contrat) (3) ; mais il n'y a pas de mal à ce que cette partie
soit abandonnée au colon, et c'est la solution la plus
licite.

Si la partie non-plantée est importante, elle ne peut
être comprise dans le bail partiaire, à moins qu'elle ne
représente au plus le tiers du tout.

Il est permis de s'associer pour faire un ensemencement
en commun (4) quand toutes les graines proviennent

---

(1) La *Modawwana* impose au propriétaire le nettoyage de la source.

(2) On dit aussi que c'est le propriétaire qui doit l'entretien des esclaves
employés dans le clos, de même que les gages des salariés engagés par
lui au mois ou à terme préfix.

(3) Cette portion doit représenter au plus le tiers de la partie boisée et
le produit en doit être partagé entre les deux parties dans la même
proportion que les fruits.

(4) C'est proprement la *mozâra'a*, qu'on distingue parfois de la *moghâ-
rasa* ou plantation à frais communs.

[165] des deux associés, que le bénéfice doit se partager entre eux, l'un fournissant la terre et l'autre son travail (1), ou que, l'un et l'autre louant la terre, chacun fournit son travail, ou que la terre est commune entre eux (2). Mais cela est interdit quand, les graines provenant de l'un et la terre de l'autre, le travail incombe à l'un d'eux ou à tous les deux et qu'ils doivent se partager le produit (3). Il leur serait encore permis de louer la terre (4), après quoi l'un fournirait la semence et l'autre son travail, quand la valeur de chacun de ces apports est presque égale.

Ne peut être (stipulé) le paiement comptant du loyer d'une terre dont l'arrosage n'est qu'éventuel, avant que celui-ci ait eu lieu effectivement (5).

A celui qui, ayant acheté les fruits pendants seulement (6) et le tiers de ceux-ci, ou davantage, venant à périr par la grêle, les sauterelles, la gelée, etc., il est fait un rabais proportionnel (7) ; [166] mais la perte inférieure à un tiers incombe à l'acheteur (8).

----

(1) Le travail s'entend du labourage, mais non de la moisson et du dépiquage, dont l'importance ne peut être connue que plus tard.

(2) A titre de propriétaires ou de locataires.

(3) Trois cas sont ainsi envisagés, car « l'un d'eux » désigne soit celui qui fournit la terre, soit celui qui fournit la semence.

(4) La terre pourrait aussi appartenir à l'un des associés, mais l'autre devrait alors payer à celui-ci sa part de location.

(5) Car, dit-on, selon que la terre sera ou ne sera pas arrosée, la somme versée représentera un prix de vente ou un prêt.

(6) C.-à-d. sans les arbres qui les supportent.

(7) Cette décision repose sur un dire du Prophète transmis par Ibn Wahb.

(8) On déduit du texte que l'existence du rabais est subordonnée aux conditions suivantes : qu'il y ait vente des fruits, et non p. ex. qu'ils

Il n'est pas tenu compte de ces accidents pour les céréales ni pour les fruits achetés après leur maturation بيع. C'est le contraire pour les plantes potagères, même le dommage fût-il faible ; mais une opinion prétend qu'il n'y a rabais que quand le dommage est du tiers.

Il n'y a pas de mal à ce que celui qui a donné à titre de secours اعرى à un individu des fruits de palmiers de son jardin rachète ces fruits quand ils sont mûrissants moyennant leur équivalent mesuré sous forme de dattes sèches et devant être livré lors de la cueillette, si toutefois cette quantité n'est que de cinq *wasḳ* (cinq fois soixante çâ,) au plus (1). L'achat de plus de cinq *wasḳ* n'est permis que moyennant une contre-partie en monnaie ou en effets mobiliers.

---

constituent une dot ; qu'ils soient achetés isolément, et non avec l'arbre qui les porte ; qu'ils soient pendants par branches, non pas vendus lors de la cueillette ; enfin, que le dommage porte au moins sur le tiers, et celui-ci s'entend de la quantité des fruits mesurée. Cette limite du tiers n'est pas admise quand le déficit dans la récolte est dû à la sécheresse.

(1) Cette dérogation à la défense de revenir sur une donation ou de faire un contrat qui peut être usuraire, repose sur une autorisation donnée par le Prophète, voir Dictionnaire Lane et les commentaires. Aussi est-elle de droit strict, et les conditions indiquées sont-elles rigoureusement requises. Cf. Sidi Khalil, p. 133, l. 8, = trad. Perron, III, 409, ou Seignette, n° 282 et s.

XXXV

Actes de dernière volonté (1) ; affranchi postihume,
affranchi contractuel, affranchi ; concubine-mère et
patronat.

Il est bon (2) pour celui qui a quelque chose sur quoi
tester d'arranger ses dernières volontés (3). On ne fait pas

- (1) Le mot *waçiyya* a le plus souvent ce sens chez les juristes ; il prend
celui, plus restreint, de legs quand il est employé par les calculateurs ou
répartiteurs de successions.

(2) C.-à-d. qu'il est, d'une manière générale, recommandé de tester ;
mais cet acte devient *wâdjib* ou canoniquement obligatoire quand le
fidèle peut, par son abstention, laisser périmer une obligation *wâdjib*.

(3) En en faisant prendre acte ; une pièce écrite, si elle n'est pas attestée
par deux témoins, n'aurait de valeur que si le testateur disait : « Vous
aurez à exécuter ce que vous trouverez dans une pièce écrite de ma main ».
Le prodigue et l'enfant doué de discernement peuvent tester. On admet
qu'il n'y a pas à tenir compte de l'importance de la succession. Il est
cependant rapporté qu'il n'y a pas à tester d'après 'Ali, sur 700 dirhems,
d'après 'A'icha sur 3000, d'après Ibn Abbás sur 800.

Les quatre éléments constitutifs du testament sont : 1° le testateur,
qui doit être libre, avoir le discernement et être plein propriétaire ; cela
exclut l'esclave, celui dont le passif dépasse l'actif, le mandataire pour
les choses dont il n'a que la charge ; 2° le bénéficiaire, qui doit exister ou
pouvoir exister, tel un enfant conçu ou pouvant l'être ; mais une mosquée,
un pont, etc., sont regardés comme pouvant être bénéficiaires. Il en est
de même pour une personne dont le testateur connaît la mort : le legs
dans ce cas servira à acquitter les dettes du bénéficiaire ou, à défaut,
sera recueilli par les héritiers — autres que le *beyt el-mâl*, dit-on ordinairement — de celui-ci ; 3° la chose léguée, qui doit être susceptible de
propriété — ce qui exclut le vin, etc. — mais qui peut être inconnue,
p. ex. le petit à naître d'un animal ou une récolte future ; 4° la forme,
qui consiste en toute expression ou signe de la volonté, sans formule
sacramentelle. En outre, l'acceptation *post mortem* du bénéficiaire, quand

de legs à un héritier ; les legs sont prélevés sur le tiers disponible, et ce qui le dépasse est annulé, [167] à moins (dans les deux cas) qu'il n'y ait ratification des héritiers (1).

L'affranchissement d'un esclave indiqué (2) est privilégié par rapport aux autres legs ; celui qui est déclaré affranchi posthume par le testateur en bonne santé prime celui qui est déclaré tel par le testateur malade (3). Il prime aussi la portion de *zekât* dont le paiement, qui aurait été négligé par le défunt, est ordonné par lui sous forme de legs, car cela est imputé sur le tiers disponible et prime les autres legs (4). Mais (il est bien entendu que) .

---

c'est une personne déterminée, est indispensable ; donnée *ante mortem*, elle serait sans valeur, puisque le testateur peut toujours revenir sur ses volontés. On admet unanimement que le légataire devient propriétaire par la mort du testateur si son acceptation suit immédiatement cette mort, et c'est l'opinion la plus vraisemblable الرجح quand l'acceptation est retardée. Il en est qui soutiennent que la transmission de propriété ne s'opère que par l'acceptation.

(1) Ils doivent pour cela être majeurs, conscients et solvables. Le tiers disponible est calculé, pour les uns, au jour de la mort ; pour d'autres, lors de l'exécution du legs.

(2) C.-à-d. « affranchissez mon esclave un tel » ou « achetez tel esclave pour l'affranchir », par opposition à « affranchissez un esclave ».

(3) L'état de maladie exerce la même influence non seulement sur l'affranchissement, mais sur tout acte de don, aumône, etc. Cela est indiqué par le commentaire, et est même, dans certaines éditions, considéré comme appartenant au texte même.

(4) D'après 'Adewi, il vaut mieux dire : « la portion de *zekât* dont le défunt aurait négligé le payement et qu'il ordonne de verser sous forme de legs à imputer sur le tiers disponible, prime les autres legs ». Au contraire, cette dette est prélevée sur le capital quand la reconnaissance, sous forme de legs, n'en a pas été faite par le défunt.

l'affranchissement posthume prononcé par un testateur
en bonne santé prime ce paiement négligé de la *zekât*.

En cas d'insuffisance du tiers disponible, les légataires
non privilégiés subissent une réduction proportionnelle.

Le testateur peut révoquer tout legs qu'il a consenti et
portant sur l'affranchissement ou autre chose (1).

L'affranchissement posthume consiste dans le dire du
maître (2) à son esclave : « Tu es affranchi posthume » ou
« Tu seras libre à la suite de ma mort » ; après quoi (à
moins d'une dette antérieure) il ne peut plus le vendre (3), mais peut disposer de ses services. Il peut aussi,
tant qu'il n'est pas atteint de maladie grave, confisquer
ses biens (4). Il peut cohabiter avec elle s'il s'agit d'une
femme (5), ce qu'il ne peut faire avec une esclave affran-

---

(1) A moins que l'acte de dernière volonté n'ait revêtu une forme
définitive, un *hobous* p. ex., ou qu'il ne s'agisse d'un devoir imposé, le
paiement de la *zekât* ou d'une dette p. ex.

(2) Homme ou femme, majeur conscient et pouvant disposer de ses
biens ; il en serait de même de l'impubère jouissant de discernement,
mais son acte, bien que régulier en la forme (*çahîh*) ne le liera (c.-à-d. ne
deviendra *lâzim* ou obligatoire) que s'il le ratifie après sa majorité. Il ne
faut pas, d'autre part, oublier que l'affranchissement posthume peut être
ou un acte de dernière volonté ou un acte ordinaire.

(3) Pas plus qu'en disposer par donation, aumône, etc.

(4) Ce qui doit s'entendre de ce que l'esclave peut acquérir à titre de
don, d'aumône, de legs ou de dot ; mais le produit de son travail ou de
son industrie ou les dommages-intérêts versés pour blessure font partie
des biens du maître, lequel, gravement malade ou non, peut se les approprier. Le droit de confiscation du maître gravement malade n'existe pas
davantage vis à vis des autres esclaves imparfaits.

(5) Si elle vient à concevoir, elle passe à l'état de concubine-mère, de
sorte qu'à la mort du maître son affranchissement est imputé sur le
capital, et non plus sur le tiers disponible.

chie à terme, non plus que la vendre (ou la donner),
mais il peut l'employer pour son service domestique,
comme aussi, à condition que le terme ne soit pas près
d'échoir, confisquer ses biens (1).

A la mort du maître, la valeur de l'affranchi posthume
est imputée sur le tiers disponible, celle de l'affranchi à
terme sur le capital (2).

[168] L'affranchi contractuel ne cesse pas d'être esclave
tant qu'il reste devoir quelque chose. L'affranchissement
contractuel est valable et consiste dans le paiement convenu entre maître et esclave d'une certaine somme à des
dates échelonnées. L'esclave hors d'état de faire face à ses
versements retombe dans son état antérieur (3), et le
maître garde valablement ce qu'il a touché. L'autorité
seule peut, après octroi d'un délai, reconnaitre son insol-
vabilité quand il se refuse à la prouver.

Tout produit de femme affranchie contractuelle ou
posthume ou à terme ou mise en gage, suit la condition
de sa mère (4). L'enfant né d'une concubine-mère, mais

---

(1) C.-à-d. ce qu'elle a acquis p. ex. par donation ; quant au produit de
son travail ou aux dommages-intérêts versés pour blessures, le maitre
peut se les approprier à toute époque. — Les analogies existant entre les
deux modes d'affranchissement posthume et à terme, sont cause que
l'auteur a intercalé dans le paragraphe consacré au premier des règles
relatives au second.

(2) L'affranchissement posthume est en effet assimilé au legs, et celui
à terme constitue un engagement obligatoire *lázim* consenti par le défunt.

(3) C.-à-d., selon le cas, esclave pur et simple, affranchi posthume, etc.

(4) Sauf bien entendu dans le cas où elle est enceinte des œuvres d'un
maitre libre lui-même.

11

d'un père autre que le maître (libre lui-même) est traité comme sa mère (1).

L'esclave est maître de son bien, à moins que celui-ci ne soit confisqué par le maître. Si donc ce dernier le rend à la liberté ou l'affranchit contractuellement sans faire de réserve, il ne peut procéder à la confiscation (2). Il ne peut plus cohabiter avec son affranchie contractuelle (3). Les enfants qui peuvent survenir à l'affranchi contractuel et à l'affranchie contractuelle sont compris avec eux dans le contrat et deviennent libres [**169**] par la libération de leurs auteurs (4).

Il est permis d'affranchir contractuellement des esclaves en groupe, mais ils ne deviennent libres qu'après versement complet de la redevance stipulée.

L'affranchi contractuel ne peut, tant qu'il n'est pas libéré, consentir lui-même un affranchissement ni dissiper son bien (sans en recevoir la contre-partie) ; il ne

---

(1) Il s'agit de l'enfant né de l'esclave devenue concubine-mère ; à la mort du maître, la valeur de son affranchissement sera aussi prélevée sur le capital. Né de cette même mère avant qu'elle soit devenue concubine-mère, il est esclave.

(2) En cas de vente de l'esclave, son pécule ne le suit que moyennant stipulation expresse ; cf. p. 150.

(3) S'il le fait, il n'est pas soumis à la peine légale, mais à un simple châtiment ; il devra en plus, s'il lui a pris de force sa virginité, payer la dépréciation qu'il a ainsi causée.

(4) Pour éviter de voir dans cette disposition la répétition de ce qui est dit plus haut, on peut supposer qu'elle porte sur le cas où deux esclaves, homme et femme, sont simultanément compris dans un contrat d'affranchissement contractuel. D'ailleurs il faut, quand il s'agit de l'homme, distinguer les cas où la mère de l'enfant est libre, ou esclave appartenant soit au maître soit à un tiers.

peut, sans y être autorisé par son maître, se marier ou entreprendre un long voyage (1). Quand il meurt laissant un enfant (compris dans le contrat ou survenu après), celui-ci remplace le défunt, sur les biens de qui il acquitte comptant les paiements à échoir, et le surplus revient à titre d'héritage à lui et aux autres enfants (2).

Si les biens sont insuffisants, les enfants (ou les autres co-affranchis contractuels) acquittent la redevance par leur travail et par acomptes successifs quand ils sont adultes ; quand ils sont jeunes et que la succession n'équi-vaut pas aux acomptes à verser jusqu'à ce qu'ils soient aptes au travail, ils retombent en esclavage. S'il n'y a pas d'enfants compris dans le contrat d'affranchissement (ni de biens en quantité suffisante), c'est le maître qui hérite.

Celui qui (lui-même étant libre) engrosse une esclave (lui appartenant) peut continuer d'en jouir sa vie durant, mais elle recouvre sa liberté, qui est imputée sur le capital, lorsqu'il meurt. Elle ne peut être vendue (3) ; son maître ne peut lui demander de service (à moins qu'il ne soit modéré), non plus que retirer d'elle un revenu. Au

---

(1) Ce qui veut dire un voyage au cours duquel un ou des versements viendraient à échéance.

(2) Une autre opinion consignée dans la *Modaicicana* attribue le surplus de la succession aux parents compris dans le même acte d'affranchisse-ment que le défunt et vis à vis de qui celui-ci serait, à raison du lien de parenté, affranchi automatiquement.

(3) Sauf dans six ou sept cas, si p. ex. le maître qui l'a donnée en gage cohabite avec elle sans l'agrément du créancier gagiste et qu'il ne puisse acquitter sa dette : l'enfant sera libre, mais l'esclave sera vendue après sa délivrance.

contraire, ces choses lui sont permises vis à vis de l'enfant
qu'elle aurait ou aurait eu d'un autre père ; mais cet
enfant est traité comme sa mère quant à l'affranchissement
et recouvre sa liberté avec elle (1). L'esclave devient
concubine-mère par le fait qu'elle accouche de quelque
chose qui est reconnu être un enfant (2). La restriction
volontaire est inutilement invoquée par le maître qui
prétend désavouer l'enfant tout en avouant qu'il a cohabité. [170] S'il arguë qu'il y a eu attente de vacuité
non-suivie de cohabitation, la paternité de l'enfant qui
peut naître ne lui est pas attribuée (3).

N'est pas permis l'affranchissement prononcé par celui
dont les dettes absorbent les biens (4). L'esclave dont le
maître (musulman) affranchit une portion (ou un membre)
reçoit sa liberté intégrale. Si l'affranchisseur est propriétaire partiel, la part de son copropriétaire est estimée au
jour de l'instance en justice, et l'affranchissement est
prononcé à sa charge (5) ; mais quand ses biens sont

---

(1) Dans le cas où le maître prédécède ; si c'est la mère qui prédécède,
l'enfant en question ne sera affranchi qu'à la mort du maître.

(2) Mais il faut : 1° qu'il y ait eu cohabitation avouée par le maître ou
prouvée par témoins ; 2° qu'il y ait eu accouchement ou fausse couche,
cela étant prouvé au besoin par le témoignage de deux femmes quand
l'enfant ou le fœtus n'est pas produit.

(3) Son dire n'a même pas besoin d'être fait sous serment.

(4) Il faut en outre que l'affranchisseur soit majeur, conscient et ayant
la liberté de disposer de ses biens.

(5) Six conditions sont exigées : la valeur d'estimation doit être versée
au copropriétaire lors du jugement prononçant l'affranchissement ; l'un
ou l'autre de l'affranchisseur ou de l'affranchi doit être musulman ;
l'affranchissement doit être fait spontanément, et n'être pas p. ex. un

insuflisants, la portion appartenant au copropriétaire reste en état de servitude. L'esclave à qui son maître inflige un châtiment exemplaire et à traces visibles, p. ex. la section d'un membre, etc., est affranchi (par jugement) au détriment du maître (1).

Quand un individu devient propriétaire de son père ou mère ou ascendant, de son fils ou fille ou descendant, ainsi que de son frère utérin, consanguin ou germain, tous ces parents deviennent automatiquement affranchis à son encontre (2). L'affranchissement d'une esclave enceinte confère aussi la liberté à celui qu'elle porte dans ses flancs (3). L'affranchissement d'obligation canonique (4) ne peut porter sur un esclave partiellement libéré, tel qu'un affranchi posthume ou contractuel, etc., non plus que sur un aveugle, un manchot, etc., ou un non-musulman.

---

droit hérité ; cet affranchisseur doit être, si p. ex. il y a trois copropriétaires, celui qui a renoncé le premier à son droit de copropriété; il doit être solvable, et enfin cette valeur doit dépasser celle des objets qu'on abandonne au failli. — La valeur d'estimation est calculée au jour du jugement, et non, comme le dit le texte, au jour de l'instance ; mais l'affaire peut être tranchée séance tenante.

(1) C.-à-d. que la valeur en est prélevée sur le capital du maître, qui doit être conscient, majeur, musulman, apte à gérer ses biens, *rechîd*, solvable, et avoir commis intentionnellement la mutilation. Certains disent que, en outre, le maître inhumain est battu et emprisonné.

(2) A moins qu'il n'ait des dettes qui absorbent la valeur de ce parent, car alors celui-ci est vendu pour désintéresser les créanciers.

(3) C'est une répétition que fait l'auteur de ce qu'il a dit plus haut.

(4) C.-à-d. l'affranchissement imposé à titre d'expiation d'un meurtre, d'un serment *dihâr* ou de la violation du jeûne de ramadân.

[171] N'est pas valable l'affranchissement prononcé par l'enfant ou le (prodigue) placé sous tutelle (1).

Le droit de patronat revient à l'affranchisseur et il ne peut être ni vendu, ni donné (2) ; il revient, si l'affranchissement est fait au nom d'un tiers, à celui-ci (3), et, quand il y a abjuration entre les mains d'un musulman, (non à celui-ci, mais) à la Communauté des fidèles. A la femme revient le patronat de tout ce qu'elle affranchit ainsi que celui, qui s'y rattache, des enfants ou des esclaves affranchis par ceux qu'elle-même a affranchis (4). Mais la femme ne peut hériter du patronat consécutif à un affranchissement prononcé par son père, son fils, son époux, etc. (5).

L'héritage de l'affranchi *par liberté de pâture* (6) revient à la Communauté des fidèles.

_____

(1) On admet généralement que le prodigue peut valablement affranchir une concubine-mère.

(2) Un hadith en effet parle du patronat comme d'une espèce de parenté.

(3) A condition qu'il soit libre et musulman ; l'infidèle ne peut avoir le droit de patronat sur un musulman.

(4) Le texte de ce passage est embarrassé et d'une expression pénible. Les commentaires l'entendent dans ce sens : à l'affranchisseuse compète le patronat aussi bien sur l'affranchi qui lui doit sa liberté et sur les enfants de celui-ci, que sur les esclaves à qui cet affranchi pourrait rendre à la liberté.

(5) Il faut en effet avoir la qualité d'*aceb* pour hériter du droit de patronat.

(6) C'est ce qu'on appelle ‮سائبة‬ , nom donné à la chamelle qui, à l'époque préislamique, était rendue à la liberté et de qui l'on n'exigeait plus aucun service. L'emploi de ce mot comme formule d'un affranchissement qui n'entraine pas de droit de patronat au profit de l'affranchisseur (non plus que de droit à la composition pour blessures ou à la succession, (Zamakhchari, *Kechchâf*, I, 279, l. 15), est blâmable, certains disent même interdit.

Le patronat revient au plus proche *'âceb* de l'affranchisseur (1) ; et par suite quand la mort de l'affranchisseur
rend ses deux fils héritiers du patronat d'un affranchi,
puis que l'un d'eux meurt en laissant lui-même deux fils,
le patronat compète au premier frère survivant, et non
aux neveux. Si l'un (des deux fils du premier mort) vient
à mourir en laissant un fils, ou si son propre frère meurt
ensuite en laissant deux fils, le patronat [172] se divise
par tiers entre ces trois personnes (2).

XXXVI

RETRAIT D'INDIVISION, DONATION, AUMÔNE, *hobous*, NANTISSE-.
MENT, PRÊT, DÉPÔT, ÉPAVES, ENLÈVEMENT PAR VIOLENCE.

Le retrait d'indivision (3) porte sur l'immeuble indivis
seulement et ne s'exerce pas quand il y a eu un partage
antérieur. Ce droit ne compète pas à un voisin (4). Il ne
s'exerce pas sur un chemin (soit privé soit public), ni sur

(1) Le texte dit « du premier mort » ; c'est une rédaction défectueuse,
dont l'intelligence est donnée par l'exemple qui est immédiatement cité.
(2) Ainsi que la glose l'explique plus clairement, l'héritier par droit de
patronat est, à défaut de parents, l'affranchisseur lui-même, et, successivement, ses enfants mâles, les fils et descendants de ceux-ci, le degré
le plus proche excluant le plus éloigné ; à défaut de fils de l'affranchisseur,
le père de ce dernier ; à défaut de père, les frères germains, puis les
frères consanguins ; puis les fils des germains, et après eux les fils des
consanguins, et ensuite les descendants mâles ; à défaut de frères et de
fils d'eux, le grand-père de l'affranchisseur, etc.
(3) Ce droit a pour fondement un hadith.
(4) Seuls les Hanéfites reconnaissent ce droit, à défaut du copropriétaire,
au voisin d'un immeuble situé dans une impasse.

la cour d'une maison dont les logements ont été l'objet
d'un partage, non plus que sur un palmier mâle ou sur
un puits alors que soit la palmeraie, soit la terre ont été
l'objet d'un partage. Le retrait ne s'exerce (donc) que sur
le sol et les constructions ou les arbres qui en font partie
intégrante (1).

Le bénéficiaire est forclos de son droit (2) quand il est
sur les lieux et qu'un an s'est écoulé depuis la vente (3).
Mais quand (lors de la naissance de son droit) il est très
éloigné, la prescription ne court pas contre lui (4), son
absence durât-elle même longtemps.

Le retrayant exerce son droit de garantie (pour vice ou
revendication) contre l'acheteur (5).

Le détenteur de ce droit est cité en justice (par l'acquéreur) et doit ou l'exercer ou y renoncer (6). [173] Le
droit de retrait ne peut faire l'objet ni d'une donation ni

(1) Cette phrase ne fait que répéter ce qui a été dit au début. La
dénomination d'*arbres* s'applique également aux végétaux, cucurbitacés,
coton, etc., dont les tiges ou racines fournissent des produits successifs.

(2) Il peut aussi y renoncer en termes exprès, mais après la conclusion
de la vente consentie par son copropriétaire, ou implicitement quand
p. ex. il voit, sans protester, l'acheteur faire des plantations ou construire
ou démolir.

(3) La prescription est acquise au bout de deux mois quand il assiste
et signe à la vente.

(4) Peu importe qu'il sache ou non que la vente a eu lieu. — On regarde
ordinairement comme étant *très éloigné* celui qui est à neuf journées
de marche, et comme *peu éloigné* ou *à proximité* celui qui est à trois
journées.

(5) Ou contre l'un quelconque des acheteurs s'il y a eu revente

(6) On discute s'il peut ou non lui être consenti un délai pour qu'il ait
le temps d'arrêter son choix.

d'une vente (1), et se répartit, quand il y a plusieurs copropriétaires, proportionnellement à la part de chacun.

La donation, l'aumône et le *hobous* ne sont parfaits que par la prise de possession, et par suite si (l'auteur de la libéralité) vient à mourir avant qu'il en soit dessaisi, elle fait partie de la succession (2). Cependant si la libéralité est faite au cours de la dernière maladie, elle est imputée sur le tiers disponible (3) quand elle est consentie à un autre qu'un héritier (4).

Le don fait à un parent au degré prohibé ou à un pauvre est traité comme l'aumône et ne peut être révoqué ; celui (donc) qui a fait l'aumône à son fils ne peut la révoquer, mais il peut reprendre le don consenti à son fils, soit mineur, soit adulte, pourvu que ce don n'ait pas provoqué le mariage ou la constitution d'une dette, ou que le donataire n'y ait pas introduit un élément nouveau (5). Quant à la mère, son droit de révocation n'existe

---

(1) On discute si l'acquéreur ne peut ou l'acheter ou le recevoir à titre gratuit.

(2) On admet plutôt, bien que le contraire ait été soutenu, l'opinion d'Ibn el-Kâsim que la demande en délivrance faite avant la mort équivaut à l'entrée en possession effective ; et, de même, que le retard provenant de la mise à l'enquête des témoins à l'acte de libéralité ne peut préjudicier au droit du bénéficiaire.

(3) C.-à-d. qu'elle est regardée comme constituant un legs.

(4) L'héritier, en effet, ne peut être légataire ; ses cohéritiers peuvent cependant ratifier la libéralité dont il s'agit, mais alors elle devient un don consenti par eux (cf. p. 159).

(5) Si p. ex. un morceau de fer est ouvré par le fils donataire, ou si l'objet donné subit un changement matériel, tel un bétail gras qui devient étique, ou un changement virtuel, tel un esclave dressé qui périrait

que du vivant du père (1) et cesse après la mort [174] de celui-ci, (car) le don fait à un orphelin (2), c.-à-d. à celui qui n'a plus son père, n'est pas révocable.

La prise de possession de ce que le père donne à son enfant mineur est valablement opérée par le père au nom de cet enfant mineur quand le père n'habite pas la maison donnée ou ne porte pas le vêtement donné, et qu'en outre l'objet donné est individualisé (3) ; mais elle n'est pas valable s'il s'agit d'un enfant majeur (et non interdit).

L'auteur d'une aumône ne peut la révoquer, et elle ne peut redevenir sa propriété que par héritage ; mais il n'y a pas de mal à boire du lait provenant de l'animal dont on a fait aumône. L'auteur d'une aumône ne peut non plus la racheter.

Celui qui reçoit un don moyennant contrepartie en rend la valeur ou restitue le don, et, si celui-ci est déna-

---

la notion de son métier. Des choses fongibles sont également regardées comme transformées par leur confusion avec d'autres de même nature, et le don, alors, n'en est plus révocable.

(1) Même le père étant complètement dément. Si d'ailleurs le don maternel est fait p. ex. à titre d'œuvre pie ou à cause de la pauvreté de l'enfant, il est irrévocable.

(2) En parlant de l'enfant, ce mot se dit de celui dont le père est mort ; en parlant des oiseaux, de celui qui n'a plus ni père ni mère ; en parlant des autres animaux, de celui qui n'a plus sa mère.

(3) Le don doit donc porter sur telle maison ainsi composée et sise en tel lieu, et non sur une de ses maisons ; ou, s'il s'agit d'espèces, porter sur un colis scellé et déposé chez un tiers. Le tuteur testamentaire ou datif prend possession, au même titre que le père, au nom de son pupille mineur ou interdit ; et de même la mère quand elle est tutrice testamentaire,

turé (1), est débiteur de sa valeur ; cela, lorsqu'on estime que le donateur a voulu [175] recevoir du donataire une contrepartie (2).

Il est blâmable à un père de donner tout son bien (3) à certains de ses enfants ; mais cela est permis pour une petite partie. Il n'y a pas de mal à donner aux pauvres tout son bien pour se concilier la faveur divine (4). Le bénéficiaire d'un don (5) qui 'n'en a pas pris possession avant la dernière maladie ou la faillite (6) du donateur, ne peut alors en obtenir la délivrance ; mais si c'est le donataire qui vient à mourir, ses héritiers peuvent en réclamer la délivrance au donateur bien portant (7).

Quand quelqu'un immobilise une maison (8), celle-ci est consacrée à l'usage voulu par le constituant (9) si

---

(1) Le mot ـالـ signifie ici que l'objet donné a subi un changement par augmentation ou diminution, mais ne s'entend pas d'une variation dans sa valeur marchande.

(2) Ce sont les circonstances qui permettent de déterminer cette intention. — Toujours d'après les circonstances, on peut estimer que le don est pur et simple, ce à quoi le texte se borne à faire allusion.

(3) Aussi bien que la majeure partie ; mais les enfants désavantagés peuvent accepter la situation si p. ex. ils ne craignent pas que l'entretien du père retombe à leur charge.

(4) Toujours sous la réserve du consentement des enfants.

(5) D'après Djellàb, dont l'opinion est adoptée par le commentateur Aboû'l-Hasan, il s'agit du don autre que celui moyennant contrepartie.

(6) Il faut ajouter « et aussi avant la démence » du donateur.

(7) Dans le cas seulement où le don n'a pas été fait au défunt à titre strictement personnel.

(8) On peut aussi immobiliser des animaux, des meubles, et même de l'argent ou des vivres conservables (blé, etc.), lesquels sont employés en prêts.

(9) Le bénéficiaire, quand il est déterminé, doit accepter et être capable de le faire, mais non quand il est indéterminé (p. ex. les pauvres, la mosquée) ; quand il est mineur ou prodigue, son acceptation n'est pas requise, ou, d'après d'autres, doit être donnée par son tuteur.

toutefois la prise de possession précède la mort de ce
dernier (1). Lorsque le constituant consent le *hobous* au
profit de son enfant mineur (ou de son pupille), il peut
en prendre possession à sa place (2) jusqu'à ce que ce
bénéficiaire soit devenu majeur, mais il faut qu'il le loue
(à un tiers) et ne l'habite pas ; s'il ne renonce pas à
y habiter jusqu'à survenance de sa mort (ou autre empê-
chement), cette (soi-disant) prise de possession est nulle.

S'il y a extinction des bénéficiaires (successifs) du
hobous, celui-ci fait retour comme tel à celui qui se
trouve être, lors de l'extinction, le plus proche parent du
constituant (3).

[176] *Concession viagère.* — La maison dont il est fait
concession viagère redevient propriété du concédant (4)
après la mort de l'usufruitier ; de même que, dans le
cas de concession consentie aux descendants d'un individu
(ou à lui et à ses descendants), lors de l'extinction de
cette descendance (5), au contraire du *hobous*. Si donc le

---

(1) Plus exactement « la mort, la démence, la dernière maladie ou la
faillite » ; en outre il doit être pris acte de l'entrée en jouissance par deux
témoins, ou même par un seul témoin corroboré par un serment. Le libre
accès d'un moulin, par exemple, immobilisé au profit du public équivaut
à la prise de possession.

(2) Il doit néanmoins en faire prendre acte, employer les revenus au
profit de l'incapable et ne pas occuper l'immeuble.

(3) Faute de parents, il sera dépensé au profit des pauvres ; et si cette
éventualité se produit du vivant du constituant devenu pauvre lui-même,
il ne sera pas compté comme tel.

(4) Ou de ses héritiers.

(5) La concession viagère est un acte recommandable qui ne nécessite
pas de formule sacramentelle, et résulte de l'intention des parties. Ses
règles sont celles de la donation. On discute si elle peut porter sur autre
chose que des immeubles bâtis ou non.

concédant d'usufruit meurt ce jour-là, la nu-propriété passe sur la tête de ceux qui sont à ce moment ses héritiers.

Hobous. — Quand, dans le *hobous*, l'un des bénéficiaires (désignés mais non classés) décède, sa part est répartie entre les survivants (1). Les bénéficiaires besogneux sont préférés (2) dans la répartition du logement et des produits du *hobous.* Celui qui a reçu le logement ne le quitte pas pour le céder à un autre ; mais s'il existe quelque stipulation fixée par l'acte constitutif, elle est respectée. L'immeuble hobousé n'est pas mis en vente, même s'il tombe en ruine (3). Le cheval hobousé (4) qui devient enragé est vendu, et le prix en est consacré à acheter un pareil ou à servir à cet achat (5). On diffère d'opinion sur l'échange d'un immeuble hobousé et en ruine contre un autre en bon état (6).

---

(1) Quand le *hobous* est consenti « aux enfants d'un tel et aux enfants de leurs enfants », la répartition des produits se fait entre eux tous, hommes ou femmes, riches ou pauvres, sans que la présence de l'ascendant exclue le descendant. Consenti « aux enfants d'un tel, *puis* aux enfants de leurs enfants », le descendant représente son ascendant décédé.

(2) Ce qu'on explique soit par « avantagés », soit par « passant en premier ».

(3) On admet cependant qu'il peut être vendu pour agrandir une mosquée, un cimetière ou une voie publique.

(4) C.-à-d. destiné à servir de monture à ceux qui poursuivent le *djihâd* ou guerre sainte.

(5) Si ce remploi n'est pas possible, le prix est consacré à l'œuvre de la guerre sainte.

(6) La glose fait cette remarque terminale, que le constituant ou ses héritiers, restant nu-propriétaires, peuvent p. ex. rescinder un bail de l'immeuble hobousé qui serait consenti à un prix inférieur à la valeur réelle.

Nantissement. — Le nantissement est un contrat permis, qui n'est parfait que par l'appréhension du gage. L'attestation des témoins qu'il y a eu appréhension n'a d'effet utile que s'ils ont vu celle-ci se faire (1).

Le créancier gagiste est responsable du gage quand celui-ci est dissimulable (2), mais il ne l'est pas pour le gage non dissimulable (3). Les fruits du palmier [**177**] engagé appartiennent au débiteur, et il en est de même pour le produit des immeubles (4). L'enfant né d'une esclave après la dation en gage de celle-ci, fait partie du gage. Ce qui est la propriété de l'esclave ne fait partie du gage que constitue celui-ci, que moyennant stipulation. La perte d'un gage (dissimulable) déposé chez un tiers homme sûr incombe au débiteur.

Commodat. — Le commodat, vu sa nature, entraîne responsabilité, l'emprunteur étant garant de ce qui peut se dissimuler ; mais il ne l'est pas de ce qui ne peut se dissimuler, p. ex. un esclave ou une monture, à moins qu'il n'y ait faute de sa part.

(1) Quand il s'agit d'un objet mobilier déplaçable.

(2) C.-à-d. consiste en choses qu'on peut facilement faire disparaître, bijoux, vêtements, etc. Cette responsabilité disparait quand la preuve de la perte du gage est faite.

(3) La clause contraire, dans le premier cas, peut-elle être insérée dans le contrat ? La question a été résolue dans les deux sens. En cas de perte ou destruction du gage dissimulable, le créancier prête serment que l'objet est égaré sans qu'il y ait de sa faute, et en outre qu'il ignore où ce gage peut être ; pour le gage non-dissimulable, le créancier jure n'être pas en faute.

(4) C'est l'opinion généralement admise, mais Mâlek a soutenu le contraire. Le créancier peut d'ailleurs stipuler que les fruits et produits seront siens.

Dépôt. — Le dire du dépositaire (1) qui prétend avoir restitué l'objet mis en dépôt fait foi (2), à moins qu'il n'ait été pris acte du dépôt ; mais s'il prétend que l'objet a péri (ou s'est égaré), il est cru en tous cas (3). On a vu que, au contraire, dans le commodat l'emprunteur qui allègue la perte de l'objet dissimulable, n'est pas cru. La faute commise par le dépositaire entraîne sa responsabilité. Dans le dépôt d'une bourse contenant des pièces de monnaie (où le dépositaire a puisé) en les remplaçant par des pièces pareilles, on n'est pas d'accord sur sa responsabilité dans le cas où le dépôt vient ensuite à périr.

[178] Le dépositaire est blâmable de commercer à l'aide de l'objet mis en dépôt, s'il s'agit d'espèces monnayées, mais le bénéfice qu'il en retire lui est acquis. S'il vend le dépôt consistant en un objet mobilier, le déposant peut à son gré prendre le prix de la vente ou la valeur de l'objet estimée au jour de l'abus commis (4).

Épaves. — Celui qui fait une trouvaille en doit faire

---

(1) Le déposant et le dépositaire doivent avoir la même capacité que le mandant et le mandataire.

(2) Moyennant serment, disent les uns ; sans serment d'après d'autres.

(3) C.-à-d. qu'il ait ou non été pris acte du dépôt, que l'objet soit dissimulable ou non.

(4) Si l'objet est encore existant, le déposant peut à son gré réclamer le prix de l'objet ou la rescision de la vente ; s'il n'existe plus ou est dénaturé, il a droit à la somme la plus élevée soit du prix soit de la valeur. Sa présence à la vente impliquerait une adhésion qui ne lui permettrait que de réclamer le prix de vente.

l'annonce pendant un an (1) dans un lieu où il peut espérer
que cela sera utile. Le délai étant écoulé sans que personne
la réclame, il peut à son gré ou la hobouser, ou en faire
aumône (2). Dans ce dernier cas, il en est responsable
vis-à-vis du propriétaire qui viendrait à se présenter (3).
L'inventeur est responsable de l'épave dont il a tiré profit.
Si celle-ci vient à périr soit avant l'expiration de l'année
soit après sans qu'il y ait faute de l'inventeur, celui-ci
n'est pas responsable. Celui qui réclame une bourse en
décrivant celle-ci et le cordon qui la ferme (4) a droit à la
prendre.

On n'a pas à recueillir un chameau égaré dans la
campagne (5), mais on prend et l'on mange un mouton
trouvé dans un désert sans habitations.

Dommages à un tiers. — Celui qui (intentionnellement
ou accidentellement) détruit une chose mobilière (non
fongible) en doit la valeur (6) ; il en doit l'équivalent en
nature (7) pour ce qui se pèse ou se mesure (ou se compte).

_____

(1) Par lui-même ou par autrui, selon sa condition, et dans les endroits
où l'on peut croire que l'épave sera réclamée. Celle-ci doit, pour cela,
avoir quelque valeur, et l'annonce n'en doit pas être précise.

(2) Ou encore se l'approprier.

(3) Il y a à distinguer selon que l'objet a été donné au nom de l'inventeur ou du propriétaire, et s'il existe encore ou a été dénaturé ; voir les
commentaires, ainsi que Khalil.

(4) Ou même une de ces choses, et sans indiquer ce que contient la
bourse. Le serment n'est pas exigé du réclamant ; Achhab en soutient
cependant la nécessité.

(5) Si toutefois il n'y a rien à craindre des fauves ou des voleurs.

(6) Qu'il soit libre ou esclave, qu'il le fasse de son plein gré ou par
contrainte, ou par sa faute.

(7) A verser dans l'endroit où la destruction a eu lieu.

Usurpation. — [179] L'usurpateur (1) est responsable
de ce qu'il a usurpé. S'il restitue l'objet enlevé, tel qu'il
était, il ne doit rien de plus (2) ; mais si l'objet s'est
détérioré pendant qu'il le détenait, le propriétaire peut,
à son gré, le reprendre tel quel (et sans indemnité) ou
rendre l'usurpateur responsable de la valeur (au jour du
délit) (3). Si la détérioration est le fait du délinquant, le
propriétaire est libre aussi de reprendre sa chose avec
indemnité pour la détérioration (4), mais il y a divergence
à ce sujet (5).

Les produits de la chose n'appartiennent pas à l'usurpateur, qui doit rendre ce qu'il en a consommé (6) et
payer l'usage de la chose. Il encourt la peine légale s'il
cohabite avec une esclave ainsi enlevée, et l'enfant qui
naît de ces relations est esclave et appartient au lésé. Le
bénéfice réalisé à l'aide de valeurs usurpées n'est pas
dûment acquis (7) tant qu'elles ne sont pas restituées à

(1) L'usurpation est définie : le fait par un musulman ou un tributaire
de prendre le bien d'autrui par violence et méchamment, mais sans
brigandage.

(2) Mais il encourt un châtiment arbitraire et doit mettre sa conscience
en règle avec la loi divine en se repentant et demandant pardon à Dieu.

(3) On admet qu'il n'y a pas alors à tenir compte de la variation des
cours.

(4) Cette disposition relative à l'indemnité est, pour certains, d'ordre
général, et non spéciale à l'usurpation. Le lésé peut d'ailleurs réclamer
la valeur de sa chose au jour de l'usurpation.

(5) Si la chose a été l'objet d'une amélioration, le lésé peut ou réclamer
la valeur au jour de l'usurpation ou la reprendre en payant l'amélioration.

(6) En en payant la valeur ou sous forme d'équivalent. Certains établis-
sent aussi des distinctions d'après la nature de la chose usurpée et le
mode de jouissance.

(7) En d'autres termes il est répréhensible ou blâmable, *mekroûh.*

12

leur propriétaire. Un disciple de Mâlek (c.-à-d. Achhab) estime que ce bénéfice doit plutôt être consacré à des aumônes. Ces questions sont encore traitées plus loin.

XXXVII

Du talion, de la composition et des peines légales.

[180] Nul n'est mis à mort pour meurtre qu'il n'y ait des témoins honorables, ou aveu, ou, s'il y a lieu (1), serment cinquantenaire. Les parents rétaliateurs (et 'aceb) prêtent cinquante serments (2), à la suite desquels ils revendiquent le sang. En cas de meurtre intentionnel, il faut au moins deux jurants mâles (et 'aceb). Le serment (prononcé contre une troupe d'agresseurs) n'entraîne la mort que d'un seul d'entre eux (3).

Il y a lieu à serment (4) quand la victime affirme (avant

(1) Le meurtrier doit, dans ce cas, être sain d'esprit, pubère, de condition et de religion équivalentes à celles de la victime et n'en être pas le père; les parents qui réclament le talion, ou rétaliateurs, doivent être d'accord sur le meurtre, et être au moins deux pour jurer qu'il a été intentionnel. La femme n'est pas admise à jurer que le meurtre a été intentionnel. L'existence d'une présomption grave est d'ailleurs nécessaire pour rendre le serment cinquantenaire admissible.

(2) A raison d'un par tête s'ils sont au nombre de cinquante; s'ils ne sont p. ex. que deux, ou que deux, sur un plus grand nombre, y consentent, chacun en prêtera vingt-cinq, d'affilée en cas de meurtre accidentel, et alternés un par un en cas de meurtre intentionnel. La formule du serment est donnée dans la glose d''Adewi sur Aboû'l-Hasan, II, p. 200.

(3) C.-à-d. de celui qui a été indiqué dans le serment. D'autres disent que le serment porte sur tout le groupe, où est ensuite choisi celui qui sera mis à mort. Dans les deux opinions, les autres sont battus puis emprisonnés pendant une année.

(4) C.-à-d. que, dans ce cas, est regardé comme soupçon grave autori-

de mourir) que son sang est à la charge d'un tel, ou quand un témoin (mâle, ou deux femmes) affirme le meurtre, ou quand, deux témoins affirmant la blessure (ou le coup), la victime survit quelque temps tout en mangeant et buvant (1). Quand les réclamants (ou l'un d'eux) refusent de jurer, ce sont les défendeurs (2) qui jurent cinquante fois ; mais c'est l'accusé, quand il ne trouve pas de parents pour lui servir de cojurants, qui prête ces cinquante serments.

Si plusieurs personnes étaient accusées de meurtre (3), chacune d'elles prêterait cinquante serments. Cinquante rétaliateurs mâles auront chacun [181] à jurer cinquante fois (4) ; mais quand ils sont en nombre inférieur, les cinquante serments sont répartis entre eux.

La femme n'a pas à jurer dans le cas de meurtre intentionnel (5). Quand le meurtre est accidentel, les héritiers des deux sexes jurent dans la proportion de leur part d'héritage dans le prix du sang ; la division donnant un

sant le serment, le dire de la victime qui, avant de mourir, etc. Il faut qu'il y ait blessure ; on a cependant soutenu aussi que cela n'est même pas nécessaire. Il s'agit du meurtre intentionnel ; mais pour le cas d'accident la question est controversée.

(1) Ces deux dernières conditions ne sont pas indispensables.
(2) C.-à-d. le défendeur proprement dit assisté de ses 'aceb.
(3) Ajoutez : et un ou plusieurs des accusateurs refusant de jurer.
(4) C'est l'opinion d''Abd el-Melik ; mais d'après Ibn el-Kâsim, il suffit que deux des rétaliateurs prêtent les cinquante serments si leurs co-intéressés n'y font pas opposition.
(5) S'il n'y a pas de mâles de son côté, la victime est alors assimilée à celui qui n'a pas d'héritier, et le serment est déféré à l'inculpé.

quotient fractionnaire, le serment fractionné est prêté par l'intéressé qui a la plus forte fraction (1).

Quand il n'y a de présents (2) que certains des héritiers du prix du sang dû pour meurtre accidentel, ils doivent prêter la totalité des cinquante serments, et les absents qui ensuite se présentent ont à prêter des serments en nombre proportionnel à leur part héréditaire.

Ces serments (3) sont prêtés debout, et les jurants appartenant aux districts de la Mekke, de Médine et de Jérusalem (4) sont, pour cet acte, amenés dans ces villes ; ailleurs ils ne sont amenés (à la mosquée ou au lieu révéré) que d'une faible distance en milles (5).

Il n'y a pas lieu à serment cinquantenaire en cas de blessure (6), ni en cas de meurtre d'un esclave (7), non plus que de meurtre d'un adepte de religion révélée (8),

---

(1) Les intéressés étant p. ex. un fils et une fille, comme le premier hérite des deux tiers et la seconde d'un tiers, la division des cinquante serments dans cette proportion donnerait 33 1/3 et 16 2/3 : le fils prêtera 33 serments, et la fille, 17.

(2) Et de même quand les cohéritiers sont mineurs ou déments.

(3) De même d'ailleurs que ceux qui ont trait à des intérêts pécuniaires.

(4) Jusqu'à une distance de dix milles ; mais la question n'est pas tranchée pour le cas où le district s'étend au-delà.

(5) Trois, disent les uns, et dix d'après d'autres.

(6) Cela repose sur une décision du Prophète.

(7) Le talion n'est en effet applicable que s'il y a parité dans la condition du meurtrier et celle de la victime ; la mort d'un esclave ne représente pour son maître qu'une perte pécuniaire.

(8) C'est ainsi qu'est expliqué le texte qui porte « d'un meurtre commis entre adeptes d'une religion révélée ». — Le musulman dûment convaincu du meurtre d'un *Kitâbiy* paie le prix du sang aux ayants-droit, et en outre, quand il a agi de propos délibéré, est puni de cent coups de fouet et d'un an de prison.

ni encore quand une victime est relevée entre deux
groupes alignés (de musulmans respectivement convain-
cus de leur bon droit) (1) ou dans un quartier habité par
un groupement.

Il ne peut être fait remise du meurtre commis pour
voler ; [182] mais la victime d'un meurtre intentionnel
peut la faire (2), à moins (cela vient d'être dit) qu'il n'y ait
eu meurtre pour voler. La remise consentie par la victime
d'un meurtre accidentel est imputable sur le tiers disponible de ses biens.

Quand l'un des fils (3) renonce au talion, il n'y a pas
de mise à mort, et les autres ont droit à leur part dans
la *diya* (4). Le pardon accordé par les filles en opposition
avec les fils est sans valeur (5).

Celui à qui est pardonné un homicide volontaire reçoit
cent coups de fouet et est emprisonné pendant un an.

_____

(1) Ces additions sont imposées par les commentaires.

(2) Pourvu que ce droit lui soit acquis, p. ex. si elle est blessée
mortellement. Mais si quelqu'un donne à un autre le droit de le tuer,
le meurtrier est responsable. Au contraire, celui qui, avec l'autorisation
de l'intéressé, coupe la main à celui-ci ou brûle son vêtement, ne peut
être recherché de ce chef.

(3) Il ne s'agit pas d'un fils seulement, mais aussi d'un quelconque de
ceux des intéressés qui figurent en première ligne, p. ex. d'un de deux
ou plusieurs frères, oncles paternels, etc., s'il n'y a pas de fils.

(4) Les filles au premier degré et les filles ou descendantes des fils
seulement pouvant réclamer le talion, lorsque l'une est disposée au
pardon, en contradiction avec les autres, c'est le prince, quand il est
juste, qui décide entre elles. Ce cas n'est pas exposé par le texte.

(5) Si les filles sont les ayants-droit les plus proches, leur unanimité
est requise pour l'octroi du pardon, ou, à défaut, le consentement de
certaines d'entre elles et d'une partie des parents plus éloignés,

Le prix du sang *diya* à la charge des gens de chameaux(1) consiste en cent de ces animaux, des gens de l'or en mille dinars et des gens de l'argent en douze mille dirhems (2). La *diya* pour meurtre volontaire, lorsqu'il y a lieu de l'accepter (3), consiste en 25 chamelles de quatre ans, 25 de cinq ans, 25 de trois ans et 25 de deux ans ; pour meurtre involontaire, elle est divisée en cinq portions, soit 20 animaux des quatre catégories susdites, **[183]** plus 20 chamelons mâles de deux ans. Elle est seulement aggravée à l'égard du père qui, lançant sur son fils un outil en fer (ou autre chose), vient à le tuer : cela n'en-traîne pas son exécution (4), mais il doit livrer trente chamelles de quatre ans accomplis, trente de trois ans accomplis et quarante pleines (c'est-à-dire) portant des

(1) On entend par là les populations nomades ou scénites أهل البادية والعمود.

(2) Les premiers sont les habitants de l'Egypte, de la Syrie et du Maghreb ; les seconds sont ceux de l'Irâk, du Fârs et du Khorâsân. On peut supposer que l'emploi plus courant de l'un ou de l'autre des deux métaux précieux est l'origine de ces dénominations de *gens de l'or* et *gens de l'argent*, dont je n'ai pas trouvé l'explication dans des textes. Le change du dinar est compté à douze dirhems en matière de *diya*, de vol et de mariage, et à dix en matière de tribut et d'impôt, *djizya* et *zekât*. Cf. Mâwerdi, p. 394.

(3) Soit par suite de l'indulgence des ayants-droit, soit par non-parité des conditions de la victime et du meurtrier. Mais les ayants-droit peuvent-ils à leur gré réclamer le talion ou la diya ? Cela est discuté.

(4) Parce que ce meurtre n'a pas été intentionnel ; mais s'il l'est, le père doit être exécuté, d'après l'opinion générale. Achhab est cependant d'avis contraire et s'appuie sur l'opinion d'Aboû Hanîfa et de Châfe'i, d'après lesquels celui qui a donné la vie ne peut la perdre à cause de celui qui l'a reçue de lui. — La mère ou l'aïeul sont, dans ce cas, assimilés au père.

petits. Certains mettent ce versement à la charge de ses contribules ةلقاع, et d'autres l'imputent sur ses biens personnels.

La composition qu'entraîne le meurtre d'une femme (musulmane et libre) est de moitié de celle de l'homme. Il en est de même pour les chrétiens et les juifs, et celle de leurs femmes est de moitié. Pour le païen (et l'apostat), elle est (du quinzième, ou) de 800 dirhems (1), et pour la femme païenne, de moitié de ce chiffre ; de même que, en cas de blessure, la composition est la moitié de celle due pour blessure du païen.

Pour la section des deux mains, la composition (intégrale) est due (2), de même que pour celle des deux pieds et pour l'énucléation ou destruction des deux yeux ; elle est de moitié pour l'un de ces membres ou organes. Elle est intégrale pour la section du bout du nez, pour la production de la surdité (des deux oreilles), pour avoir fait perdre la raison, pour blessures aux reins (empêchant la position debout ou assise), pour (section ou broiement) des deux testicules, [184] du gland, de la langue ou d'une partie de celle-ci suffisant à enlever l'usage de la parole ; pour la langue du muet, il y a appréciation judiciaire (3). La composition entière est due encore pour la

---

(1) Et proportionnellement pour les deux autres catégories, les *gens de l'or* et les nomades.

(2) Quand il n'y a pas lieu à l'application du talion.

(3) C'est-à-dire que le muet mutilé étant p. ex. estimé dix en le considérant comme un esclave sain, et estimé neuf à la suite de la mutilation, c'est le dixième de la *diya* qui doit être versé.

section des seins de la femme (1) ou pour la destruction
de l'œil restant au borgne.

Elle est de cinq chameaux pour la blessure dénudante
du crâne et le bris d'une dent ; de dix chameaux pour
chacun des doigts, de trois et un tiers pour une phalange,
mais de cinq pour chaque phalange du pouce.

Elle est des trois vingtièmes de la *diya* intégrale pour
la blessure fracturant l'os منقّلة. La blessure dénudante du
crâne موضّحة est celle qui met à nu l'os (de la tête, du front
ou des joues), la blessure fracturante منقّلة est celle qui,
sans atteindre le cerveau, provoque des esquilles. La blessure pénétrante (du crâne ou du front) مأمومة n'atteint pas
l'enveloppe du cerveau ; elle entraîne le versement du
tiers de la composition intégrale, et il en est de même
de la blessure pénétrante abdominale جائفة. Pour les blessures moins graves que la dénudante موضّحة, il ne reste
que l'appréciation du juge, et il en est de même pour les
blessures des autres parties du corps.

La composition pour blessure n'est versée qu'après
guérison (2). Quand une blessure autre que la pénétrante
du crâne (ou de l'abdomen) guérit sans laisser d'infirmité,
[185] elle reste sans conséquence (3).

---

(1) La simple section des tetons entraînera la même conséquence quand
la production du lait est empêchée par cette mutilation. Quand la victime
est une fillette, un délai est consenti à l'effet de s'assurer que les parties
enlevées ne se reconstituent pas.

(2) Car ce n'est qu'alors que le montant en peut être connu.

(3) C'est-à-dire n'entraîne ni talion ni châtiment arbitraire ni paiement
des frais médicaux, au contraire de celle qui entraîne infirmité ou incommodité.

Quand les blessures sont faites intentionnellement, elles entraînent le talion ; mais quand elles sont de nature à être le plus souvent mortelles, telles que les blessures pénétrantes du crâne ou de l'abdomen, ou la blessure fracturante du crâne, ou la fracture soit de la cuisse soit de l'épine dorsale, ou le broiement des testicules, et autres semblables, il y a lieu à *diya*.

Les contribules (1) n'ont pas à supporter la *diya* due pour meurtre volontaire ni les suites de l'aveu qui est fait de celui-ci ; pour blessures involontaires, ils supportent une part correspondant au tiers (2) ou davantage, et ce qui est inférieur au tiers est à la charge des biens du délinquant. Quant aux blessures pénétrantes du crâne et de l'abdomen quand elles sont faites intentionnellement, Mâlek en impose le prix aux contribules (3), mais il dit aussi qu'elles grèvent les biens du délinquant pourvu qu'il ne soit pas indigent, parce qu'elles ne sont pas susceptibles de talion. De même (les contribules sont responsables) pour les autres blessures non-susceptibles du talion parce que l'application en pourrait être mor-

---

(1) *'Akila*, c.-à-d. les *'aceb* libres et doués de raison remontant à un même ancêtre et formant un total de sept cents, ou même de mille. Voir aussi Khalil, p. 205, l. 23, et la note de Seignette, p. 707 de sa traduction.

(2) C.-à-d. au tiers de la *diya* revenant au lésé, ou, d'après d'autres, de la *diya* incombant au délinquant (Aboû'l-Hasan). — Le texte ne parle que des *blessures* involontaires ; mais il en est de même en cas de mort donnée accidentellement (Chernoubi, 185, l. 13 ; Desouki sur Derdir, IV, 358, l. 12).

(3) En les exceptant ainsi de la règle relative aux autres blessures quand elles sont faites intentionnellement. C'est cette première opinion qui est généralement suivie.

telle, et atteignant le tiers de la *diya*. Mais ils ne le sont pas quand quelqu'un se tue volontairement ou acciden-tellement.

La *diya* payée à la femme est la même que celle de l'homme jusqu'au tiers de cette dernière ; au-delà, elle est réduite au tarif propre à la femme (1).

[186] Quand il y a meurtre d'un homme (ou d'une femme) commis par plusieurs individus (groupés à cet effet), cela entraine leur mise à mort à tous. Celui qui tue étant ivre est mis à mort. S'il y a meurtre commis par un dément, ses contribules doivent le prix du sang (2). L'enfant meurtrier volontaire (échappe au talion) et est traité comme meurtrier involontaire : la somme à payer est à la charge de ses contribules si elle représente le tiers de la *diya* ou davantage, et imputée sur ses propres biens si elle est inférieure. La femme meurtrière d'un homme est mise à mort, et réciproquement (3). Les blessures de l'un à l'autre sexe sont punies du talion. Le (musulman) libre n'encourt pas le talion pour le

---

(1) Ce tarif est moitié de celui de l'homme ; en conséquence l'amputation de trois doigts vaudra à la musulmane trente chameaux, mais l'amputa-tion de quatre doigts représentant quarante chameaux, c.-à-d. au-delà du tiers indiqué, la *diya* sera réduite à vingt, moitié de celle qui est due à l'homme. Cette conséquence bizarre est unanimement reconnue par les Malekites ; de même Khalil, p. 205, l. 18.

(2) Pour le tiers ; voir plus bas. Mais si le dément tue dans un intervalle de lucidité il encourt la mort, peine dont l'exécution est cependant retardée jusqu'à ce qu'il recouvre de nouveau la raison.

(3) Cette réciproque n'est pas unanimement admise, car on discute si le Koran, S, V, 49, abroge la règle édictée dans S, II, 173.

meurtre d'un esclave (1), au contraire du cas inverse (2).
Le musulman (soit libre, soit esclave) n'est pas soumis
au talion pour le meurtre d'un infidèle, au contraire du
cas inverse.

Pour les blessures, il n'y a pas de talion d'homme
libre à esclave, ni de musulman à infidèle (3).

Celui qui pousse, celui qui mène ou celui qui monte
une bête sont responsables de ce que celle-ci écrase ;
mais ce qu'elle fait en dehors de leur intervention ou
quand elle est arrêtée et sans qu'elle soit provoquée,
n'entraîne aucune conséquence. De même pour celui qui
vient à périr, sans que ce soit le fait de personne, dans
un puits ou une mine.

La *diya* mise à la charge des contribules est, quand
elle est intégrale, payable par tiers en trois ans (4) ;
quand elle est du tiers, [**187**] le paiement a lieu en une
année, et, quand elle est de moitié, en deux (5). Elle est

(1) Que cet esclave, intégral ou incomplet, lui appartienne ou non. Il y
a lieu à talion en cas de *ghila* ou meurtre commis pour voler.

(2) L'esclave meurtrier volontaire d'un esclave est mis à mort ; s'il est
meurtrier involontaire, il est personnellement responsable du dommage,
mais son maître peut ou payer ou consentir l'abandon noxal du coupable.

(3) Dans les deux hypothèses en effet la parité des conditions n'existe
pas. Il y aura donc lieu au versement de la *diya* dans la proportion fixée
pour les quatre blessures principales, ou, dans les autres cas, dans la
mesure du dommage subi.

(4) Cela s'applique à la *diya* intégrale ; quand elle est du tiers, elle se
paie au bout d'une année, qui commence à courir au jour du jugement ;
quand elle est de moitié, elle se paie en deux années. C'est ainsi qu'il
faut entendre le passage du texte qui suit immédiatement.

(5) Rigoureusement, il faudrait dire « en un an et demi » ; mais c'est
là une application de la doctrine qui échelonne les versements successifs
des contribules, pour la *diya* intégrale, sur une période, non de trois,
mais de quatre années.

transmissible par succession et partagée d'après les règles des parts successorales.

Pour avortement provoqué d'une femme libre, la *diya* consiste en un jeune esclave de l'un ou de l'autre sexe estimé 50 dinars ou 600 dirhems. Cet esclave est transmissible par succession (et partageable) d'après les règles koraniques.

Le meurtrier intentionnel n'hérite ni des biens ni de la *diya* (de sa victime) ; le meurtrier involontaire hérite des biens, mais non de la *diya* (1).

L'avortement provoqué de l'esclave grosse de son maître (quand celui-ci est libre) est assimilé à l'avortement de la femme libre. Si elle est grosse d'un autre (2), la *diya* est du dixième de la valeur de la mère.

Le (musulman libre) meurtrier d'un esclave en doit la valeur (3).

Le meurtre d'un seul individu (libre, esclave ou tributaire) commis pour voler ou par brigandage (4) entraîne

---

(1) Exemple : une mère et trois frères, dont l'un est tué accidentellement par l'un des deux autres ; la mère hérite du tiers de la *diya*, pour laquelle elle n'est en concurrence qu'avec un frère ; elle n'hérite que du sixième des biens de la victime, car le meurtrier concourt avec le frère survivant dans l'héritage du défunt.

(2) C.-à-d. d'un époux libre ou esclave, ou si la grossesse résulte de relations illicites.

(3) Si le meurtrier est lui-même esclave, le talion lui est infligé. Si le meurtre a le vol pour mobile ou est commis par un brigand, il est puni de mort par application de la loi pénale.

(4) Le brigandage ‫الحرابة‬ est l'expression générale dont le meurtre commis pour voler ‫السرقة‬ est un cas particulier.

la mort de ses divers auteurs, même si certains d'entre
eux seulement l'ont commis (1).

L'expiation religieuse d'un meurtre involontaire est
canoniquement obligatoire et consiste dans l'affranchissement d'un esclave croyant, ou, si cela ne se peut, dans
un jeûne de deux mois consécutifs. Elle est ordonnée
[188] (à titre méritoire) au meurtrier volontaire qui
reçoit son pardon, et cela vaut mieux pour lui.

Le *sindik* est mis à mort sans être admis à se rétracter :
ce mot désigne celui qui cache son incrédulité tout en
professant l'islâm (2). De même le sorcier qui pratique
la magie par lui-même (3) est mis à mort et n'est pas
admis à se rétracter. Est encore mis à mort le renégat à
moins qu'il ne se rétracte, ce pour quoi on lui donne un
délai de trois jours ; il en est de même pour la réné-
gate (4). A celui qui, sans être renégat et tout en recon-
naissant l'obligation canonique de la prière, dit qu'il ne
prie ou ne priera pas, un délai est accordé jusqu'à ce
que soit (presque) passé le moment de la prière qu'il y a

(1) En dehors du cas de brigandage, les auteurs multiples d'un meurtre
unique ne sont punis de mort que quand ils se sont entendus d'avance
et qu'ils y ont tous participé.

(2) *Zindik* correspond, en droit, au *monáfik* de l'époque du Prophète ;
Khalil (203, l. 20) emploie dans ce sens le mot *mostasirr*.

(3) Ce qui exclut le sorcier non-praticien et le client du sorcier. — La
mort est, dans ces deux cas, appliquée à titre de peine écrite (حد), de
sorte que la succession des coupables passe à leurs héritiers, ce qui est
cependant discuté en ce qui concerne le *zindik* (Aboû'l-Hasan, II, 226, l. 1).

(4) Sauf le délai nécessaire si elle est enceinte ou nourrice ou qu'il
puisse y avoir soupçon de grossesse.

lieu de faire ; si alors il ne prie pas, il est mis à mort (par le glaive) (1).

La *zekât* est prélevée de force sur celui qui se refuse à la verser (2).

Pour la négligence à accomplir le pèlerinage, c'est Allâh qui en tient compte. Celui qui néglige la prière en en niant le caractère obligatoire est traité comme le renégat : il est sommé pendant trois jours de se rétracter, et s'il ne le fait pas, il est mis à mort (3). Celui qui injurie l'Envoyé d'Allâh (4) encourt la mort à titre de peine légale et sans qu'il soit admis à se rétracter. Mais le tributaire qui lance contre l'Apôtre [189] une injure autre que celle qu'implique sa mécréance, et de même à l'égard d'Allâh, encourt la mort, à moins qu'il ne se fasse musulman.

L'héritage du renégat échoit à la communauté musulmane (5).

Il n'y a pas de pardon pour le brigand une fois pris. Quand il est coupable de meurtre (même sur un esclave

---

(1) A titre de peine écrite, d'où la conséquence signalée dans la note 3, p. 189. Les menaces et les coups sont d'ailleurs les préliminaires obligés de la décapitation.

(2) L'imâm peut en conséquence le combattre au besoin, et il n'est pas comptable de la mort possible du rebelle.

(3) A titre d'infidèle, et partant il n'est pas honoré des dernières prières et n'est pas enterré en cimetière musulman, tandis que, d'autre part, ses biens sont recueillis par le *beyt el-mâl*.

(4) Il en est de même s'il s'agit d'un autre prophète ou d'un ange.

(5) S'il est libre ; mais s'il est esclave, c'est son maître qui hérite.

ou un infidèle), il est nécessairement mis à mort (1). S'il n'a pas commis de meurtre, l'imâm apprécie au plus juste l'importance de sa faute et la durée de sa vie criminelle, et alors il le fait exécuter, ou exécuter après crucifixion (2), ou lui fait couper les membres alternés, ou l'exile dans un pays où il est emprisonné jusqu'à ce qu'il s'amende. S'il n'est pas pris mais que, venant à résipiscence, il se rende, il échappe à tout châtiment qui constitue un droit divin, mais reste débiteur de ce qu'il doit aux hommes en fait de sang versé et d'argent. Chacun des malfaiteurs (3) est tenu solidairement de tout ce qu'ils ont enlevé en commun.

En cas de brigandage et de meurtre commis pour voler, la mort d'une seule victime, même étant l'œuvre d'un seul, entraîne l'exécution de toute la bande (4). Le musulman qui tue un tributaire (ou un esclave) par brigandage ou pour voler encourt la mort (5).

Tout (musulman de l'un ou l'autre sexe) libre et *mohçan*

---

(1) C'est une règle d'ordre public à laquelle on peut cependant déroger par crainte d'un mal plus grand, p. ex. à l'égard des nomades d'Ifrikiyya qui, pour venger la mort d'un seul des leurs, massacrent de nombreux individus et pillent toute une région.

(2) Le Koran (V, 37) fait de la crucifixion une peine sui generis ; c'est la Sonna qui y ajoute la mort par le glaive ou par la lance. Le patient ne doit pas être attaché la tête en bas. Ce châtiment n'est pas infligé à la femme. Ni la femme ni l'esclave ne sont sujets au bannissement.

(3) Sans distinguer s'il est capturé ou s'il se rend volontairement. S'il s'agit de simples voleurs, on discute s'ils sont ou non solidaires.

(4) C'est une répétition de ce qu'on a vu plus haut.

(5) A moins qu'il ne vienne à résipiscence avant d'être capturé, d'après l'opinion la plus plausible.

qui se rend coupable de fornication, *zinâ* (1), est lapidé
jusqu'à ce que mort s'ensuive. Est *mohçan* celui qui, uni
à une femme par un mariage valide, [190] a eu avec elle
des relations valides (2). S'il n'est pas *mohçan*, il reçoit
cent coups de fouet, après quoi l'imâm l'exile dans un
autre pays (3) où il est emprisonné un an. L'esclave mâle
fornicateur reçoit cinquante coups de fouet, et de même
l'esclave femme, même s'ils sont mariés, mais ils ne sont
pas exilés. L'exil ne frappe pas non plus la femme (libre
fornicatrice).

Le coupable n'encourt la peine édictée que par suite de
son aveu, ou d'une grossesse manifeste (et injustifiée), ou
du témoignage de quatre hommes libres, pubères et
honorables déclarant avoir vu le fait aussi nettement que
le style dans le pot à collyre ; ils témoignent simultanément, et si l'un d'eux ne parfait pas la description, les
trois autres qui l'ont parfaite encourent la peine (réservée
à l'imputation calomnieuse).

L'impubère n'encourt pas la peine légale (4). Elle est

---

(1) Le *zinâ* est l'acte sexuel consommé sciemment par un musulman
majeur et conscient et en se servant pour cela des parties sexuelles d'un
être humain sur qui, de l'accord unanime des juristes, il n'a pas de droit
légal.

(2) Dix conditions constituent l'*ihçân* : majorité, raison, qualités
d'homme (ou de femme) libre et musulman, consommation valide, non
contestée et avec érection, d'un mariage valide et obligatoire. L'un des
conjoints peut donc rendre l'autre *mohçan* sans le devenir lui-même.

(3) A trois journées de marche, ou même à deux seulement.

(4) Il ne recevra qu'une correction familiale. L'un des deux participants
étant pubère, la peine légale lui est infligée s'il est actif et que l'autre
soit en état de supporter les relations sexuelles ; s'il est passif, il subit
une peine arbitraire, *ta'zir*.

encourue par celui qui cohabite avec l'esclave de son
père (1) ; elle ne l'est pas si le père cohabite avec l'esclave
de son fils (ou descendant), mais celle-ci, même n'ayant
pas conçu, est estimée à la charge du père (2).

Le copropriétaire d'une esclave qui cohabite avec elle (3)
encourt une peine arbitraire, et est garant, s'il est solvable,
de la valeur de cette femme (4). Au cas où elle ne conçoit
point, l'autre cointéressé peut à son gré soit persister dans
son droit (sans indemnité), soit la faire estimer [191] à
la charge du délinquant.

Quand une femme (non-mariée ni esclave) se trouve
enceinte et dit avoir été violée, elle n'est pas crue et·
encourt la peine légale, sauf si des témoins déclarent
qu'elle a été enlevée et s'est trouvée seule avec le ravisseur,
ou si elle vient se plaindre lors du forfait, ou si elle revient
ensanglantée.

Le chrétien (5) qui enlève la musulmane pour forniquer·
est mis à mort.

---

(1) D'autres soutiennent le contraire.

(2) En d'autres termes, il devient débiteur de son fils pour la valeur de
cette esclave, qui devra subir l'*istibrâ* au cas où le père voudrait continuer
ses relations avec elle ; elle deviendrait d'ailleurs prohibée pour le père
aussi bien que pour le fils si celui-ci avait antérieurement cohabité avec
elle.

(3) Même avec le consentement de son co-intéressé. Cela s'entend du
cas où elle conçoit.

(4) C.-à-d. pour la part de son co-intéressé. Cette valeur est calculée
soit au jour de la conception, soit au jour où ont commencé les relations,
soit au jour du jugement, car on n'est pas d'accord sur cette date.

(5) Et de même le juif ou l'étranger autorisé à résidence. Son forfait
doit être prouvé par quatre témoins qui ont vu « le style dans le pot à·

Le musulman qui rétracte son aveu de fornication reçoit son pardon et n'est pas inquiété.

C'est le maître qui applique à son esclave de l'un ou l'autre sexe la peine de la fornication lorsque la grossesse se manifeste, ou que quatre témoins (1) parmi lesquels lui-même ne figure pas viennent déposer, ou qu'il y a aveu du coupable (2). Mais cette application appartient au prince si l'esclave femme est mariée à un homme libre ou à un esclave appartenant à un autre maître (3).

Quiconque (4) commet le méfait du peuple de Loth sur un mâle majeur et consentant, est lapidé avec son complice, sans distinguer s'ils sont *mohçan* ou non.

L'homme libre (5) coupable d'imputation calomnieuse (6) est légalement passible de quatre-vingts coups de fouet, réduits à quarante pour l'esclave, lequel en reçoit cin-

collyre ». La musulmane consentante est punie comme fornicatrice, mais son complice non-musulman n'est pas mis à mort, il n'est que châtié sévèrement.

(1) Ces témoins doivent réunir les conditions requises et déposer dans les termes indiqués dans la note précédente.

(2) C'est le maître encore qui applique à son esclave la peine édictée dans les cas de boisson ou d'imputation injurieuse, mais non de vol.

(3) La même règle s'applique dans les cas inverses, quand c'est un esclave mâle qui s'est rendu coupable de fornication.

(4) Ce qui s'applique à l'homme libre, à l'esclave et à l'infidèle.

(5) Il doit être majeur et doué de raison, sans qu'il y ait à rechercher s'il est musulman ou infidèle ou ivre. La victime doit être douée de raison, majeure, musulmane, libre, innocente de l'acte de fornication imputé et n'être pas privée de l'organe nécessaire à cet effet ; mais les troisième et quatrième conditions suffisent quand sa filiation seulement est déniée.

(6) En droit, l'imputation calomnieuse قذف s'entend de l'accusation de fornication ou de pédérastie, et de la dénégation de filiation légitime.

quante, [192] (on l'a vu), pour fornication. L'infidèle (libre et) coupable de la même faute en reçoit aussi quatre-vingts. Il n'y a pas de peine légale infligée au diffamateur de l'esclave ou de l'infidèle.

La peine est applicable à celui qui accuse de fornication une fillette dont les pareilles peuvent avoir des relations sexuelles, mais non s'il accuse un jeune garçon (1). La peine légale ne frappe l'impubère ni pour l'imputation calomnieuse ni pour l'acte sexuel.

Elle frappe quiconque (2) nie, même par allusion, la filiation paternelle d'un individu, ou qui le traite de pédéraste. L'imputation calomnieuse adressée à une collectivité ne vaut à son auteur qu'une seule application de la peine, rien de plus, sur réquisition d'un de ceux dont elle se compose.

Celui qui, à plusieurs reprises, absorbe du vin ou fornique, n'encourt qu'une seule peine pour chacun de ces genres de délit, et il en est de même pour celui qui injurie une collectivité (3).

A l'égard de celui qui a encouru plusieurs peines parmi lesquelles la mort, il suffit d'appliquer cette dernière, sauf quand l'imputation calomnieuse est un de ces délits,

---

(1) A moins que celui-ci, étant مراهق ou quasi-pubère, ne soit accusé d'avoir joué le rôle passif.

(2) C.-à-d. tout auteur doué de raison et majeur, tant le musulman que l'infidèle, l'esclave que l'homme libre.

(3) C.-à-d. qui répète à chacun de ses membres l'injure d'abord adressée collectivement. A l'aide de cette explication on différencie le cas visé de celui dont il vient d'être parlé.

car alors il subit la peine réservée à celle-ci avant d'être mis à mort.

Celui qui absorbe (1) soit du vin soit du *nebîd* enivrant (2) est passible, qu'il se soit ou non enivré, de quatre-vingts coups de fouet, [**193**] mais non d'emprisonnement.

Pour l'exécution de la peine, le coupable est entièrement mis à nu (3), mais la femme n'est dépouillée que de ce qui la protégerait contre les coups ; on les assied pour les frapper. La femme enceinte ne subit pas de peine avant d'avoir accouché, non plus qu'un individu gravement malade avant d'être revenu à la santé.

L'individu coupable de bestialité n'est pas mis à mort, mais doit être châtié (4).

Celui qui vole un quart de dinar d'or ou la valeur, estimée au jour du vol, de trois dirhems en marchandises, ou le poids de trois dirhems d'argent pur, encourt l'amputation (5) lorsqu'il tire l'objet du lieu où celui-ci

---

(1) La peine édictée frappe même le musulman qui ignorerait la prohibition dont il s'agit, à cause des excès déplorables, débauche, meurtre, etc., auxquels pousse l'ivresse. — Quant à l'usage du hachich, trois opinions sont émises : application de la peine légale, ou d'une peine arbitraire, ou de la première si le hachich est torréfié et de la seconde s'il ne l'est pas. Cf. le chap. XXXIX.

(2) Boisson provenant de la fermentation dans l'eau de dattes, raisins secs, miel, etc., jusqu'au degré nécessaire pour produire l'ivresse.

(3) Moins les parties naturelles.

(4) Cette décision s'appuie sur un hadith ; il est vrai qu'il en existe un autre d'après lequel le coupable aussi bien que l'animal dont il s'est servi encourent la mort, mais il est regardé comme non-fondé ضعيف.

(5) Le voleur doit être doué de raison, majeur, n'être ni la propriété du volé, ni son ascendant, ni contraint soit par autrui soit par la faim p. ex. ; le fils qui vole son père tombe donc sous le coup de la loi, bien que

est en sûreté. La filouterie (1) n'entraîne pas cette peine, qui consiste dans la section de la main (droite) du coupable, homme, femme ou esclave ; pour un second vol, du pied gauche ; pour un troisième, de la main gauche, et pour un quatrième, du pied droit (2). Un cinquième vol entraîne le fouet et la prison.

L'aveu du vol (3) entraîne l'amputation ; la rétractation provoque la remise de la peine, mais le délinquant reste débiteur de (la chose volée ou de) sa valeur, s'il l'a encore, ou, à défaut, est poursuivi sur ses biens.

L'amputation n'est applicable à celui qui vole un objet dans son lieu de sûreté que quand il l'a sorti [**194**] de celui-ci ; et de même il faut pour cela que le voleur ait sorti le linceul du tombeau (4). Elle ne frappe pas celui qui dérobe un objet dans une demeure dont l'accès lui est permis (5), non plus que le filou, *mokhtalis* (6).

---

l'inverse ne soit pas vrai. Quant à l'objet volé, il doit être utilisable au sens légal du mot, avoir le minimum de valeur indiqué, être la pleine propriété du volé, être dans le commerce مُتَقَوِّم, et être tiré du lieu où il est en sûreté حِرز ; ce dernier varie selon les personnes, les lieux, les choses et les circonstances.

(1) C'est le fait d'enlever un objet ouvertement en profitant de la négligence de l'intéressé.

(2) On n'est pas d'accord, quand le voleur est gaucher, si le premier vol entraîne l'amputation de la main gauche ou de la droite.

(3) Il ne faut pas, bien entendu, que cet aveu soit le résultat de la contrainte.

(4) Le tombeau est, en d'autres termes, considéré comme le *ḥirz* du linceul, au même titre que le serait la mer si un cadavre enseveli y est immergé.

(5) Mais encourra l'amputation celui des époux qui vole à l'autre un objet contenu dans un lieu fermé et dont l'accès lui est interdit.

(6) C'est la répétition de ce qui a été dit plus haut.

L'esclave est engagé par son aveu lorsque celui-ci entraîne sur sa personne physique une peine écrite ou l'amputation, mais non quand il porte sur ses obligations personnelles (1).

Il n'y a pas amputation pour vol de fruits encore pendants, ou de palmite sur le palmier, ou de bétail au pâturage ; il en est autrement si les bêtes sont dans l'enclos où elles passent la nuit ou si les fruits sont sur l'aire.

Il n'est pas admis d'intercession lorsque, dans les affaires de vol et de fornication (2), le coupable est devant l'imâm ; cela est contesté en fait d'imputation calomnieuse (3). Celui qui vole dans la manche (4) d'autrui encourt l'amputation ; et de même pour le vol commis au détriment des greniers publics et du Trésor public. De même encore pour le vol commis au détriment du butin fait sur l'ennemi ; mais on a dit aussi qu'il faut pour cela que le coupable ait volé la valeur de trois dirhems au-delà de ce qui lui revient.

Le voleur est, en cas d'amputation, poursuivi pour la valeur de ce qui, pendant qu'il était dans l'aisance, a disparu de la chose volée ; il ne l'est pas pour ce qui a

---

(1) Litt. sur son cou, c.-à-d. qui pourront éventuellement être poursuivies contre lui, et provoquer p. ex. l'abandon noxal.

(2) Non plus que dans le cas d'absorption de boisson défendue.

(3) Mâlek a une fois admis la possibilité du pardon en admettant qu'il s'agit là d'un droit compétant à l'individu, et l'a une autre fois rejetée en envisageant ce fait comme étant d'ordre public. On est unanime à reconnaître que la victime peut étouffer l'affaire par crainte du scandale.

(4) De même la poche, le turban, etc., parce que l'homme est considéré comme étant le *ḥirz* ou lieu de sûreté de ce qu'il a sur lui.

disparu pendant qu'il était dans l'indigence (1). Même indigent, il est poursuivi pour la valeur de l'objet dans les cas où il n'y a pas amputation.

XXXVIII

[195] DES JUGEMENTS ET DES TÉMOIGNAGES.

La preuve incombe à celui qui émet une allégation et le serment à celui qui nie (2). Mais il n'y a pas lieu à serment tant que n'est pas constante l'existence ou de rapports d'affaires entre les parties ou d'une présomption (3). C'est ainsi que jugeaient les chefs des Médinois (4) ; et d'ailleurs 'Omar ben 'Abd el-'Aziz a dit : « Des décisions (nouvelles) surgissent pour les hommes dans la mesure où ils commettent des fautes nouvelles ». Quand le défenseur décline le serment, il n'est jugé en faveur du demandeur

(1) La chose elle-même est, si elle existe encore, reprise par le volé. *Disparu* s'entend d'une disparition proprement dite ou d'une transformation ou dénaturation.

(2) Dans le cas seulement où la preuve d'une allégation peut être faite par un seul témoin dont le dire est corroboré par le serment du demandeur, mais non quand la preuve ne peut résulter que du dire conforme de deux témoins, comme dans les cas de répudiation, d'affranchissement et de mariage.

(3) Dans l'usage actuel, on ne requiert plus l'une ou l'autre de ces circonstances, dont la seconde s'entend du voleur ou du possesseur par violence. D'ailleurs Khalil énumère plusieurs cas où le demandeur n'a pas à établir l'existence de relations d'affaires entre lui et le défendeur (texte, 191, l. 11 ; trad. Seignette, p. 446, n° 1446).

(4) C.-à-d. les premiers khalifes, tels qu'Ali. 'Omar ben 'Abd el-'Aziz, etc. Cela se rapporte à la phrase précédente, qui ne fait que spécialiser les mots « la preuve incombe, etc. », lesquels sont un hadith.

qu'après que celui-ci a fait sous serment connaître exactement ce qu'il réclame (1).

La formule du serment est « par Allâh en dehors de qui il n'est point d'autre divinité » (2). Le jurant le prête debout et auprès de la chaire du Prophète quand il s'agit de la valeur d'un quart de dinar ou davantage (3), ou, si c'est en dehors de Médine, dans la mosquée principale de l'endroit et dans la portion de celle-ci qu'il vénère le plus (4). Quand il est infidèle, il jure par Allâh (5) dans l'endroit qu'il vénère (6).

Lorsque, après la prestation de serment par le défendeur, [196] le demandeur découvre des témoins dont il n'avait pas connaissance, il est jugé en sa faveur sur la déposition de ceux-ci (7). Mais s'il les connaissait, leur production n'est pas admise ; une autre opinion dit cependant qu'elle est admise.

---

(1) Dans le cas de revendication d'un droit ou d'une chose à laquelle il a droit دعوى تحقيق ; mais en cas de vol, دعوى اتهام ou تُهمة بهمين, le refus du défendeur de prêter serment suffit à le constituer débiteur, et il n'est pas admis à référer le serment.

(2) La formule est générale et imposée aussi bien aux juifs et aux chrétiens qu'aux musulmans.

(3) C'est là la forme solennisée du serment, regardée ordinairement comme canoniquement obligatoire dans le cas indiqué.

(4) C.-à-d. dans le *mihrâb*.

(5) L'opinion la plus générale est qu'il y faut ajouter « en dehors de qui, etc. » ; voir n. 2.

(6) L'église pour le chrétien, la synagogue pour le juif, le pyrée pour le mage.

(7) Mais il faut que le demandeur jure qu'il ne les connaissait pas. D'autre part le défendeur peut, avant de jurer, exiger que le demandeur ne fera pas état des témoins qu'il ne connait pas. Le serment est déféré au demandeur en présence du défendeur ; mais le juge peut, préalablement, recueillir les dépositions des témoins hors de la présence du défendeur.

Les questions relatives aux biens (1) sont tranchées par la déposition d'un témoin corroborée par un serment (du demandeur), mais il n'en est pas ainsi pour le mariage, la répudiation et les peines écrites, non plus que dans le cas de blessures volontaires (2) ou de meurtre. Dans ce dernier cas, il peut n'y avoir qu'un témoin avec serment cinquantenaire. Il a été dit aussi que la preuve résulte d'un seul témoin avec serment dans le cas de blessures (volontaires et involontaires) (3).

Le témoignage des femmes n'est admis qu'en ce qui a trait aux biens ; cent d'entre elles ne valent pas plus que deux, lesquelles équivalent à un homme, et leur témoignage, ajouté soit à celui d'un homme soit à un serment, fait preuve dans les cas que tranche la déposition d'un témoin corroborée par un serment.

Est licite (et valable) le témoignage de deux femmes seulement (4) pour les faits d'accouchement, de vagissement et autres semblables (5) que les hommes ne connaissent pas (6).

(1) Comme aussi celles qui s'y rattachent, p. ex. s'il y a contestation sur le point de savoir si une vente est faite ferme ou à option.

(2) Les blessures involontaires, se résolvant par une indemnité pécuniaire, peuvent être prouvées par un témoin et un serment.

(3) C'est cette dernière opinion, énoncée antérieurement, qui est la plus suivie, et l'auteur eût mieux fait de l'exprimer en premier lieu.

(4) C.-à-d. sans qu'il y ait de témoins mâles, mais les femmes peuvent être plus de deux.

(5) Pour les cas de maladie des parties secrètes et de menstruation, la femme libre est crue sur parole, et il n'y a lieu à intervention de témoins femmes que pour les esclaves.

(6) Ce qui a trait aux témoins dans le cas de fornication a été exposé plus haut.

N'est pas admis le témoignage d'un adversaire (contre
sa partie adverse) (1) ni d'un individu suspect (2), mais
seulement celui de l'honnête homme (3). Est de même
inadmissible le témoignage de celui qui a encouru une
peine écrite, de l'esclave, de l'enfant [197] et de l'infidèle.
Cependant le témoignage du condamné à une peine écrite
pour fornication (par exemple), est, après qu'il est venu à
résipiscence, admissible, sauf dans une affaire du genre
de celle pour laquelle il a encouru une peine (4).

N'est pas admissible le témoignage du fils pour ses
parents (ou ascendants) (5), et réciproquement, ni de
l'époux pour l'épouse, et réciproquement (6). Celui du
frère d'une honnêteté émérite en faveur de son frère est
admis (7). Ne l'est pas celui d'un menteur fieffé ou de

---

(1) Non plus que contre son père, sa mère ou son fils ; de même est
écarté le témoignage du fils d'un ennemi contre l'ennemi de son ascendant.

(2) Par suite de sa conduite ou de sa partialité pour l'une des parties
en cause.

(3) 'Adl, pluriel 'odoûl : c'est le musulman libre, intelligent, pubère,
non débauché, non-interdit pour prodigalité, non-hérétique. Ces qualités
sont, d'une manière générale, requises non lors de la prise en charge des
faits eux-mêmes تحمّل, mais lors de la déposition أداء ; elles doivent
exister à ces deux moments chez le témoin au mariage ou à une pièce
écrite.

(4) D'après Ibn el-Kâsim, au contraire, tout condamné peut, après qu'il
est venu à résipiscence, témoigner valablement dans toute affaire quelconque.

(5) Pas même en faveur de l'un d'eux contre l'autre. On admet cependant que le père, quand il n'est pas suspect de partialité, peut témoigner
pour l'un de ses enfants contre l'autre.

(6) Non plus que pour le père ou le fils du conjoint.

(7) Quand il s'agit de questions d'intérêt seulement.

l'auteur manifeste d'un péché mortel (1), ni celui qui peut ou procurer un avantage à son auteur ou lui épargner un dommage. Le tuteur ne peut témoigner en faveur de son pupille, mais le peut contre lui (2).

Il n'est permis ni d'habiliter les femmes en qualité de témoins, ni de les disqualifier.

Dans l'enquête d'honorabilité de témoins, n'est admise que cette formule : « (J'atteste qu')un tel est honorable et acceptable » ; qu'il s'agisse de les habiliter ou de les disqualifier, on ne s'en rapporte pas à une seule personne.

Les enfants sont admis à témoigner au sujet des blessures (qui peuvent survenir entre eux), mais avant qu'ils se soient séparés [**198**] ou qu'un adulte se soit mêlé à eux (3).

Quand dans la vente (ou le louage) il y a désaccord entre les parties (4), le serment est réclamé au vendeur (5),

---

(1) Un péché véniel, mais symptomatique d'un caractère vil, entraine la même conséquence. Pour le péché mortel, il suffit que la preuve en soit faite, même s'il ne s'est pas étalé publiquement.

(2) En vertu de la règle posée par la *Modawwana* que celui qui ne peut témoigner pour quelqu'un peut témoigner contre lui.

(3) En outre de ces deux conditions, on exige que les enfants appelés à témoigner soient libres, musulmans, deux au moins, d'accord dans leurs dires, mâles, ni proches de celui pour qui ils témoignent ni ennemis de celui contre qui ils témoignent, doués de discernement; leur déposition doit porter sur ce qui s'est passé entre eux enfants, et non sur l'acte d'un adulte contre un enfant ou réciproquement ; et enfin les déposants et ceux qu'ils chargent doivent faire partie d'un même groupe.

Du fait que le témoignage des enfants est recevable dans le cas spécial indiqué, peut-on conclure à la recevabilité de celui des femmes au sujet de blessures ou de meurtre survenus dans les réunions qui leur sont spéciales à l'occasion des fiançailles, au bain, etc. ? On admet plutôt la solution négative.

(4) Sur la chose, sur le prix, sur les modalités de terme ou de comptant, etc.

(5) Qui doit à la fois démentir l'allégation de son adversaire et affirmer la sienne propre.

après quoi l'acheteur prend la chose (dans les termes
fixés par le serment), ou bien il jure lui-même (1), et
alors se trouve dégagé.

Quand deux plaideurs se disputent une chose qu'ils
ont l'un et l'autre entre les mains (2), ils jurent tous les
deux, et alors la chose est partagée entre eux (3). Si
chacun d'eux produit des témoins, c'est en faveur de
celui qui a les témoins les plus honorables que le litige
est tranché (4) ; quand les témoins des deux parties sont
d'égale honorabilité, chacune d'elles jure, et la chose est
partagée entre elles (par moitié) (5).

Dans le cas où, postérieurement au jugement, un
témoin se rétracte, il est constitué débiteur de ce qu'il a
fait perdre par sa déposition quand, d'après les disciples
de Mâlek, il avoue que celle-ci était mensongère (6).

---

(1) De même que le vendeur, il a à démentir l'allégation de celui-ci et
à affirmer la sienne propre.

(2) Ou détenue par un tiers qui ne revendique pas la propriété. Il n'y
aura d'ailleurs lieu de recourir au serment qu'à défaut de preuves ou de
témoins.

(3) Par moitié ou proportionnellement à leurs revendications respectives, selon le cas.

(4) Mais après serment de ce plaideur qu'il n'a vendu, donné ou aliéné
la chose sous quelque forme que ce soit.

(5) On déduit des mots « qu'ils ont l'un et l'autre entre les mains » que
si le détenteur est actionné, son serment, à défaut de preuves ou de
témoins, suffit pour que la chose reste sienne.

(6) C.-à-d. « quand il dépose de propos délibéré au sujet de ce qu'il ne
sait pas, même le hasard l'ayant fait tomber juste » (Kharchi-Khalil, V,
152 l. 1). — Le jugement reste d'ailleurs acquis, même en cas de rétractation des deux témoins, qui reçoivent en outre un châtiment arbitraire.
— D'autre part, la nécessité de l'aveu de son mensonge par le faux témoin,
est loin d'être exigée par tous les juristes, et c'est l'opinion contraire qui
prévaut.

Fait foi le dire (corroboré par serment) du mandataire affirmant à son mandant lui avoir rendu soit l'objet du mandat soit la chose qu'il avait à vendre soit le prix de celle-ci, ou du dépositaire affirmant la restitution du dépôt au déposant, ou du commandité affirmant s'être libéré vis-à-vis de son commanditaire (1).

Quand quelqu'un dit « j'ai payé à un tel selon ton ordre » et que le bénéficiaire nie, c'est à celui qui a payé à faire la preuve ; faute de quoi [199] il est responsable (2). De même c'est à celui qui a la tutelle d'orphelins à établir le montant de ce qu'il a dépensé pour leur entretien ou la remise qu'il leur a faite de leurs biens (3) ; quand les mineurs sont sous sa garde, ḥaḍâna, sa parole (sous serment) fait foi en ce qui concerne les frais d'entretien dans une mesure vraisemblable (4).

La transaction est licite, à moins qu'elle n'ait pour aboutissant un acte prohibé (5). Elle est valablement consentie à la suite soit d'un aveu soit d'une dénégation (6).

_____

(1) Quand le mandat, etc., a été passé par devant témoins, le mandataire, etc., doit aussi recourir à l'usage des témoins pour établir sa libération.

(2) S'il a reçu des ordres en conséquence ou si c'est l'usage ; ainsi on ne demande pas au porteur d'une aumône de faire la preuve qu'il l'a remise.

(3) Après leur majorité ou leur émancipation, car avant cela il ne peut valablement leur livrer leurs biens, même en présence de témoins qualifiés.

(4) Il en serait de même pour une mère pauvre investie de la ḥaḍâna.

(5) P. ex. en renonçant à sa prétention sur un bien moyennant tant de vin, ou en renonçant à de l'or dû à terme moyennant un versement, même comptant, en argent.

(6) Et aussi du silence gardé par l'une des parties en cause, le silence étant ordinairement assimilé à l'aveu.

Quand une esclave se marie frauduleusement en se disant libre (1), son maître peut la reprendre (2) et réclamer la valeur, calculée au jour du jugement rendu en sa faveur, de l'enfant qu'elle aurait mis au monde (3).

Celui qui revendique la propriété d'une esclave devenue mère (4) a droit ou à la valeur, au jour du jugement, de cette femme et de son enfant ; ou, d'après une deuxième opinion, à reprendre la mère et la valeur de l'enfant ; ou, d'après une troisième (5), il n'a droit qu'à la valeur de la mère seulement. Néanmoins le revendiquant peut aussi opter pour le prix de vente, qu'il réclame alors au ravisseur vendeur. Mais si l'esclave devenue mère était dans les mains du ravisseur, celui-ci subirait la peine (due au fornicateur) et l'enfant deviendrait, avec sa mère, esclave du maître de celle-ci (6).

Celui qui revendique une terre (contre un acheteur, donataire, etc., non usurpateur) qui l'a bâtie ou plantée, doit payer la valeur de l'amélioration telle qu'elle se

---

(1) Qu'elle se soit donnée comme telle ou que quelqu'un en ait témoigné, qu'elle soit esclave parfaite ou mixte.

(2) Sous réserve de l'opposition du mari qui, comme victime d'un dol, a le droit d'option.

(3) Et en faveur de qui ne jouerait pas l'affranchissement automatique, le réclamant se trouvant p. ex. être son grand-père paternel. Il est d'ailleurs supposé que l'époux trompé est lui-même homme libre.

(4) Par le fait d'un homme libre non ravisseur et qui en a régulièrement et de bonne foi acquis la propriété.

(5) Toutes les trois sont de Mâlek, mais on suit de préférence la première, qu'a adoptée Khalil.

(6) Celui qui aurait sciemment acquis par achat, don, etc., cette esclave du ravisseur serait traité comme celui-ci.

comporte (1) ; s'il s'y refuse, c'est l'acheteur qui paie la valeur du sol nu (2) ; si enfin l'acheteur refuse également, celui-ci et le revendiquant deviennent copropriétaires au prorata. Quant à l'usurpateur (3), (le propriétaire) lui fait enlever ses constructions, ensemencements ou plantations [200] s'il n'aime mieux payer la simple valeur des matériaux ou des arbres abattus, déduction faite des frais de démolition ou d'abattage ; l'usurpateur ne peut rien réclamer au propriétaire pour ce qui est pour celui-ci, après la démolition ou l'abattage, sans valeur.

L'usurpateur doit restituer les produits de la chose, mais un autre, non (4). Quant aux petits des animaux ou à l'enfant d'une esclave ayant un père autre que le maître (libre) de celle-ci (5), celui qui a revendiqué les mères reprend aussi leurs produits à l'acheteur ou autre (donataire, etc.).

Si quelqu'un s'empare d'une esclave et cohabite avec elle (6), l'enfant né de ces relations est esclave, et lui-même encourt la peine écrite (7).

---

(1) Ainsi l'acheteur, qui a bâti pour une période illimitée, ne sera pas traité comme le locataire ou l'emprunteur, qui savent que leur droit est précaire.

(2) Le détenteur illégal d'un *hobous* ne pourrait que démolir sa construction ou arracher ses plantations.

(3) غاصب celui qui s'empare d'une chose avec l'intention de se l'approprier ; متعدّ celui qui s'empare seulement de la jouissance de la chose (Adewi, II, 253, l. 6, etc.).

(4) C.-à-d. le détenteur de bonne foi صاحب الشبهة, p. ex. l'acheteur ou le donataire ignorant l'acte coupable de leur auteur.

(5) C.-à-d. que le maître poursuivi en revendication.

(6) Ou même si, sans songer à se l'approprier, il la viole.

(7) Répétition de ce qui a été dit plus haut.

Quand deux chambres l'une par dessus l'autre appartiennent à deux propriétaires différents, celui de la chambre du bas a à maintenir celle-ci en bon état, comme aussi les poutres de son plafond ; ainsi qu'à étayer celle du haut, quand celle du bas menace ruine ou est détruite, jusqu'à ce que la réparation soit faite. Il est astreint à faire celle-ci ou à vendre à quelqu'un qui la fasse. On ne doit causer ni tort ni dommage (1), et partant ne pas nuire au voisin en perçant une fenêtre assez rapprochée pour que le voisin soit chez lui à découvert, [201] ou en ouvrant une porte qui fasse vis à vis à la sienne (2), ou en creusant, même dans son propre domaine, (un puits, etc.) nuisible au voisin.

Le juge attribue le mur à celui des deux voisins du côté de qui se trouvent les sablières et les corbeaux (3).

(1) C'est un hadith souvent cité ضرار و ضرر لا : les deux mots ont à peu près la même valeur et sont expliqués soit comme une répétition destinée à renforcer l'énergie du précepte, soit comme signifiant qu'on ne doit faire tort ni à quelqu'un qui n'a pas nui ni à quelqu'un qui a lui-même commencé par nuire. Cf. Fathi, *Doctrine musulmane de l'abus des droits.*

(2) On admet plutôt que cette restriction s'applique seulement aux rues en cul de sac. La défense d'ouvrir une boutique vis à vis la porte du voisin s'applique à une rue quelconque. Ces questions et autres analogues sont longuement traitées par Ibn Farhoun dans la *Tabçira*, par Ibn Salmoûn dans *El-'ikd el-montadham*, et notamment par Ibn el-Imâm, *Droits et obligations entre propriétaires d'héritages voisins*, trad. Barbier, Alger, 1901.

(3) القبب و السبب ces deux termes techniques sont traduits approximativement, car ils ne sont pas toujours expliqués de la même manière : voir *Proleg.*, tr. fr. II, 374; Dozy, Dictionnaire; Commentaire d'Aboû'l-Hasan, II, 254 (au lieu de السبب, Ibn Khaldoûn *l. l.* écrit السبب), que de Slane rend par *clef de voûte*, ce qui est plus que douteux).

On n'a pas à défendre l'accès d'un excédent d'eau et à empêcher ainsi l'usage d'un pâturage (1).

Quand il y a creusement de puits (en terre sans maître) par des gardiens de troupeaux, ils ont droit à s'y abreuver tout d'abord, et après eux tout le monde y a un droit égal.

Celui qui a dans sa propriété une source ou un puits y a un droit exclusif ; cependant il ne peut, quand le voisin a un puits qui se démolit (ou tarit) et que ses cultures sont en péril (2), lui refuser l'excédent de son eau. Si celui-ci doit ou non être payé par le bénéficiaire, il y a divergence (3).

Un propriétaire doit, à titre de pratique recommandée (4), permettre au voisin d'introduire une poutre (5) dans son mur à lui, mais n'y est pas contraint par justice.

Les dégâts commis de nuit, mais non ceux commis de jour, par des bestiaux dans des cultures et des jardins, sont à la charge du propriétaire du bétail (6).

Celui qui retrouve sa chose (non payée chez l'acheteur)

---

(1) Cette règle, fondée sur un hadith, s'applique à l'eau qui se trouve ailleurs que dans une propriété privée et dont les environs présentent des pâturages, verts ou non, ouverts à tous et utilisables seulement grâce à la présence de cette eau.

(2) Etant entendu d'ailleurs que les dites cultures étaient au début proportionnées au débit de son propre puits, et qu'en outre il entame la réfection de celui-ci.

(3) Mâlek tranche la question affirmativement, et la Modawwana, négativement.

(4) Ou obligatoire, selon d'autres.

(5) On lit aussi « ses poutres ».

(6) Lorsqu'il ne les a pas attachés ou surveillés.

14

[202] en état de faillite (1) peut soit en reprendre sa quote-part (dans la proportion du prix de vente), soit, quand l'individualité en est établie, la reprendre en nature (pour ce même prix). Mais dans le cas de (non-paiement et de) mort de l'acheteur, le vendeur est sur le même pied que ses co-créanciers (2).

Le répondant est débiteur (3). Le répondant de comparution qui ne produit pas le cautionné devient débiteur de la dette du non-comparant, sauf stipulation contraire.

Quand il y a délégation d'une dette avec consentement du délégataire, celui-ci est sans recours contre le déléguant, même le délégué étant ou devenant failli, à moins que le déléguant n'ait trompé le délégataire au sujet du délégué.

La délégation ne peut porter que sur une dette, sans quoi c'est un cautionnement.

Le répondant n'est tenu de payer que si le débiteur principal est insolvable ou absent (4).

Toute dette quelconque vient à échéance par la mort (5)

---

(1) Il s'agit de la faillite proprement dite ou *spéciale*, c.-à-d. judiciairement déclarée et entraînant pour la victime le dessaisissement de ses biens.

(2) Cette décision repose sur un hadith ; cependant on admet aussi qu'il n'y a pas, en ce qui concerne le vendeur impayé, à distinguer entre la faillite et la mort.

(3) Ce qu'il faut entendre dans ce sens « à défaut du débiteur cautionné, ou en cas de stipulation expresse » ; ce qui sera dit plus bas.

(4) Cela explique la restriction indiquée par les commentaires et rapportée dans la note 3. Quant à l'absence du cautionné, elle s'entend d'un éloignement à grande distance, étant entendu d'ailleurs que les biens laissés sur place par l'absent sont insuffisants à désintéresser le créancier.

(5) Sauf stipulation contraire, et dans ce sens que la dette n'est plus une obligation du défunt, mais une charge de sa succession.

ou la faillite (1) du débiteur; mais il n'en est pas de même pour les créances que lui-même a sur d'autres. La personne même de l'esclave autorisé à commercer (et tombé en faillite) n'est pas vendue pour couvrir ce qu'il doit (2), et son maître n'est pas poursuivi de ce dernier chef (3).

Le débiteur récalcitrant (4) est incarcéré jusqu'à ce que sa situation pécuniaire soit établie, [203] mais l'indigent ne l'est pas.

(Sur la demande d'un des co-intéressés) on procède au partage de ce qui est partageable sans dommage, qu'il s'agisse de constructions, de terres (ou de meubles). Mais cela n'est pas permis pour les choses dont le partage serait dommageable, et alors si l'un d'eux en demande la vente, l'autre devra, malgré son refus, s'y soumettre (5).

---

(1) C.-à-d. faillite prononcée par justice, ce qui n'a lieu que sous quatre conditions : 1° poursuite par un ou plusieurs créanciers ; 2° exigibilité de la dette ; 3° insuffisance des biens du débiteur à y faire face ; 4° tergiversation du débiteur.

(2) C.-à-d. que ce qui est impayé reste à sa charge personnelle.

(3) A moins toutefois qu'il n'ait déclaré couvrir les opérations de son esclave.

(4) Quand il ne se libère point et que sa situation pécuniaire est inconnue. La preuve de son indigence étant faite, il est rendu à la liberté après avoir juré qu'il n'a pas de ressources connues ou cachées et qu'il se libérera sitôt revenu à meilleure fortune. Quand, le pouvant, il refuse de s'acquitter, il est emprisonné et battu par intervalles, et restera, s'il le faut, emprisonné jusqu'à sa mort. Cf. Koran, II, 280.

(5) A condition toutefois que les co-intéressés n'aient pas procédé à l'acquisition par un seul et même acte et avec l'intention de garder l'objet (par opposition à ce qui est matière à transactions commerciales), et que l'opposant ne prenne pas à sa charge le manque à gagner dont souffre celui qui veut vendre.

Le partage par la voie du sort ne peut porter que sur des choses de même nature. Nulle soulte n'a à être versée par l'un des participants, car le paiement d'une soulte vicie le partage qui ne résulte pas d'une entente amiable.

Le tuteur désigné par le tuteur (testamentaire) est l'équivalent de ce dernier (1). Il peut faire le commerce avec les biens de ses pupilles (2) et marier leurs esclaves femmes (ou hommes). Quand le tuteur testamentaire n'est pas un homme sûr (3), il est destitué.

Il est d'abord prélevé (4) (sur l'actif d'une succession) les frais d'ensevelissement (et d'enterrement) ; après quoi viennent les dettes (5), ensuite les legs, et enfin l'héritage proprement dit.

Contre celui qui détient [204] (à titre de propriétaire)

---

(1) La tutelle testamentaire comporte quatre éléments constitutifs : un déléguant ou testateur qui doit avoir le droit de veiller aux enfants (père, tuteur testamentaire, ou mère en de certains cas) ; un tuteur, qui doit être musulman, majeur et honorable ; des droits à exercer ; la désignation faite verbalement ou autrement.

(2) S'il se commanditait lui-même à l'aide des fonds des pupilles, l'autorité judiciaire aurait à apprécier les opérations auxquelles il se livrera. Les solutions adoptées par les juristes ne sont d'ailleurs pas identiques.

(3) Au point de vue de la religion, de la probité, etc., et sans distinguer si le défaut des qualités requises est concomitant ou postérieur au testament. C'est l'autorité judiciaire qui décide. De même, on enlève au père indigne l'administration des biens de ses enfants.

(4) Ces indications seraient plutôt à leur place au chapitre des successions.

(5) Dont la preuve est faite par témoins ou résulte d'un aveu non suspect du défunt. D'ailleurs les dettes gagées passent avant les frais d'enterrement. nous l'avons vu. Mais si la succession ne peut que suffire à ces derniers, elle leur est consacrée.

à l'encontre d'un individu présent (1) une maison (ou un immeuble) pendant dix ans, alors que cette maison lui est attribuée (2), et que le propriétaire est présent, connaissant son droit et ne réclamant rien, ce propriétaire n'a plus (passé ce délai) d'action en justice.

Il n'y a pas de droit de possession à invoquer, à la suite d'un délai d'égale longueur, entre proches parents et alliés (3).

N'est pas valable l'aveu fait par un individu (gravement) malade, au profit de son héritier, d'une dette ou du paiement d'une créance (4).

Le legs fait en vue de l'accomplissement du pèlerinage est exécuté (5), mais pour nous, malékites, le legs d'une

___

(1) Il faut en outre qu'il soit majeur et ne soit ni parent ni associé de celui qui revendique la propriété. Quant aux animaux et à la femme esclave domestique, la possession requise est de deux ans ; pour l'esclave mâle et les meubles, de trois ans.

(2) Je traduis littéralement ـــبّـف que le commentaire rend par بـاب ; il semble donc être question de prescription extinctive, et non acquisitive ; cf. Morand, *Études de droit musulman algérien*, p. 361. Mais les juristes musulmans ont-ils distingué l'une de l'autre? Cela semble plutôt douteux ; ainsi 'Adewi ajoute ici (t. II, 262, l. 34) : « Cette possession indique qu'il y a translation de propriété, mais n'est pas, selon l'opinion préférable, translative de propriété ». La possession est d'ailleurs sans effet utile contre un détenteur de titre ou contre « un droit d'Allâh » c.-à-d. routes, *hobous*, etc.

(3) Cependant si le détenteur donne ou vend la chose, le propriétaire présent et ne faisant pas opposition ne sera pas admis à réclamer en justice, car il aura donné un acquiescement tacite. Mais d'ailleurs certains admettent la prescription entre parents au bout de 40 ou de 50 ans.

(4) Il faut en outre que cet aveu soit suspect, p. ex. s'il est fait au profit d'une épouse préférée.

(5) Bien qu'il soit blâmable ; il est prélevé sur le tiers disponible. C'est dans le chapitre du pèlerinage que Khalil traite de ces questions.

aumône est plus recommandable. Quand le mandataire
payé pour aller en pèlerinage vient à mourir avant
d'arriver (1), il a droit au prorata (des frais) du chemin
parcouru (2) et restitue le surplus, mais ce qui a péri
entre ses mains (3) est à sa charge. Il en est autrement
quand il reçoit l'argent destiné au voyage d'aller et retour,
car alors la responsabilité en incombe à ses employeurs ;
mais lui-même restitue, s'il y a lieu, l'excédent de ce
qu'il a reçu.

XXXIX

DES PARTS SUCCESSORALES.

Il n'y a que dix héritiers masculins : le fils, le fils ou
descendant du fils, le père, le grand-père ou ascendant
paternel, le frère (germain, consanguin ou utérin), le fils
ou descendant du frère (germain ou consanguin), [205]
l'oncle (consanguin ou paternel), le fils ou descendant de
l'oncle, le mari et l'affranchisseur (4).

Il n'y a que sept héritiers féminins : la fille, la fille du
fils, la mère, la grand-mère (paternelle ou maternelle),
la sœur (germaine, consanguine ou utérine), l'épouse et
l'affranchisseuse (5).

---

(1) C.-à-d. avant d'arriver à la Mekke ou avant d'avoir parachevé
toutes les cérémonies du pèlerinage.
(2) Ce qui est calculé non pas seulement à raison de la distance, mais
aussi des difficultés et frais de la route.
(3) Soit qu'il s'agisse d'argent perdu, soit qu'il s'agisse de ses peines.
(4) Ou son ayant-droit, p. ex. son fils ou l'affranchisseur de l'affranchisseur.
(5) Ou l'ayant-droit de celle-ci, son fils p. ex.

A. *Conjoint*. — Le mari hérite la moitié des biens de
sa femme qui ne laisse ni enfants à elle ni enfants de son
fils ; et du quart, si elle laisse des enfants à elle ou des
enfants issus d'un fils ayant pour père soit cet époux soit
un autre homme (1). Quant à l'épouse, elle hérite (2) de
son mari le quart s'il n'a ni enfants ni enfants provenant
d'un fils, que ceux-ci aient pour mère cette épouse ou
une autre femme ; et elle hérite le huitième (3) si le
défunt laisse des enfants ou des enfants issus de son
fils (4).

B. *Mère*. — La mère hérite de son fils (ou fille) le tiers
quand il ne laisse ni enfants ni enfants issus d'un fils, ni,
deux ou plusieurs frères ou sœurs quelconques (5). Cependant deux cas sont exceptés : 1° les héritiers étant l'épouse,
le père et la mère, l'épouse reçoit le quart, la mère le tiers
du surplus, et le père le reliquat ; 2° les héritiers étant
l'époux, le père et la mère, alors l'époux reçoit la moitié,
la mère le tiers du surplus, et le père le reliquat (6). En

---

(1) Cette double prescription repose sur le Koran, IV, 13.

(2) Ou, elles héritent, si elles sont plusieurs.

(3) C'est la règle basée sur le Koran, IV, 14.

(4) Il faut que les enfants du mari, à la différence de ceux de la femme,
ne soient pas les fruits de relations illicites.

(5) C.-à-d. germains, consanguins ou utérins.

(6) Ces deux cas où, au lieu du tiers effectif, la mère ne reçoit ou que
le quart ou que le sixième, sont connus sous le nom de الغرّاوان. La solution qui leur est donnée est en opposition avec la lettre du Koran, IV, 12
(Kharchi sur Khalil, V, 443, l. 9 ; Risâla, glose d"Adewi, II, 267, l. 2) ;
les juristes ont préféré l'application du principe général d'après lequel
la part de l'homme en concurrence avec la femme est double de la part
de cette dernière.

dehors de ces deux cas, la mère a droit au tiers, sous réserve de la réduction proportionnelle. En outre, elle n'hérite que du sixième quand le défunt laisse des enfants, ou des enfants de son fils, ou deux (ou plusieurs) frères ou sœurs [206] quelconques (1).

C. *Père*. — Le père, lorsqu'il est seul héritier, recueille la totalité des biens de son enfant (de l'un ou l'autre sexe). Lorsqu'il concourt avec le fils de celui-ci ou les descendants du fils, il recueille le sixième ; et lorsque le défunt ne laisse ni fils ni fils de ce dernier, il est attribué au père le sixième, puis à chacun des réservataires qui concourent avec lui (2) leurs parts respectives, et ensuite le reliquat (s'il y en a) revient au père.

D. *Fils*. — L'enfant de sexe masculin recueille, s'il est seul, tout l'héritage (3). Si des réservataires, épouse, père et mère, aïeul ou aïeule, concourent avec lui, ces parts sont d'abord prélevées, et il recueille le surplus.

[207] Le fils du fils prend la place du fils quand le défunt ne laisse pas d'autre fils (4).

Le fils en concours avec une fille reçoit une part équivalente à celle de deux filles. Qu'ils soient en grand ou en petit nombre, c'est ainsi qu'ils se partagent la totalité

---

(1) Voir n. 5, p. 215. — Ibn 'Abbâs est seul à prétendre qu'il faut entendre le Koran (IV, 12) littéralement et que la présence d'au moins trois frères ou sœurs est nécessaire pour réduire la part de la mère au sixième.

(2) C.-à-d. la ou les filles, ou les filles du fils du défunt.

(3) Soit de son père soit de sa mère.

(4) Cette règle n'est pas absolue : le petit-fils se trouve exclu de la succession d'un défunt laissant deux filles, ou père et mère, tandis que le fils ne l'est pas.

de la succession, ou, le cas échéant, ce qui reste après prélèvement des réservataires leurs cohéritiers.

Le fils du fils, lorsque ce dernier n'existe pas, le remplace comme héritier et comme excluant d'autres appelés (1).

E. *Fille.* — La fille, quand elle est unique, perçoit la moitié de la succession ; s'il y en a deux, elles perçoivent les deux tiers ; si elles sont plus nombreuses, il n'est rien ajouté à ces deux tiers. La fille du fils est traitée comme la fille du premier degré quand il n'y a pas de fille ; et de même les filles du fils à défaut des filles du premier degré. Une seule fille se trouvant en concours avec une fille du fils, la première reçoit la moitié, et la seconde le sixième, ce qui parfait les deux tiers ; et si (dans ce même cas) les filles du fils sont plusieurs, leur part du sixième n'augmente nullement s'il n'y a pas avec elles un mâle (du même degré) ; le reliquat (c.-à-d. le tiers restant) est attribué aux 'aceb. Mais lorsqu'il y a des filles du premier degré, deux (ou davantage), il ne revient rien aux filles du fils à moins qu'il n'y ait avec celles-ci un frère (2), car alors elles partagent le reliquat avec lui dans la proportion d'une double part masculine pour une féminine. [208] De la même manière, quand le mâle (qui concourt avec elles) est à un degré plus éloigné, il

---

(1) C'est la répétition de ce qui vient d'être dit, avec addition de l'exclusion. Néanmoins on fait remarquer que le fils exclut bien la fille du fils, tandis que le fils du fils ne l'exclut pas

(2) Mieux vaudrait « un mâle », ce qui s'appliquerait aussi au cousin paternel du même degré,

partage le reliquat avec elles et dans la même proportion (1). De même, quand les filles du fils en concours
avec la fille héritent le sixième et que, à un degré plus
bas, il y a ou des filles de fils concourant avec elles,
ou bien un mâle, le tiers formant le reliquat est partagé
soit entre ce mâle et ses sœurs, soit entre lui et ses tantes
paternelles. D'ailleurs, ne participent pas à ce reliquat les
filles de fils ayant participé aux deux premiers tiers (2).

F. *Sœur.* — La sœur germaine hérite la moitié (3) ; si
elles sont deux ou davantage, les deux tiers ; si les
héritiers sont des frères et sœurs, soit germains soit
consanguins, l'héritage se partage entre eux, la part
masculine représentant deux parts féminines, sans distinguer s'ils sont nombreux ou non.

Les sœurs (4) en concours avec les filles (5) sont à
l'égard de celles-ci comme des *'aceb* : elles héritent le
reliquat laissé par le prélèvement des parts de ces
dernières, mais il n'y est rien ajouté quand elles concourent avec les filles.

Les frères ni les sœurs en concours avec le père n'ont
droit à l'héritage, non plus que s'ils concourent avec des
enfants mâles ou [209] des mâles issus de mâles.

---

(1) On dit alors que le mâle *'acebise* les femmes, qu'il les transforme
en *'aceb.*
(2) Cette dernière phrase ne fait que redire ce qui résulte de ce qui
précède.
(3) D'après le Koran, IV, 175.
(4) Les sœurs germaines, car les consanguines n'interviennent qu'à
défaut de germaines.
(5) C.-à-d. la ou les filles, et la ou les filles d'un fils.

Les frères ou sœurs consanguins, à défaut de germains, sont traités comme ces derniers ; par suite, les héritiers étant une sœur germaine et une ou plusieurs sœurs consanguines, la germaine reçoit la moitié et les consanguines le sixième. S'il y avait deux sœurs germaines (ou davantage), les sœurs consanguines ne recevraient rien, à moins qu'elles ne concourent avec un mâle (de leur rang), car alors ils prendraient le réliquat (1) et se le partageraient dans la proportion de deux parts masculines pour une part féminine.

La sœur utérine et le frère utérin sont traités de même et ont droit à un sixième ; s'ils sont deux ou davantage (2), ils ont droit à un tiers qu'ils se partagent par parts égales sans distinction de sexe (3). Frères et sœurs utérins sont exclus de la succession par les enfants, par les fils (et descendants mâles) des fils, par le père et l'aïeul paternel.

Le frère, quand il est seul, qu'il soit germain ou consanguin, recueille tout l'héritage, et le germain exclut le consanguin. Le ou les frères et sœurs germains ou consanguins se partagent l'héritage (on l'a vu) à raison de deux parts masculines pour une part féminine (4) ; d'autre part, si des réservataires concourent avec le frère,

---

(1) C.-à-d. le troisième tiers.

(2) Soit un frère et une sœur, soit deux ou plusieurs frères ou sœurs.

(3) Ce qui repose sur l'interprétation, unanimement adoptée, du Koran. IV, 15 ; c'est une exception à la règle générale que la part masculine est le double de la part féminine.

(4) L'auteur fait ici une répétition, à laquelle il veut rattacher ce qui suit.

on commence par attribuer leurs parts aux premiers (1),
[210] et le reliquat revient au second, de même qu'il
revient aux frères et sœurs, s'ils sont plusieurs, à raison
de deux parts masculines pour une féminine.

Si le reliquat est nul ils ne toucheront rien, à moins
que, parmi les réservataires, ne se trouvent des frères
utérins ayant hérité le tiers, alors qu'il reste un ou
plusieurs frères germains, ou des frères et des sœurs
germains concourant avec eux, car alors tous ceux-ci
sont appelés au partage de ce tiers, par parts égales,
avec les utérins : c'est le partage successoral dénommé
mochterika (2).

Si ceux qui restent (dépourvus) sont des frères consanguins, ils ne partageront pas ce tiers dévolu aux utérins,
parce qu'ils sont en dehors de la lignée maternelle ; — si
c'est une sœur ou des sœurs germaines ou consanguines,
on opère la réduction proportionnelle en leur faveur; — si
enfin il n'y a qu'un seul frère ou sœur utérin, il ne participe pas au partage du tiers, et le reliquat [c.-à-d. le
sixième] est attribué aux frères ou aux frères et sœurs.
(Il résulte donc de là que) quand il y a des sœurs germaines ou consanguines, on opère la réduction proportionnelle (on vient de le voir), et le frère consanguin est,

_____

(1) Il en est toujours de même, qu'il s'agisse du frère ou d'un autre
'aceb.

(2) Ou *mochtaraka* (au passif, glose d''Adewi, II, 271, l. 7), ou encore
ḥimâriyya, ou *yemmiyya*, ou *ḥadjariyya* (Derdir-Khalil, II, 444, l. 1).

à défaut de germain, regardé comme germain (1), sauf dans le cas *mochterika*.

A défaut du frère germain ou consanguin, son fils [211] joue le même rôle (2) ; mais le fils du frère utérin n'est pas successible.

(On a vu que) le frère germain exclut le consanguin, mais celui-ci a le pas sur le fils du frère germain, de même que le fils du frère germain a le pas sur le fils du frère consanguin.

Le fils du frère consanguin exclut l'oncle paternel germain (3), et celui-ci exclut l'oncle paternel consanguin. Celui-ci exclut le fils de l'oncle paternel germain, et ce fils de l'oncle paternel germain exclut le fils de l'oncle paternel consanguin. De la même manière, c'est le parent le plus proche qui l'emporte (4).

G. *Dhawou'l-erhâm*. — Ne sont pas héritiers (5) les fils des sœurs quelles qu'elles soient (6), ni les fils (ou filles) des filles, ni les filles du frère quel qu'il soit, ni les filles

---

(1) Cette répétition de deux règles déjà énoncées est motivée par la restriction qui suit.

(2) Dans ce sens, qu'il peut transformer un autre en '*aceb* ; mais 1° le frère rend sa sœur '*aceb*, à la différence de son fils ; 2° les frères ne sont pas exclus par l'aïeul, qui exclut leurs fils ; 3° deux fils de frères n'excluent pas la mère, que leurs pères excluent ; 4° le fils du frère ne participe pas à la *mochterika*, à la différence de son père ; 5° le fils du frère utérin n'est pas successible, cas qui est le seul indiqué dans le texte et qui sera répété plus loin.

(3) En vertu de la règle que la proximité du degré l'emporte.

(4) C'est la règle dont les cas qui précèdent sont des applications.

(5) Ici commence ce qui a trait aux *dhawi'l-erhâm*, expression qui désigne « tout parent qui n'est ni réservataire ni '*aceb* ».

(6) Soit germaines, soit consanguines, soit utérines.

de l'oncle paternel, ni l'aïeul maternel, ni le fils du frère
utérin ni la grand-mère paternelle de la mère (1).

Ne peut hériter l'esclave, soit proprement dit soit
encore sous le coup d'un reste d'esclavage (2). Ne peuvent
hériter le musulman [212] du mécréant, et réciproquement, non plus que le fils du frère utérin, l'aïeul maternel,
la grand-mère paternelle de la mère (3). La grand-mère
paternelle ne vient pas à l'héritage en concours avec
son fils père du défunt, non plus que les frères utérins en
concours avec l'aïeul paternel ou avec les enfants ou avec
les descendants de ceux-ci (4), que ces descendants soient
des garçons ou des filles.

Ne sont pas appelés des frères quelconques en concours
avec le père, l'oncle paternel en concours avec l'aïeul, le
fils du frère en concours avec l'aïeul.

Le meurtrier intentionnel (5) n'hérite ni les biens ni
la *diya* de sa victime, mais le meurtrier accidentel, sans
hériter la *diya*, hérite les biens.

Quiconque n'hérite pas pour quelque motif n'exclut
pas un autre héritier (6).

---

(1) A quoi l'on peut ajouter encore : la tante paternelle, la tante maternelle et l'oncle maternel.
(2) Par exemple affranchi posthume, concubine-mère, etc.
(3) Cela vient d'être dit : ici comme dans d'autres passages, la rédaction
de l'auteur laisse à désirer.
(4) Ce qui a été dit déjà.
(5) Il faut ajouter « et poussé par la haine » : ainsi p. ex. le détenteur
de l'autorité qui applique en toute équité la peine de mort à un coupable,
hérite de sa victime. Cf. supra, p. 188.
(6) Tel est le principe ; mais il y a cinq cas où les frères utérins, sans
hériter eux-mêmes, sont une cause d'exclusion totale ou partielle : 1° en
concours avec la mère et l'aïeul, leur présence réduit la mère au sixième,

La femme répudiée par trois au cours d'une maladie grave de son mari hérite de celui-ci quand il meurt de cette maladie, [213] mais la réciproque n'est pas vraie (1). Il en est de même si, la répudiation étant par un (et révocable), il meurt de cette maladie après la période d'*idda*. Si le bien-portant répudie par un, il y a successibilité réciproque tant que dure l'*idda*, mais non après après l'achèvement de celle-ci.

Quand un homme malade se marie, il n'y a pas de successibilité réciproque entre les époux (2).

II. *Aïeule.* — L'aïeule maternelle hérite le sixième, de même que l'aïeule paternelle. S'il y a concours des deux, elles se partagent ce sixième, à moins que la maternelle ne soit plus proche en degré, car alors elle y a plus de droit comme ayant été visée par le texte (3). Si c'est la paternelle qui est plus proche, le sixième se partage entre elles par moitié.

D'après Mâlek, il n'y a que deux aïeules successibles : la grand-mère soit paternelle soit maternelle, et l'arrière-grand-mère des deux lignes (4). On rapporte aussi que

mais ils sont primés par l'aïeul et n'héritent pas ; 2° en concours avec les père et mère, leur présence réduit la mère au sixième, mais, primés par le père, ils n'héritent pas ; 3° dans le cas *himâriyya* quand il y a un aïeul ; 4° dans le cas *mâlikiyya* : époux, mère, deux frères utérins, un consanguin, un aïeul ; les frères n'héritent pas, mais réduisent la mère à un sixième ; 5° dans le cas *mo'ddda* (Khalil, 227, l. 3 ; trad. Seignette, n° 2191) : un frère germain, un consanguin, un aïeul ; le second est exclu.

(1) Cette règle a été déjà formulée au chapitre du mariage, p. 123.
(2) Même observation.
(3) C.-à-d. par la parole du Prophète qu'a rapportée le *Mowattâ.*
(4) Bien entendu, la grand-mère primant l'arrière-grand-mère.

Zeyd ben Thâbet en déclarait trois successibles : la grand-mère maternelle, la grand-mère et l'arrière-grand-mère de la ligne paternelle ; mais il n'y a pas souvenir que les quatre premiers khalifes [214] aient fait successibles plus de deux aïeules.

I. *Aïeul.* — L'aïeul paternel, quand il est seul héritier, perçoit toute la succession. En concours avec des fils ou des fils de fils, il perçoit le sixième. En concours avec quelque réservataire en dehors des frères et des sœurs, le sixième lui est attribué (1) ; et si (l'attribution des réserves et du sixième) laisse un reliquat, celui-ci lui revient (à titre d'*'aceb*), S'il y a, en même temps que des réservataires, un ou des frères ou sœurs (germains ou consanguins), l'aïeul peut prendre l'un de ces trois partis, selon qu'il y trouve son avantage : partager avec les frères (en étant compté comme l'un d'eux), ou prendre le sixième du tout, ou prendre le tiers du reliquat.

Si d'autres que les frères ne concourent pas avec l'aïeul, celui-ci vient au partage soit avec un frère ; soit avec deux frères ou avec quatre sœurs, qui en sont l'équivalent ; soit avec plus de deux frères, et alors il perçoit le tiers (2), mais dans le cas seulement où le partage avec les frères ne lui est pas plus avantageux.

_____

(1) Si les réservataires avec qui il concourt sont p. ex. l'époux, la mère ou l'aïeule, il prendra le reliquat des réserves à titre d'*'aceb*.

(2) Chernoubi fait observer que ni le Koran ni la Sonna ne parlent de la vocation héréditaire de l'aïeul, mais qu'elle est reconnue par l'unanimité des Compagnons et de ceux qui sont venus après eux.

Les frères consanguins en concours avec l'aïeul [215] sont, à défaut de germains, traités comme ceux-ci (1).

S'il y a concours (de frères germains et consanguins avec l'aïeul), les germains comptent ce dernier avec les consanguins (2), et l'empêchent ainsi de prendre une part héréditaire trop grande ; après quoi ils évincent les consanguins en vertu de leur droit supérieur. Néanmoins quand, en concours avec l'aïeul, il y a une sœur germaine qui a soit un frère consanguin ou une sœur consanguine, soit un frère et une sœur consanguins, elle prend sa moitié de l'héritage, et abandonne le reliquat aux autres (3).

Les sœurs en concours avec l'aïeul ne reçoivent de part successorale que dans le seul cas dénommé *gharrâ* (4), dont nous parlerons.

Le patron affranchisseur, soit homme soit femme, lorsqu'il est seul héritier (5), perçoit tout l'héritage ; en concours avec des réservataires, il ne perçoit que le reliquat ; en concours avec les 'âceb de l'affranchi, il est primé par ceux-ci. Mais il prime les parents par les femmes (*dhawi'l-erhâm*) à qui le Livre sacré n'assigne

---

(1) Sauf dans le cas *mochterika*.

(2) C'est le cas appelé *mo'ádda*.

(3) S'il y a lieu, car il n'y a pas de reliquat quand les héritiers sont un aïeul, une sœur germaine et une consanguine : l'aïeul a la moitié, chaque sœur un quart, mais la germaine, en vertu de son droit supérieur, s'attribue le quart formant la part théorique de la consanguine.

(4) Et aussi *akdariyya*.

(5) Autrement dit, quand il n'y a pas de réservataires, ni d''aceb de l'affranchi.

15

pas de part héréditaire, et ceux-là seuls parmi eux héritent à qui ce dernier assigne une part (1).

[216] Les femmes n'héritent, en vertu du droit de patronat, que de ceux qu'elles ont affranchis elles-mêmes ou de ceux sur qui la naissance ou un affranchissement consenti par l'affranchi leur vaut le patronat (2).

Lorsque l'addition des parts attribuées à chacun des héritiers par le Livre sacré (3) dépasse le total successoral, ils sont tous lésés et ils perçoivent dans la proportion de leurs parts respectives (4).

Il n'y a pour la sœur en concurrence avec l'aïeul de réduction que dans le cas *gharrâ* (ou *akdariyya*) : une femme laissant pour héritiers son mari, sa mère, sa sœur germaine ou consanguine et son aïeul paternel, il revient au premier la moitié, à la seconde le tiers, et au quatrième, le sixième ; l'héritage étant alors épuisé, on augmente, en faveur de la sœur, (ce dernier diviseur) de la moitié, soit trois, puis on y joint la part de l'aïeul, et le résultat est

---

(1) Ce qui désigne les frères utérins ; mais si l'utérin est en même temps cousin paternel, il perçoit, en qualité d'*aceb*, le reliquat.

(2) C.-à-d. elle devient la patronne de l'enfant né de l'esclave enceinte lors de son affranchissement ; de même l'affranchi ayant lui-même affranchi son esclave, puis hérité de celui-ci qui prédécède, la patronne du premier pourra être appelée à recueillir la succession de l'affranchi au premier degré augmentée de celle de l'affranchi au deuxième degré.

(3) A quoi il faut ajouter « ou par la Sonna [p. ex. le sixième attribué à la fille du fils en concours avec la fille et la sœur] ou par l'*idjmâ'* [p. ex. la part attribuée à l'aïeul] ».

(4) C'est le *'awl* ou *aoul*, c.-à-d. augmentation du dénominateur de la fraction, ce qui correspond à notre réduction proportionnelle.

partagé entre eux deux : un tiers pour elle, et deux tiers pour lui, de sorte que les fractions sont des vingt-septièmes.

XL

QUESTIONS PARTICULIÈRES RELATIVES AUX PRESCRIPTIONS CANONIQUES, TRADITIONNELLES ET DÉSIRABLES.

[217] L'ablution — *wodoû*, dérivé de *wadâ'a*, beauté accompagnée de propreté — faite en vue de la prière (1) est d'obligation canonique, mais, d'entre les diverses opérations qui la constituent, le rinçage de la bouche, le reniflement et la friction légère des oreilles sont d'ordre traditionnel, et l'usage du cure-dent n'est que recommandable et désirable (2). La friction légère *ou* madéfaction par dessus les bottines est une tolérance et un allégement (3).

Le lavage ou lotion *ghosl* provoquée par la souillure majeure, le sang menstruel et les lochies est d'obligation canonique ; celle que nécessite la prière du vendredi est d'ordre traditionnel ; celle qui se fait à chacune des deux Fêtes (4) est recommandée.

---

(1) Sans distinguer si la prière que l'on dit est canonique ou de simple piété.

(2) Ce dernier qualificatif n'a pas son sens technique, la seule pratique « désirable » pour les Malékites étant l'addition de deux *rek'a* à la prière du *fedjr*.

(3) C.-à-d. que cette pratique est, dans de certaines circonstances, permise à l'effet de faciliter l'accomplissement de l'obligation de l'ablution.

(4) La fête de la Rupture du jeûne, le 1er chawwâl, et celle du Sacrifice, le 10 dhoû'l-hiddja ('Adewi, t. I, 276, l. 23).

La lotion du néophyte est d'obligation canonique parce qu'il est (le plus souvent) atteint de souillure majeure.

Le lavage du mort (1) est d'obligation traditionnelle.

Les cinq prières (quotidiennes) sont d'obligation canonique (2). Le *Allâh akbar* du début de la prière est d'obligation canonique, et les autres énonciations de cette formule, d'obligation traditionnelle. Il est d'obligation canonique d'entamer la prière avec l'intention de s'acquitter, en la disant, d'un devoir canonique, et d'obligation traditionnelle d'élever les mains (3).

La récitation, dans la prière, de la première sourate est d'obligation canonique ; une récitation plus longue est un devoir traditionnel obligatoire.

Dans la prière, la position debout, [**218**] l'inclination et la prosternation sont d'obligation divine. La position assise est, la première fois qu'on doit la prendre, d'obligation traditionnelle, et, la seconde fois, d'obligation divine. Le salut terminal de la prière est d'obligation divine (4), et le fait de se tourner un peu à droite en le prononçant est d'usage traditionnel. Le fait de ne pas parler (5) au

---

(1) Sauf s'il est tué sur le champ de bataille ou s'il s'agit d'un enfant mort-né.

(2) Les impubères ainsi que les femmes dans les périodes de menstrues ou de lochies échappent à cette obligation.

(3) C.-à-d. jusqu'à la hauteur des oreilles. Pour d'autres, cette pratique n'est que recommandable.

(4) Il n'est pas requis dans les prosternations à faire à la lecture de certains passages koraniques, سجدة التلاوة.

(5) Comme aussi de s'abstenir de quelque acte qui compte.

cours de cet acte est d'obligation divine, et l'énonciation de chacun des deux *techehhoud* (1) est d'obligation tradition- nelle. La récitation du *ḳonoût* (2) dans la prière de l'aurore, *çobḥ*, est recommandée, et n'est pas d'ordre traditionnel.

Il est d'obligation canonique de se tourner vers la *ḳibla*, comme aussi d'assister à la prière du vendredi et de s'y précipiter (3).

La prière *witr* (4) est un devoir traditionnel obligatoire, de même que celle de chacune des deux Fêtes, celle de l'éclipse et celle de là demande de pluie [*ou* rogations]. Celle de la peur est un devoir traditionnel obligatoire prescrit par Allâh (5) ; c'est, pour ceux qui la font, une manière de rattraper le mérite de la prière en commun.

La lotion préalable à l'entrée à la Mekke est recom- mandable.

La réunion (des prières du *maghreb* et de l'*'ichâ'*) en cas de forte pluie est (une tolérance et) un allègement qu'ont pratiqué les khalifes légitimes (6). La réunion à 'Arafa

---

(1) La formule dont il s'agit est reproduite par Lane, Dictionnaire, p. 683 a ; Kharchi-Khalil, I, 283 l. 20 ; ci-dessus, p. 36.

(2) Oraison dont la formule est reproduite par Lane, p. 2566 c ; Kharchi-Khalil, I, 285 l. 9 ; Desoûki, I, 214 l. 11 ; ci-dessus, p. 35.

(3) C'est l'opinion la plus générale ; mais on dit aussi que ce n'est qu'une obligation *de solidarité*, et même que c'est une obligation tradi- tionnelle.

(4) Cf. p. 61.

(5) Koran, IV, 103. La prière est, par elle même, d'ordre canonique ; c'est la forme dans laquelle est dite la prière de la peur qui est d'ordre traditionnel. Pour d'autres, il n'y a là qu'une tolérance.

(6) C.-à-d. Aboû Bekr, 'Omar, Othmân et 'Alî. D'ailleurs le Prophète avant eux avait procédé ainsi.

[des prières du *dohr* et de l'*'açr*] et à Mozdelifa [de celles
du *maghreb* et de l'*'ichâ*] est d'ordre traditionnel obligatoire. La réunion [des prières du *dohr* et de l'*açr*] par le
voyageur [**219**] pressé est une tolérance (1). La réunion
(de deux prières) par le malade qui craint de n'avoir plus
sa connaissance au moment requis pour la seconde, est
un allégement (2), de même que pour le malade qui opère
cette réunion à raison de ce qu'il est souffrant et qui
trouve ce procédé plus commode.

En voyage, l'inobservation du jeûne est une tolérance,
et l'abréviation de la prière est d'ordre traditionnel
obligatoire.

Les deux *rek'a* de la prière de l'aurore, *fedjr*, sont
d'entre les actes *désirables*, *raghiba*, et, d'après d'autres,
d'entre les actes traditionnels (3).

La prière du soleil levé (*doha*) est surérogatoire (4) ; et
de même le fait de se lever la nuit en *ramadân* (5), ce qui
constitue un grand mérite, car « celui qui se lève en ce
mois, poussé par la foi et en vue d'Allâh, ses péchés
antérieurs lui sont pardonnés » (6). Se lever la nuit, soit

---

(1) Dans les cas de voyage nécessité par le pèlerinage, par les affaires
à traiter, etc.. et non s'il s'agit de plaisir, d'acte coupable, etc.

(2) Ce qu'il faut entendre ici dans le sens d' « acte recommandable ». Si
sa crainte ne se réalise pas, il recommence la prière dite anticipativement.

(3) Cf. pp. 28 et 43.

(4) Elle va de deux *rek'a* au moins à huit maximum, d'après l'opinion
la plus générale.

(5) Pour dire les prières nommées *terâweth*, parce que, après chaque
groupe de quatre *rek'a*, imâm et fidèles s'asseyent pour se reposer,
tstirâha.

(6) C'est un hadith.

en ramadân soit à une autre époque (1), est du nombre
des œuvres surérogatoires désirables.

La récitation des prières sur les musulmans morts est
un devoir d'obligation divine (2) dont l'accomplissement
par celui qui s'en acquitte dégage les autres fidèles ; il
en est de même de l'inhumation avec ensevelissement.
Les laver est un devoir traditionnel obligatoire.

La recherche de la science est aussi un devoir d'ordre
divin s'appliquant à tous et dont l'accomplissement par
l'un dégage les autres, [220] sauf en ce qui concerne ce
que chacun individuellement doit chercher à savoir (3).

La guerre sainte est une obligation divine d'ordre
général, dont l'accomplissement par les uns décharge les
autres, mais l'attaque d'un lieu par l'ennemi impose à
tous les occupants le devoir d'ordre divin de combattre
des agresseurs deux fois plus nombreux (4).

Tenir garnison dans les places frontières musulmanes
pour en empêcher l'accès et les protéger est une obligation
d'ordre divin dont l'accomplissement par les uns dégage
les autres.

Le jeûne du ramadân est d'obligation divine.

La retraite spirituelle est une œuvre surérogatoire.

---

(1) C.-à-d. pour prier, de préférence dans le dernier tiers de la nuit ;
c'est le تهجّد.
(2) A titre d'obligation de solidarité فرض كفاية.
(3) Telles les pratiques religieuses, etc. Cette prescription a son origine
dans le Koran, IX, 123.
(4) Si la proportion est dépassée les fidèles peuvent fuir, à moins cependant que leur nombre n'atteigne douze mille.

Faire des jeûnes surérogatoires (1) est un acte *désirable*, de même que le jeûne d''Achoûrâ (10 moharrem), celui de redjeb, celui de cha'bân, celui du jour d'Arafat (9 dhoû'l-ḥiddja) (2), celui du jour de *terwiya* (8 dhoû'l-ḥiddja) ; cependant le jeûne d''Arafat est plus méritoire pour le non-pèlerin qu'il n'est méritoire pour le pèlerin.

La *zekât* des deux métaux précieux, des récoltes et du bétail est d'obligation divine ; celle à verser lors de la Rupture du jeûne est d'obligation traditionnelle et déterminée par le Prophète.

Le pèlerinage au Temple sacré est d'obligation divine, et la visite pieuse, '*omra*, est une obligation traditionnelle ; le prononcé de la formule *labbeyka* dans ces deux cérémonies est d'obligation traditionnelle (3). Pour le pèlerinage l'intention est d'obligation divine. La tournée d'*ifâḍa* (ou du retour d''Arafat) [221] est d'obligation divine, de même que la course entre Eç-Çafâ et El-Merwa, et la tournée (d'arrivée) à laquelle cette course est connexe ; mais celle d'*ifâḍa* est plus strictement imposée que celle d'arrivée (4). La tournée d'adieu est traditionnelle (5).

---

(1) Aux jours où cela n'est ni interdit ni blâmable. La décision du texte repose sur une interprétation du Koran, XXXIX, 13, et sur un hadith rapporté par Beyhaki.

(2) Mais il est préférable pour les pèlerins de ne pas jeûner ce jour-là, ainsi qu'il va être dit.

(3) Au chapitre du pèlerinage, l'auteur la qualifie d'obligation divine.

(4) Parce que la première est un des éléments constitutifs du pèlerinage, tandis que la seconde peut être compensée ou restaurée à l'aide d'un sacrifice.

(5) Ou plutôt, recommandable, comme le dit Khalil.

Le séjour nocturne à Mina, pendant la nuit du jour d'Arafat, est traditionnel (1).

La réunion (des prières du dohr et de l'açr) à 'Arafat est obligatoire (2).

Le séjour à 'Arafat est d'obligation divine. Le séjour nocturne à Mozdelifa est traditionnellement obligatoire (3). La station au Mach'ar ḥarâm (4) est ordonnée (5). Le jet des pierres est traditionnellement obligatoire, de même que le fait de se raser et de baiser l'angle (où se trouve la Pierre noire).

Le lavage ou lotion générale préparatoire à l'entrée en état pèlerinal est d'ordre traditionnel, de même qu'une prière de deux rek'a à l'entrée en état pèlerinal, et une lotion générale à 'Arafat.

La lotion générale préalable à l'entrée à la Mekke est recommandable (on l'a vu déjà).

La prière faite en commun est de vingt-sept degrés supérieure à celle faite isolément (6). Celle qui est faite isolément dans la mosquée de la Mekke et dans celle de

---

(1) Ou plutôt, recommandable ; mais dans l'une et l'autre opinions, l'omission de cette pratique n'exige pas de sacrifice à titre de compensation.

(2) Répétition de ce qu'on a vu plus haut.

(3) Ou seulement recommandable, d'après Khalil.

(4) Ce nom est donné à la mosquée et au terrain qui l'entoure placés entre les collines de Mozdelifa et de Kozaḥ (Kharchi, II, 237, l. 19; Desouki, I, 532 l. 19; Koran, II, 194).

(5) Comme pratique recommandable ; cependant il en est question dans le Koran, II, 194.

(6) Cette évaluation est fondée sur un dire du Prophète. Les prières surérogatoires, à l'exception des terâwîh, doivent être dites, de préférence, par le fidèle isolément.

Médine est plus méritoire que dans tout autre temple. On discute sur le degré de supériorité de l'une sur l'autre. [222] On ne discute cependant pas que la prière dans la mosquée de Médine vaut mieux que mille prières dites dans les autres mosquées et [que la prière dite] dans celle de la Mekke ; les savants médinois disent que la prière dans leur temple est meilleure, de moins que mille, que la prière dans le temple de la Mekke (1). Cela s'entend des prières de prescription divine, car pour les surérogatoires, il est plus méritoire de les faire à domicile (2).

Pour nous, malékites, il est mieux que, à titre surérogatoire, les Mekkois fassent une prière de deux *rek'a* plutôt que la tournée sacrée (*tawâf*), tandis que c'est l'inverse pour les étrangers à la Mekke, car ces derniers ont plus rarement l'occasion de la faire (3).

D'entre les prescriptions d'ordre divin sont : 1° celle de détourner les regards de dessus les femmes avec qui le

---

(1) Un hadith porte « Une prière dans cette mosquée, la mienne, est plus méritoire que mille prières dans une autre, sauf la Mosquée sacrée ». C'est sur la valeur à donner aux quatre derniers mots de ce texte peu clair, qu'on discute : Châfeï accorde à la prière faite dans le Temple de la Mekke une valeur supérieure de cent à celle faite à Médine, en opposition à ce que disent les Malékites ou médinois. Certains disent que « de moins que mille » du texte signifie « de sept cents » (Chernoubi). On peut voir également ce que dit à ce propos le *Khamis* de Diyârbekri, t. I, p. 141 de l'édition de 1302.

(2) Cela s'applique aux Médinois, et non aux étrangers à la ville de Médine.

(3) La véritable raison, dit un commentateur, c'est que la prière est, par elle-même, plus méritoire. La recommandation adressée aux Mekkois a pour but de ne pas augmenter encore les bousculades du pèlerinage.

mariage est interdit (1) ; mais un premier coup d'œil lancé involontairement n'est pas un péché, non plus que le fait de regarder une vieille femme ; il en est de même de regarder une jeune pour un motif justifiable, tel que témoigner [223] à son sujet, ou autre analogue (2). Cela est aussi toléré de la part du demandeur en mariage (3) ;

2° celle de garder sa langue du mensonge (1) et du faux témoignage, des paroles ou faits honteux, de la médisance, des indiscrétions malveillantes et de toute frivolité. En effet, l'Apôtre d'Allâh a dit : « Que celui qui croit en 'Allâh et au jour suprême dise du bien ; sinon qu'il se taise ! » Et encore : » D'entre les choses qui font que l'islam d'un homme est de bonne qualité est le fait qu'il omet ce qui est pour lui sans profit » (5).

Allâh a déclaré sacrés le sang des musulmans ainsi que leurs biens et leur honneur (6) ; sinon il en est dû réparation.

---

(1) Comme aussi de regarder autrui avec mépris, ou de lire ses lettres : celui, dit un hadith, qui regarde sans y être autorisé une lettre d'autrui agit comme s'il regardait les parties honteuses de sa mère.

(2) C.-à-d. pour l'identifier, si c'est nécessaire, à raison d'un contrat de mariage, de vente, etc., ou quand les soins médicaux ou chirurgicaux l'exigent.

(3) Il peut obtenir de voir lui-même le visage et les mains de celle qu'il veut épouser, mais à condition de ne pas agir par surprise.

(4) C'est la règle générale ; mais, selon le but et les circonstances, le mensonge peut mériter l'une ou l'autre des cinq qualifications légales : interdit, blâmable, etc.

(5) Ce *hadith* est cité par Lane (Dictionnaire, p. 2150 a) et expliqué un peu différemment.

(6) Koran, VI, 152, et II, 184. Cette prescription concerne également les simples blessures, et s'applique en outre aux tributaires et aux alliés.

L'effusion du sang d'un musulman n'est permise que quand il renonce à sa foi [224] pour devenir infidèle (1), ou quand, étant *mohçan*, il se rend coupable de fornication, ou qu'il tue sans avoir à venger un meurtre, ou qu'il se rend coupable de brigandage, ou qu'il sort entièrement des bornes de la religion (2). Abstiens-toi donc d'étendre la main sur ce qui ne t'est pas permis en fait de bien, de corps ou de sang, ne porte pas tes pieds vers un but auquel il ne leur est pas permis de tendre, n'emploie ni tes parties naturelles ni nulle portion de ton corps à faire ce qui ne t'est pas permis. Allâh a dit : « Ceux qui se gardent de l'acte sexuel », etc., jusqu'à « ceux-là sont les transgresseurs » (3) ; Allâh a interdit les turpitudes tant manifestes que cachées (4) et les rapports avec les femmes aux époques des menstrues et des lochies (5). Il a encore interdit (le mariage avec) les femmes que nous avons énumérées plus haut.

Allâh a ordonné de manger ce qui est bon (6), c.-à-d. ce qui est licite, et il ne t'est, par suite, pas permis de manger autre chose que ce qui est bon [c.-à-d. licite], de te couvrir de vêtements non-licites, d'employer des montures non-licites (7), d'occuper un logement d'origine

---

(1) Et après trois sommations répétées de jour en jour et restées vaines.
(2) En professant que Dieu a un corps, qu'il ne connaît les choses qu'après leur réalisation, etc.
(3) Koran, XXIII, 5-7, ou LXX, 29-31.
(4) Koran, VI, 152, ou VII, 31.
(5) Koran, II, 222.
(6) Koran, II, 54 ou 167.
(7) Qui auraient p. ex. été enlevées à leur propriétaire, ou achetées avec de l'argent d'origine illicite.

illicite, (en un mot) tu ne dois employer pour en retirer de l'utilité que des choses licites.

Il y a en outre des choses douteuses : en s'en abstenant, on est en parfaite sécurité, et en en usant on est comme le berger rôdant autour d'un parc réservé et bien près d'y pénétrer.

Allâh a interdit de prendre (1) le bien d'autrui à l'aide de moyens illégaux, tels que la dépossession violente (2), l'usurpation (3), **[225]** la déloyauté, l'usure, les pots de vin, le gain au jeu, l'aléa (exagéré), le mélange frauduleux, la ruse en paroles ou en actes.

Allâh a interdit de manger les animaux morts (1), le sang, la chair de porc, les animaux égorgés en prononçant un autre nom que le Sien, ou sacrifiés pour un autre que Lui-même (5), ceux dont la mort a été favorisée par la chute du haut d'un lieu élevé ou par un coup de bâton ou d'un autre objet et ceux étranglés à l'aide d'une corde ou autrement (6). Exception est faite pour les cas où l'on est

---

(1) L'expression arabe « manger », souvent employée même en français, est ainsi expliquée.

(2) غصب , enlèvement par violence alors que la victime peut appeler au secours ; ce qu'il ne faut pas confondre avec le brigandage ; cf. p. 207 n. 3.

(3) تعدّ cela s'applique à l'empiètement sur les droits d'autrui par l'usage abusif de ce qui lui appartient, non par l'enlèvement de la chose même ; cf. la dite note.

(4) Exception est faite pour ceux qui ne vivent que dans la mer.

(5) Comme il a été dit plus haut que le musulman peut manger la nourriture des chrétiens et des juifs, on applique ce passage à la chair des animaux immolés aux idoles ou par les païens, *madjous*.

(6) A quoi il faut ajouter ceux qui ont été déchirés par les fauves. Ces défenses reposent sur le Koran, V, 4 ; cf. II, 168.

contraint par le besoin à manger de ces animaux morts ou ainsi mis à mort. La défense relative aux animaux victimes d'une chute, etc., s'entend des cas où leur état est tel qu'ils ne peuvent guère revenir à la vie, et alors on ne procède pas à l'égorgement rituel (1). Il n'y a pas de mal à ce que celui qui y est contraint (par la crainte de périr de faim) mange de la chair des animaux morts, [226] et même s'en repaisse et s'en approvisionne (2), mais quand il est à même de s'en passer, il doit la jeter.

Il n'y a pas de mal à se servir de la peau des animaux morts (3) quand elle est tannée, mais elle ne peut servir pour la prière ni faire l'objet d'une vente. Il n'y a pas de mal à prier sur la peau des animaux de proie égorgés rituellement, non plus qu'à les vendre. On tire parti de la laine et du poil des animaux morts, ainsi que de ce qu'on leur enlève alors qu'ils sont en vie, mais il est, à nos yeux, préférable que ces produits soient lavés. On n'en emploie pas les plumes, les cornes, les ongles ni les dents. L'emploi des défenses de l'éléphant (non égorgé rituellement) est blâmable (4).

Tout ce qui provient du porc est interdit ; on tolère cependant l'usage des soies.

---

(1) Il est ordinairement admis comme valable quand les blessures ne sont pas mortelles.

(2) Ces deux derniers points ne sont pas admis unanimement. On est plutôt porté à reconnaître qu'aucune circonstance n'autorise à manger du cadavre humain ni à boire du vin.

(3) Celles de l'homme et du porc sont exceptées.

(4) Tout ce paragraphe parle de choses dont il a été question déjà dans le chapitre des sacrifices, et est omis dans certains exemplaires.

Allâh a interdit l'absorption du vin en grande ou en
petite quantité (1). Le vin *cherâb* des anciens Arabes, lors
de son interdiction, provenait de dattes sèches concassées
[additionnées d'eau et fermentées], et l'Apôtre d'Allâh a
expliqué que toute boisson qui est enivrante (2) quand
elle est prise en grande quantité, est aussi interdite en
petite quantité. Toute boisson qui trouble la raison et
procure l'ivresse est donc du vin. L'Apôtre a dit encore :
« Celui qui en a interdit l'absorption en a interdit la
vente », et il a prohibé à titre d'actes blâmables (3) les
deux mélánges [227] de boissons : introduire à la fois
deux matières (dattes et raisins p. ex.) dans un récipient
pour les additionner d'eau, ou mélanger, au moment de
boire, deux boissons dont chacune provient d'une matière
isolée ; de même qu'il a prohibé comme blâmable, l'introduction de ces matières (4) dans une courge ou dans un
vase poissé (5) ; et aussi de manger la chair de tout animal
féroce ayant des dents canines (6). Il a prohibé (à titre
d'acte interdit) de manger la chair de l'âne domestique,
et cette interdiction porte aussi sur celle du cheval et du
mulet, à raison de ce qu'Allâh a dit d'eux « pour qu'ils

---

(1) Koran, V, 92.

(2) Cette tradition permettrait l'usage du hachich, qui n'est pas une
boisson ; mais une autre version porte « ce qui enivre ».

(3) Les commentaires entendent ainsi le ‎‎ du texte.

(4) Sans distinguer s'il n'y en a qu'une ou s'il y a mélange.

(5) A raison de ce que le pouvoir enivrant de la boisson qui y est
renfermée se développe rapidement.

(6) C.-à-d. les employant pour déchirer sa proie ; cela s'entend donc
aussi du chien, mais non de l'ours.

vous servent de montures et d'objets de luxe » (1). Il n'y a donc pas à égorger tous ces animaux rituellement, exception faite de l'âne sauvage (2).

Il n'y a pas de mal à manger la chair des oiseaux sauvages, y compris ceux qui ont des serres (3).

Du nombre des prescriptions d'ordre divin est la piété à l'égard des père et mère, même impies ou polythéistes : on doit leur parler poliment, agir avec eux conformément aux règles fixées, mais ne pas déférer à leur ordre de commettre un acte coupable, ainsi que l'a dit Allâh (4). Le croyant doit implorer l'indulgence divine pour ses père et mère croyants (5). Il doit avoir des rapports amicaux avec les croyants (6) et leur adresser des avis sincères (7). Nul n'atteint [228] la perfection de la foi qui ne désire pas pour son frère croyant ce qu'il désire pour lui-même, ainsi que l'a dit le Prophète. Il doit remplir les obligations qu'impose la parenté (8).

---

(1) Koran, XVI, 8.

(2) Si on l'apprivoise, la chair en est interdite ; elle redeviendrait licite si cet animal s'échappait et reprenait son caractère d'âne sauvage.

(3) La chair du martinet, dont les déjections sont impures, est d'un usage blâmable.

(4) Koran, XXIX, 7 et XXXI, 14.

(5) Koran, XVII, 25.

(6) Mais faut-il répondre, par exemple, à l'invitation venant d'un infidèle ? Les avis sont partagés.

(7) نصيحة mot qui peut prendre des acceptions intraduisibles en français, car il peut s'employer aussi en parlant de Dieu, du Koran et du Prophète, voir les commentaires.

(8) Du côté paternel comme du côté maternel, cf. Koran, IV, 1 : on doit visiter ses parents, les aider si on le peut et si c'est nécessaire, les conseiller, etc., ce qui constitue la صلة الرحم.

Il est de droit (1) pour le croyant qui en rencontre un autre que celui-ci le salue le premier et qu'il soit visité quand il est malade ; que, quand il éternue, celui qui l'entend lui dise « Allâh ait pitié de toi ! » (2) ; qu'il assiste à ses funérailles ; que, lui-même étant absent, il respecte ses droits tant en secret que publiquement (3) ; qu'il ne rompe pas ses relations avec son frère [c.-à-d. coreligionnaire] au-delà de trois jours : le fait de saluer (4) le tire de cet état de brouille, et il est recommandé de reprendre, à la suite de cette salutation, les relations verbales. [229] La brouille permise (5) a lieu vis-à-vis de l'adepte d'une innovation (interdite, p. ex. les hérétiques *ḳadarites*), et aussi de celui qui commet publiquement un péché mortel alors qu'on n'est pas soi-même en état de le châtier et qu'on ne peut soit lui donner un avertissement soit le lui faire accepter.

Ce n'est pas une médisance que de faire connaître ce que sont ces coupables de l'une et de l'autre catégories, non plus que de révéler d'autres tares quand on est consulté à propos de mariage, de fréquentation (6), etc.

---

(1) A titre de pratique tout à fait louable.
(2) Même l'éternuant n'ayant pas dit « Louange à Allâh ! » ; voir *El-'iḳd el-ferid*, I, 280.
(3) C.-à-d. ne le jalouse ni ne l'envie pas, ou ne le décrie ni ne l'insulte pas, etc.
(4) Il faut que le salut soit donné de propos délibéré et ne résulte pas p. ex. d'une erreur.
(5) C.-à-d. qu'elle est licite, ce qui ne l'empêche d'ailleurs pas d'être obligatoire, *wâdjib*.
(6) P. ex. s'il s'agit d'une association à conclure, d'un voyage à faire en commun, d'engager un serviteur, etc. Renseigner celui qui s'enquiert est un acte recommandable, et même, d'après une opinion, obligatoire.

16

Il n'y a pas non plus médisance à faire connaître l'indignité d'un témoin et autres choses analogues (1).

Il est d'une moralité supérieure de pardonner à celui qui t'a fait tort, de donner à celui qui t'a empêché de prendre quelque chose, de témoigner de l'amitié à qui rompt avec toi (2).

Tous les préceptes et principes directeurs nécessaires pour la pratique du bien découlent de quatre *hadith*, à savoir : 1° Les paroles mêmes du Prophète : « Que celui qui croit en Allâh et au jour suprême dise des paroles de bien, ou qu'il se taise! »; 2° « Négliger ce qui ne peut lui servir (3) est une des choses qui font le bon musulman » ; 3° La réponse condensée du Prophète à celui qui lui demandait de brefs préceptes : « Ne te fâche pas », et aux interrogations répétées de qui il répondit « Ne te fâche pas » (4) ; 4° « Le croyant désire pour son frère croyant ce qu'il désire pour lui-même ».

Il ne t'est pas permis d'écouter de propos délibéré quoi que ce soit de frivole (5), [230] ni de te délecter à

---

(1) Telles que d'établir le manque de sérieux d'un rapporteur de traditions, de faire connaître les titres supérieurs d'un homme à être imâm pour la prière, etc.

(2) Ces prescriptions reposent sur le Koran, III, 128, et sur un hadith.

(3) Au point de vue soit temporel soit spirituel. Ce hadith est tiré du *Mowattâ*.

(4) C.-à-d. ne fais pas des actes inspirés par la colère, ou de nature à provoquer la colère. La colère est innée chez l'homme, et Châfe'i a dit : « Celui dont on provoque la colère et qui ne se fâche pas est un âne ; celui qu'on cherche à satisfaire et qui n'est pas content est un démon ».

(5) Qu'il s'agisse de paroles, de médisance, etc., ou d'actes, tels que le jeu d'instruments, etc.

entendre la voix d'une femme avec qui tu ne peux te
marier, ni d'écouter le son des instruments de musique,
ni le chant, ni de lire le Koran avec des modulations
harmonisées semblables à celles du chant ; le saint Livre
est estimé trop haut pour être lu autrement qu'avec
respect et gravité, en même temps que le fidèle, portant
son attention sur ce qu'il lit, a la ferme conviction qu'il
acquiert ainsi la satisfaction et la faveur d'Allâh.

Parmi les devoirs d'obligation canonique figure celui (1)
d'ordonner les choses prescrites et d'empêcher les choses
réprouvées (2), à la charge de celui qui a reçu d'Allâh
pouvoir sur la terre et de celui qui en détient quelque
chose (3) ; s'il s'agit de quelqu'un qui ne peut le faire par
lui-même, il doit le faire par ses paroles, ou, s'il ne peut
parler, dans son for intérieur.

Il est d'obligation canonique pour tout croyant (4) d'avoir
en vue, dans toute parole ou acte de piété, l'amour
d'Allâh (5) ; et les paroles ou actes de celui qui a en vue
autre chose que l'amour d'Allâh ne sont point agréés.
[231] L'hypocrisie est le polythéisme mineur (6).

---

(1) Devoir qui pourra, selon le cas, être ou personnel ou de solidarité.

(2) Il s'agit des choses prescrites ou réprouvées par la loi, le شرع ou
prescriptions et défenses émanant d'Allâh et de son Prophète.

(3) Par exemple le père à l'égard de ses enfants, le mari à l'égard de sa
femme, etc.

(4) A titre de devoir individuel, et sans distinguer entre l'homme et la
femme, le maître et l'esclave, le malade et le bien portant.

(5) Le degré de perfection consiste à ne viser que Dieu en lui-même ;
c'est une imperfection que d'agir par espoir du paradis ou crainte de
l'enfer.

(6) C.-à-d. une forme atténuée du polythéisme proprement dit. Cette
qualification est tirée d'un hadith.

Le repentir (1), à raison de tout péché, est d'obligation canonique, et impose de ne point persévérer dans la faute, autrement dit de ne point rester en état de péché et de n'avoir point l'intention d'y retomber. Dans le repentir sont comprises la réparation des injustices commises (2), l'abstention des actes interdits et l'intention de ne pas récidiver (3). Que le pécheur invoque le pardon d'Allâh, en espérant en Sa miséricorde, en redoutant Son châtiment, en se remémorant Ses bienfaits, en Lui exprimant sa reconnaissance pour lui avoir accordé d'avoir fait des actes conformes à ses prescriptions et d'avoir omis ceux qui sont réprouvés (4).

Le repentant, pour opérer son rapprochement avec Allâh, accomplit les œuvres surérogatoires qui lui sont commodes, et satisfait à tous les devoirs d'obligation canonique qu'il a négligés, et cela sur le champ ; après quoi il supplie Allâh de les agréer et Lui manifeste son repentir pour les avoir omis ; il s'humilie devant Lui à raison de la peine qu'il a eue à se dompter et à rechercher Sa volonté, bien assuré que c'est Lui qui est le Maître de l'amender, de le secourir et de le redresser. Il ne doit d'ailleurs pas cesser de rester dans cet état (d'humilité et

(1) Il comporte, pour être valide, trois conditions : il faut regretter la faute commise, cesser de la commettre ou de la continuer, former le propos de ne pas y retomber.

(2) S'il s'agit de biens p. ex., ils doivent être restitués à leur propriétaire ou à ses héritiers, et, à défaut, être répartis entre les pauvres.

(3) L'intention est nécessaire à la validité du repentir (cf. n. 1).

(4) La réalisation de cette série d'injonctions n'est pas indispensable pour le repentir ou la résipiscence proprement dite, mais permet d'atteindre à la contrition *parfaite*.

de confiance) en quelque état qu'il soit, d'obéissance ou de désobéissance (1).

L'homme ne doit point désespérer de [232] la miséricorde divine (2). La réflexion sur les œuvres d'Allâh est la clef des œuvres de piété (3) ; cherche-toi donc de l'aide pour toi-même dans la pensée de la mort et dans la méditation sur ce qui la suivra, sur les bienfaits dont tu es redevable à ton Seigneur, sur le délai qu'il te consent, sur ceux, autres que toi, dont il a châtié les péchés, sur les fautes que tu as précédemment commises, sur les conséquences finales de tes actes et sur la course rapide du temps qui t'est assigné et dont le terme est peut-être proche.

XLI

DEVOIRS DE CONVENANCE (4), CIRCONCISION, COUPE DES CHEVEUX OU POILS, MODE DE SE VÊTIR, FAIT DE SE COUVRIR LES PARTIES HONTEUSES, ET AUTRES CHOSES DE CE GENRE.

Au nombre de ces devoirs (5) figurent les cinq suivants : se couper la moustache, c'est-à-dire le pourtour des

---

(1) Le pécheur n'est pas soustrait à ce devoir, car il peut toujours espérer le pardon de son Créateur, puisqu'il est dit dans le Koran (II, 222) : « Allâh aime ceux qui ont souvent à se repentir ».

(2) Koran, XII, 87.

(3) Car de l'existence des œuvres du Créateur on devra conclure à la nécessité de Son existence, et par suite à celle de Le servir.

(4) آداب, ensemble des pratiques et usages dont l'observation rend quelqu'un complètement digne de porter le nom d'homme.

(5) Cinq autres sont indiqués dans les commentaires : se gargariser, renifler de l'eau, employer le cure-dents, s'humecter les oreilles (ou, selon certains, laisser pousser toute la barbe), se nettoyer l'anus.

lèvres, autrement dit l'extrémité des poils qui entourent
la lèvre, et non pas la faire disparaitre entièrement, mais
Allâh sait mieux ce qu'il en est (1); se couper les ongles (2);
s'épiler les aisselles (3); se raser le pubis (4), mais il n'y
a pas de mal à se raser les poils des autres parties du
corps (5); enfin la circoncision qui est pour l'homme une
pratique traditionnelle (6), tandis que l'excision de la
femme (7) est seulement recommandée.

Le Prophète a dit [**233**] de laisser la barbe croitre et
se développer et de ne pas la couper; et Mâlek a dit qu'il
n'y a pas de mal à la raccourcir lorsqu'elle devient par
trop longue, ce qu'ont dit aussi plus d'un d'entre les
Compagnons et les Successeurs.

Il est blâmable, mais non interdit, de teindre les

------

(1) C'est une allusion à ce que disent Aboû Hanifa et Châfe'i qui,
s'appuyant sur un autre hadith, prescrivent de la raser entièrement.

(2) Ce que ne doit pas faire le fidèle en état pèlerinal. Il convient de
vaquer à ce soin une fois par semaine.

(3) L'épilation est préférable à l'emploi du rasoir ou de l'orpiment.

(4) Ce qui s'entend aussi du périnée. La femme ne doit pas, pour cette
partie du corps, recourir à l'épilation.

(5) Se raser la barbe est, pour l'homme, une innovation interdite, de
même que, pour la femme, se raser la tête. Ce dernier acte est, pour
l'homme, une innovation blâmable, du moins dans une opinion.

(6) Il est recommandé de la pratiquer sur l'enfant entre sept et neuf
ans, et non, comme font les juifs, à son septième jour.

(7) Ce serait, d'après Aboû'l-Hasan, نَتْعُ البانيه فى اعلى فرج الاثى كانه
مُرن الديك; Dict. Lane, p. 242 *a* et *b*; mais cela est aussi expliqué autrement. Un épisode du combat d'Oḥod nous apprend que l'excision était
déjà pratiquée à la Mekke à l'époque du Prophète (*Kâmil* d'Ibn el-Athir,
II, 1e0). Cf. supra, p. 107.

cheveux en noir (1), mais il n'y a pas de mal à recourir
pour se teindre au *henné* et au *katam* (2).

Le Prophète a interdit à l'homme de se vêtir de soie et
de porter un anneau en or; il a aussi défendu (comme étant
seulement blâmable) le port d'un anneau en fer. Il n'y a
pas de mal à employer l'argent pour décorer un cachet (3),
un sabre ou le Koran, mais non pour décorer une bride,
une selle, un poignard et autres armes. Les femmes
peuvent porter des cachets en or (4), mais non en fer (5).

[234] D'entre les dires concernant les deux manières
du Prophète de porter son cachet, le choix (de Mâlek et
de la plupart) s'est arrêté sur le port à la main gauche (6),
car la droite prend l'objet et le place dans la gauche.

---

(1) Le fait en question est interdit si l'on noircit p. ex. les cheveux d'un
esclave pour le vendre en trompant sur son âge ; il est blâmable chez
celui qui veut se marier et cherche ainsi à se rajeunir ; il est louable si,
faisant la guerre sainte, le guerrier veut par là intimider l'ennemi.

(2) Il s'agit ici de l'usage du henné qui, pour l'homme, est restreint
aux cheveux et à la barbe, restriction qui n'existe pas pour la femme.
Le *katam* (troène, d'après Dozy) est, dit Aboû'l-Hasan, la feuille de
l'arbre nommé *selem*, et sert à blondir les cheveux, tandis que le henné
les rougit ; d'après le *Kamous*, c'est une plante qui, mélangée au henné
et appliquée sur les cheveux, conserve à ceux-ci leur teinte primitive.
Un hadith parle de ces deux ingrédients.

(3) Le cachet du Prophète était en argent et portait, sur trois lignes,
Mohammed resoûl Allâh ; transmis à ses successeurs Aboû Bekr, 'Omar
et 'Othmàn, il tomba, la septième année du règne de ce dernier, dans le
puits d'Aris et ne fut pas retrouvé.

(4) En argent, etc., aussi bien que porter des vêtements de soie ou
décorés à l'aide de métaux précieux ; mais l'usage d'ustensiles en or, etc.,
ne leur est pas permis.

(5) Cette prohibition du fer, commune aux deux sexes, se fonde sur un
hadith ; mais on n'est pas unanime sur ce point.

(6) Et au petit doigt.

On discute sur l'usage de vêtements de soie mélangée, les uns le disant permis et d'autres le déclarant blâmable ; il en est de même pour les ornementations en soie ajoutées à un vêtement, à moins qu'il ne s'agisse d'une bande étroite (1).

Les femmes ne doivent pas se vêtir d'étoffes légères qui, quand elles sortent (2), dessinent leurs formes. L'homme ne doit pas laisser traîner son manteau, *izar*, par insolence non plus qu'aucun autre vêtement par orgueil (3) ; qu'il les laisse tomber jusqu'au cou-de-pied, cela vaudra mieux pour la propreté du vêtement et pour le respect qu'il doit à son Créateur. Il est interdit (4) de se draper, sans vêtement de dessous, dans un manteau dont le pan d'un côté est ramené sur l'autre épaule pour ensuite relever ce pan (par un mouvement du bras) tandis que l'autre pan reste tombant (5). Cette interdiction s'applique au cas où il n'y a pas de vêtement de dessous, mais elle est discutée quand il y en a un.

Il est commandé (6) de se couvrir les parties honteuses.

---

(1) C.-à-d. de la largeur de moins d'un doigt ; la discussion ne porte que sur une bande ayant de un à quatre doigts.

(2) Ou chez elles quand d'autres que le maître ou l'époux peut les voir.

(3) Les deux mots « insolence, orgueil » sont regardés comme synonymes et employés ici pour varier l'expression de la pensée.

(4) Cette défense est absolue *harâm* pour le fidèle en train de prier (Khalil, texte, p. 20, l. 2 ; trad. Perron, I, 112) ; autrement, elle n'est que de blâme مكروه .

(5) Car on risque ainsi de se découvrir les parties honteuses.

(6) Ce mot أمر se dit en parlant d'une prescription soit *wâdjib*, soit *mostahabb* ; en effet, il est *wâdjib* de ne pas se découvrir les parties honteuses devant d'autres, et *mostahabb* (syn. *mendoûb*) de ne pas le faire quand on est seul.

Le mode de se vêtir employé par le croyant est de faire descendre le vêtement jusqu'à mi-jambe. La cuisse est considérée comme appartenant aux parties honteuses, mais pas tout à fait [235] comme celles-ci (1).

L'homme ne doit pénétrer au bain que vêtu d'un caleçon et la femme (ainsi couverte) ne peut (2) y pénétrer que pour raison de maladie. Deux hommes ensemble non plus que deux femmes ensemble ne peuvent (3) s'enrouler dans une même couverture.

La femme (4) ne peut sortir que voilée dans les cas où elle ne peut se soustraire à cette nécessité pour assister à la mort de son père ou de sa mère ou d'un proche (5), ou à une cérémonie de ce genre pour laquelle il lui est permis de sortir (6) ; mais, dans les cas de sortie permis, elle n'assistera pas aux lamentations de pleureuses, ni aux concerts de flûtes, mandolines et autres instruments de musique : exception est faite pour le tambour de basque dans les noces, tandis qu'on discute si le *kabar* (7) est permis ou non.

---

(1) Cette distinction repose sur un hadith ; mais Khalil appelle « parties honteuses » la portion du corps qui s'étend du nombril aux genoux.

(2) C.-à-d. qu'elle fait ainsi, explique-t-on, un acte blâmable.

(3) Ce fait est *harâm*, s'agit-il même de proches parents, si les parties naturelles ne sont pas cachées ; il est blâmable s'il s'agit d'enfants de moins de dix ans.

(4) Tant qu'elle n'est pas d'âge à ne plus exciter les désirs masculins.

(5) Tels qu'un frère, un fils ou un époux ; certains déclarent blâmable la sortie provoquée par le désir d'assister à la mort d'un oncle ou d'un cousin.

(6) P. ex. pour les funérailles ou le mariage des parents en question, ou pour une affaire où elle ne peut être remplacée.

(7) Petit tambour qui n'a qu'une face, d'après les uns ; grand tambour circulaire à deux faces, d'après les autres.

L'homme ne s'isolera pas en compagnie d'une femme
avec qui le mariage ne lui est pas interdit (1). Mais il n'y
a pas de mal à ce qu'il la voie quand il y a pour cela un
motif légitime, tel que de témoigner à son sujet ou autre
raison de ce genre (2), et lorsqu'il demande sa main.
Quant à la femme âgée, il est permis à tout non-parent
de lui voir le visage en tous cas.

Il est interdit à la femme (3) d'ajouter des cheveux aux
siens [236] et de se tatouer (4).

En chaussant des bottines ou des sandales on commence
par la droite, et, pour se déchausser, par la gauche (5).
Il n'y a pas de mal à rester debout pour se chausser,
mais il est blâmable de ne marcher qu'avec une seule
sandale (6).

Sont blâmables (7) les représentations (d'animaux) figu-

---

(1) Il en est autrement d'un homme en compagnie de deux femmes.

(2) P. ex. pour le médecin, qui d'ailleurs ne doit pas s'isoler avec elle.

(3) La femme songe plutôt à cet expédient, et c'est pourquoi elle est
visée spécialement, mais l'interdiction est la même pour l'homme.

(4) Sauf dans les cas où le tatouage est regardé comme un remède.
Ces défenses, ainsi que d'autres, reposent sur un hadith que les interprétations restreignent considérablement.

(5) Il est recommandé, d'après le Prophète, de commencer par la droite
tout acte de nature à honorer son auteur, entrer à la mosquée, se couper
les ongles, se tailler la moustache, etc. ; et, dans les autres cas, par la
gauche, se moucher, entrer aux cabinets, se déculotter, etc.

(6) C'est ainsi que marche Satan.

(7) Il y a prohibition formelle, harâm, des représentations portant
ombre, sans distinguer si la matière employée à cet effet a une existence
éphémère ou durable. On excepte cependant les poupées destinées aux
jeux des petites filles, comme étant propres à exercer celles-ci au manie-
ment des enfants (cf. Mawerdi, p. 410).

rant sur les sièges, sur les dômes (1), sur les murailles
et sur les cachets. Le tracé de figures sur les pièces
d'étoffe n'est pas regardé comme tel, mais il est mieux
de s'en abstenir.

XLII

Du manger et du boire

Lorsque tu te mets à manger ou à boire, tu dois (par
obligation traditionnelle) dire : « Au nom d'Allâh » (2) ;
tu prends de la main droite (le mets ou la boisson), et
quand tu as fini tu ajoutes « Louanges à Allâh » (3). Il
est bien de te lécher la main avant de l'essuyer. Il est
d'entre les convenances, quand tu manges, de faire de ton
ventre trois parts égales : l'une pour le manger, la seconde
pour le boire, la troisième pour la respiration; de prendre,
si tu es avec des convives, de ce qui est proche de toi (4) ;
de ne prendre une nouvelle bouchée qu'après avoir avalé
la précédente ; — et quand tu bois, de ne pas reprendre
haleine [237] dans le vase auquel tu t'abreuves, mais de
l'éloigner de ta bouche pour ensuite continuer de boire si
tu le veux ; de ne pas déglutir bruyamment le liquide,

---

(1) C.-à-d. les étoffes en forme de dôme surmontant un palanquin, une
tente, etc.
(2) Sans ajouter, dit-on généralement, « clément et miséricordieux ».
Cela se prononce à haute voix.
(3) Ce qui se prononce à voix basse.
(4) A moins qu'il n'y ait plusieurs plats différents et qu'on ne doive
ainsi, pour prendre de l'un d'eux, allonger le bras devant le voisin.

mais de l'absorber doucement ; de mâcher soigneusement
les aliments avant de les avaler ; de te nettoyer la bouche (1)
après manger. Il est bien de te laver les mains (2) pour
les débarrasser de l'odeur de la viande et du lait. Tu
enlèves d'entre les dents les restes d'aliments qui s'y
trouvent (3).

Le Prophète a défendu (4) de manger et de boire à
l'aide de la main gauche. Après t'être servi à boire (ou à
manger), tu offres à ton voisin de droite. Il est défendu
(à titre d'acte blâmable) de souffler sur un aliment, une
boisson ou un écrit (5) ; et de même (mais à titre d'acte
interdit) de boire dans un vase d'or ou d'argent (6). Il n'y
a pas de mal à boire (ou à manger) debout. Il ne convient
pas que celui qui a mangé à l'état cru du poireau, de l'ail
ou de l'ognon entre dans la mosquée (ou un autre lieu
de réunion). Il est blâmable de manger en s'accoudant, et
de prendre le dessus du plat, pain trempé dans le bouillon
(ou autre chose) (7) ; de même aussi de réunir deux

---

(1) En te gargarisant et employant le cure-dent.

(2) Après les avoir préalablement léchées puis essuyées.

(3) Les interstices des dents sont, dit-on, les lieux où se tiennent les
anges.

(4) A titre d'acte blâmable (نَهَى اى نَهْى كَرَاهَة) ; c'est Satan qui se sert
de la main gauche. Cf. ci-dessus, p. 250.

(5) Dans ce dernier cas, la défense est motivée, dit-on, par la crainte
soit de faire disparaître l'écriture, soit de mauvais présage ; c'est avec
de la poudre qu'il faut sécher l'écriture.

(6) Aussi bien, ajoutent les juristes, que d'y manger ou d'en faire aucun
usage.

(7) Un hadith dit que la bénédiction descend du dessus (ou du milieu)
du plat sur les côtés.

dattes (dans une bouchée), mais ceci, d'après une explication, [238] quand les autres convives sont copropriétaires de ces fruits (1). Il n'y a d'ailleurs pas de mal à ce fait [de mettre les bouchées doubles] quand tu manges avec ta famille (2) ou que tu es l'amphitryon. Il n'y a pas de mal à étendre la main (3) vers les vases renfermant des dattes et autres mets analogues pour en manger à ton gré.

Il n'est pas de prescription traditionnelle de se laver les mains avant le repas (4) à moins qu'elles ne portent quelque souillure ; mais après manger on a à se laver les mains (5) et la bouche pour se débarrasser de tout reste de graisse, et après avoir bu du lait on se rince la bouche. Il est blâmable (6) d'employer pour se laver les mains quelque chose servant de nourriture ou même des débris de légumineuses (7), et de même d'employer le son à cet

----

(1) Autrement dit, s'agit-il là d'une simple règle de politesse, ou bien chacun ne doit-il manger que la part à laquelle son droit de propriétaire ou d'invité lui permet de prétendre? Ce qui est dit des dattes s'applique à tous les fruits ou mets ; on discute en effet si l'invité acquiert la propriété des mets offerts par le seul fait de l'invitation ou par leur ingestion.

(2) C.-à-d. avec ta femme et tes enfants.

(3) Il eût été préférable de placer cette indication plus haut, p. 251.

(4) C'est l'usage suivi à Médine pourvu que les mains soient propres, et qui est consacré par Mâlek, mais en opposition avec un hadith.

(5) Ce qu'on a vu déjà.

(6) Pour d'autres, c'est formellement interdit كُره كراهة تنزيه ودليل كراها تحريم.

(7) Qui sont considérés comme sans aucune valeur et qu'on ne mange qu'en temps de famine.

usage (1). Cependant on discute s'il n'est pas permis de faire des aliments cet usage.

Tu dois répondre affirmativement à l'invitation d'assister à un banquet nuptial s'il ne doit donner lieu à aucun divertissement bien connu comme interdit ni à aucun fait manifestement défendu (2) ; tu y manges à ton gré. Mâlek autorise le refus à cette invitation quand la foule des invités est trop grande.

XLIII

DE LA SALUTATION, DE LA DEMANDE D'ÊTRE REÇU, DE LA CONVERSATION A VOIX BASSE, DE LA LECTURE DU KORAN, DES INVOCATIONS ET LOUANGES DIVINES, DES PAROLES PRÉLIMINAIRES AU VOYAGE.

Répondre à une salutation (3) est un devoir canonique, et être le premier à l'adresser est une pratique traditionnelle désirable (4). On salue en disant *es-selâm 'aleykoum,* [**239**] et le salué répond par *wa-'aleykoum es-selâm* (5),

---

(1) Il s'agit du son provenant du blé seulement, car le son de l'orge peut être ainsi employé.

(2) Tels seraient la réunion des deux sexes, l'emploi de tapis ou sièges de soie, etc.

(3) De manière à être entendu. Un hadith porte : « A celui qui dit *Selâm 'aleykom,* Allâh inscrit dix bonnes œuvres ; vingt quand il dit *wa rahmat allâh,* et trente quand il dit *wa barakâtouhou* » ; cf. Koran, IV, 88.

(4) Ce dernier mot ليها سـنّة est inutile puisque, dit la glose, il s'agit d'une *sonna.*

(5) On admettrait la forme du singulier *wa-'aleyka,* mais l'emploi de la conjonction est indispensable.

ou bien *selâm 'aleykoum* en répétant ainsi (à peu près) les termes de la salutation qu'il a reçue. Le plus qu'on puisse te demander dans ta réponse à une salutation comprenant le mot *baraka* (1), c'est la formule *wa-'aleykoum os-selâm wa rahmat allâh wa barakâtouhou*. N'emploie pas pour répondre les mots *selâm ollâhi 'aleyka*.

Il suffit qu'un seul de ceux qui constituent une troupe adresse le salut, et de même que, d'entre plusieurs, un seul le rende. C'est à l'individu monté à saluer le piéton, à celui qui marche à saluer celui qui est assis.

Se donner la main (2) est un acte recommandé. L'embrassement est blâmé par Mâlek et permis par [Sofyân] ben 'Oyeyna (3). Mâlek blâme le baisement de main et nie les hadîth transmis à ce sujet (4). Ce n'est pas au musulman à saluer le premier le juif ni le chrétien (ou autre infidèle) ; mais s'il vient à saluer un tributaire, il ne demande pas à celui-ci de considérer le salut comme non-avenu (5).

(1) Voir p. 254, n. 3.
(2) C.-à-d. que l'on applique la paume de la main contre la paume de son interlocuteur pendant la durée des salutations, mais entre personnes du même sexe seulement. On discute s'il est permis de se serrer les mains. Les salutations achevées, on n'a à baiser ni sa main ni celle de l'interlocuteur.
(3) Célèbre traditionniste, mort en 198, dont l'imâm Châfe'i faisait le plus grand cas (Ibn Khallikân, I, 578; Ibn Koteyba, *Ma'ârif*, 251; Nawawî, 289, etc.) L'embrassement consiste dans le fait de placer son cou sur celui d'une autre personne.
(4) Ibn Baṭṭâl (Aboû'l-Ḥasan 'Ali ben Khalaf), mort en 444, commentateur de Bokhâri et l'une des lumières de l'école malékite, blâme qu'on baise la main des tyrans et des violents, mais le permet à l'égard du père, d'un saint homme, etc.
(5) Ce qui se faisait au début de l'Islâm.

S'il reçoit le salut du juif ou du chrétien, qu'il réponde par *aleyka !* (1) ; il lui est de même permis, à ce qui est dit, [240] de répoudre par *aleyka 's-silâm,* c.-à-d. « que les pierres soient sur toi ! »

Il est d'obligation divine (2) de demander la permission d'entrer (3) ; ne pénètre donc pas dans une demeure où il y a quelqu'un sans en demander à trois reprises la permission (4) ; n'entre que si tu la reçois, et, à défaut, retire-toi. C'est une œuvre fort désirable que de visiter les malades (5).

Deux personnes ne doivent pas s'entretenir à voix basse en laissant à l'écart une troisième, non plus que ne le doit un groupe plus nombreux en laissant une seule à l'écart ; cela ne convient, a-t-on dit, qu'avec l'assentiment de cette personne. Il a été parlé de la brouille dans un chapitre antérieur.

Mo'âdh ben Djebel (6) a dit : « Nulle œuvre de l'être humain ne le préserve du châtiment d'Allâh mieux que

---

(1) Et non *wa-'aleyka,* parce que, dit-on, le juif ne dit pas *es-selâm,* mais *es-sâm,* c.-à-d. *la mort;* voir les commentaires, et Lane, Dictionnaire, p. 1474 b.

(2) Koran, XXIV, 57 et 58.

(3) Ailleurs que dans un lieu public, mosquée, etc., aux heures où il est normalement ouvert.

(4) Soit de vive voix soit en cognant à la porte.

(5) La répétition en cet endroit d'une recommandation qui a été faite antérieurement, signifie probablement que, même en ce cas, le visiteur doit s'annoncer.

(6) L'un des hommes de confiance du Prophète, qui a dit de lui, bien qu'il soit mort à trente ans ou même moins : « De vous tous, c'est lui qui sait le mieux ce qui est licite ou illicite » (*Me'ârif,* 130 ; Nawâwi, 550).

le fait de songer à Allâh » ; et 'Omar ben el-Khaṭṭâb :
« Plus méritoire que de proférer le nom d'Allâh est le
fait de songer aux ordres et aux prohibitions d'Allâh » ;
et dans l'invocation que faisait le Prophète tous les
matins et tous les soirs, il disait : « O grand Dieu ! c'est
par Toi que nous sommes au matin, par Toi que nous
sommes au soir, par Toi que nous vivons, par Toi que
nous mourons », en ajoutant, le matin : « C'est à Toi que
nous irons lors de la Résurrection », et le soir, [**241**]
« C'est vers Toi que se fera le retour ». Une tradition
rapporte qu'il y ajoutait : « O grand Dieu ! place-moi
parmi les plus nobles de Tes serviteurs auprès de Toi
quant à la part et portion de tous biens que Tu répartis,
en ce jour et en ceux qui le suivront, en fait de lumière
par quoi Tu diriges, ou de miséricorde que Tu épanches,
ou de subsistances que Tu prodigues, ou de dommages
que Tu empêches, ou de péchés que Tu pardonnes, ou
de peines que Tu enlèves, ou de séductions que Tu détour-
nes, ou de grâces qu'accorde Ta clémence ; car Tu es
omnipotent sur toutes choses ».

Le Prophète, pour dormir, appuyait sa joue droite sur
la main droite, la main gauche étant allongée sur la cuisse
gauche, puis disait dans son invocation : « O grand Dieu !
c'est en Ton nom que je repose mon flanc, c'est en Ton
nom que je le relèverai. Si Tu prends mon âme (1),

_____

(1) C.-à-d. si tu me fais mourir cette nuit. On croit généralement que
l'âme abandonne le corps pendant le sommeil ; si Dieu l'y réintègre, c'est
le réveil ; sinon c'est la mort (Koran, XXXIX. 43).

17

pardonne-lui ; si Tu la réintègres, agis pour la préserver comme Tu fais à l'égard des gens vertueux d'entre Tes créatures ; o grand Dieu ! je remets mon âme entre Tes mains ; je prends mon appui en Toi, je Te remets mon affaire, je tourne ma face vers Toi tant par crainte que par désir de Toi ; ni fuite ni éloignement de Toi n'ont lieu que vers Toi ; [242] je demande Ton pardon et reviens à Toi. Je crois en Ton Livre que Tu as révélé, et en Ton Apôtre que Tu as envoyé ; pardonne-moi donc mes (péchés) antérieurs et mon (repentir) tardif, ce que j'ai fait en cachette et ce que j'ai fait ouvertement ; c'est Toi qui es mon Dieu, il n'y a de divinité que Toi ; garde-moi, Seigneur, de Ton châtiment au jour où Tu ressusciteras Tes créatures ! ».

Il est rapporté au sujet du Prophète qu'il disait en sortant de sa demeure : « O grand Dieu ! garde-moi d'errer ou d'induire en erreur, de pécher ou d'être induit en péché, de faire tort ou d'éprouver du tort, de commettre un acte déraisonnable ou de le subir » ; et aussi qu'il disait à la suite de chaque prière (canonique) trente-trois fois chacune des formules *sobḥâna'llâhi*, *Allâhou akbar* et *el-ḥamdou lillâhi*, en complétant la centaine par « Il n'y a de divinité qu'Allâh seul ; Il est sans associé, c'est à Lui qu'appartient la souveraineté, à Lui qu'appartient la louange, Il est [243] omnipotent sur toutes choses ».

(A l'imitation du Prophète) tu dis, en sortant des cabinets d'aisance : « Louange à Allâh qui m'a gratifié du plaisir de la (nourriture que j'ai mangée), qui a expulsé

de mon corps la partie nuisible en y laissant la partie
utile » (1).

Pour te préserver de tout ce que tu peux redouter,
ainsi que quand tu descends quelque part, ou que tu vas
t'asseoir dans un lieu ou y dormir, tu dis (à trois reprises):
« Je prends dans les paroles parfaites d'Allâh un refuge
contre le mal qu'Il a créé » ; ou aussi : « Je prends un
refuge dans la face généreuse d'Allâh, dans Ses paroles
parfaites que ne peuvent atteindre les actes du vertueux
ni du méchant, dans tous les excellents noms d'Allâh de
moi connus et inconnus (2), contre le mal de ce qu'Il a
créé, produit et formé (3), contre le mal de ce qui descend
du ciel, contre le mal de ce qui y monte, contre le mal
de ce qu'Il a créé sur la terre, contre le mal de ce qui en
sort, contre les épreuves qui surgissent de nuit et de
jour, contre les événements inopinés de nuit et de jour,
à moins qu'il ne s'agisse d'une surprise heureuse, ô
Miséricordieux ! » ; ou bien on y dit encore : « Contre le
mal de tout animal ; certes mon Seigneur le prend par le
devant de la tête ; certes mon Seigneur [**244**] indique
une voie droite » (4).

Il est recommandé à celui qui pénètre dans sa demeure

---

(1) A l'entrée des cabinets, on dit : « Garde-moi des démons mâles et
femelles ».

(2) Dieu, dit Kocheyri, a mille noms : trois cents dans la Tôra, trois
cents dans les Psaumes, trois cents dans l'Évangile, quatre-vingt-dix-neuf
dans le Koran et un seul dans les livres d'Abraham.

(3) Ces trois expressions sont synonymes.

(4) Ces formules proviennent, dit-on, de hadith ; cf. aussi Koran, CXIII
et CXIV.

de dire : « Ce que veut Allâh ; il n'y a de force qu'en
Allâh » (1).

Il est interdit (2) de se livrer dans la mosquée à un
travail de couture ou autre analogue ; on ne s'y lave
point les mains et l'on n'y mange point, à moins qu'il
ne s'agisse d'une chose sans grande importance, p. ex. du
sawik (3) et choses analogues. On ne s'y coupe ni la
moustache ni les ongles, et, si on l'a fait, on en emporte
les rognures dans son vêtement. On n'y tue ni les poux ni
les puces. Il est toléré que les étrangers passent la nuit
dans les mosquées de la campagne.

Il ne convient de réciter aux bains que quelques courts
versets et sans en faire abus, tandis que celui qui est sur
une monture ou couché en récitera, de même que celui
qui se rend à pied d'une localité à une autre. Mais cette
récitation est blâmable [245] chez celui qui va à pied au
marché (4) ; on a dit cependant qu'elle est permise à
l'étudiant. C'est une œuvre recommandable que de faire
la lecture complète du Koran en sept jours (5), mais il

---

(1) Cf. Koran, XVIII, 37. Le prononcé de cette formule suit le salut,
qui est exprimé en tous cas, que l'entrant trouve du monde ou non.

(2) Cette interdiction est absolue ou de simple blâme, selon la nature
du travail.

(3) Blé ou orge grillé et moulu, et parfois mélangé avec de la graisse
ou du miel, d'après les commentaires ; cf. Dict. Dozy, et Abdollatif —
de Sacy, p. 101.

(4) Il s'agit du marché urbain : les rues sont remplies d'ordures et les
passants nombreux, ce qui ne permet pas une récitation suffisamment
attentive.

(5) Les sourates forment alors sept groupes : 2 à 4 ; 5 à 9 ; 10 à 16 ;
17 à 25 ; 26 à 36 ; 37 à 48 ; 49 à 114.

est plus méritoire d'en lire une portion moindre en s'en pénétrant bien (1) ; il est rapporté que le Prophète lui-même ne le lisait pas en moins de trois jours.

Il est recommandé au voyageur de dire, au moment où il enfourche sa monture : « Au nom d'Allâh ; ô grand Dieu, c'est Toi qui es l'ami pendant le voyage, le remplaçant auprès des miens ; ô grand Dieu, je me réfugie auprès de Toi contre les difficultés du voyage, contre un retour accompagné de tristesse (2) et contre le spectacle pénible que pourraient présenter ma famille et mes biens ». Quand il s'est installé sur sa monture le cavalier dit : « Gloire à Celui qui nous a soumis cet animal et ce sur quoi nous avons pouvoir ! Certes nous serons ramenés à notre Seigneur ».

Est interdit (3) le commerce en pays ennemi et au Soudan (4). Le Prophète a dit : « Le voyage est une partie du Châtiment (5) ».

Il ne faut pas qu'une femme voyage avec un autre qu'un parent à un degré prohibé, pendant un jour et une nuit ou davantage (6). Cependant, au dire de Mâlek, elle

---

(1) Cf. ce que dit le Koran lui-même, IV, 84, ou XLVII, 26.

(2) A raison de l'insuccès de l'entreprise en vue de laquelle le voyage a lieu.

(3) Cette interdiction est absolue كراهة محرم d'après Aboû'l-Hasan.

(4) A raison des risques qu'y court le musulman non seulement dans sa personne et ses biens, mais aussi de l'affaiblissement possible de sa foi.

(5) Et 'A'icha, renchérissant, disait : « Si le Prophète n'avait parlé ainsi, je dirais que le Châtiment est une partie du voyage ».

(6) La question de durée ne fait rien à la chose, puisque l'isolement d'un homme et d'une femme non-parents au degré prohibé est interdit.

peut le faire, pour accomplir un pèlerinage d'obligation divine (1) seulement, quand, bien que n'ayant pas avec elle un parent au degré prohibé, elle fait partie d'une caravane formée de gens sûrs.

XLIV

[246] Du traitement des maladies, des charmes, des présages, de la connaissance des astres, de la castration, du tatouage, des chiens, des manières d'agir a l'égard des esclaves.

Il n'y a pas de mal à recourir aux charmes contre le mauvais œil et autres choses semblables (2), ni à demander refuge à Allâh (3), ni à traiter les maladies par l'absorption de remèdes, par la saignée, par la cautérisation ; les ventouses sont (éventuellement) recommandées. L'emploi du koheul est permis à l'homme en tant que remède, mais autrement il sert à la toilette de la femme (4). Est interdit l'emploi comme remède (interne ou externe) du vin, des choses impures, de ce qui renferme quelque animal mort ou de toute chose déclarée interdite par Allâh (5).

---

(1) Ce qui comprend, en outre de celui que doit faire tout musulman une fois en sa vie, le réparatoire, le votif et celui dont l'omission entraîne parjure.

(2) Telles que morsures de serpents, piqûres de scorpions, etc.

(3) En récitant les Sourates 113 et 114, ou bien 112, 113 et 114. Cf. sur cet usage Koran III, 31, et XVI, 100.

(4) Autrement dit, le koheul n'est permis qu'exceptionnellement, car l'homme ne doit pas avoir des allures féminines.

(5) Koran, V, 4, et VII, 156.

Il n'y a pas de mal à recourir à la cautérisation (on l'a
vu plus haut). Quant aux charmes, ils sont formés à
l'aide du Saint Livre (1) et aussi à l'aide de paroles
efficaces (2). Il n'y a pas de mal non plus à employer des
amulettes suspendues au cou et renfermant (des extraits)
du Koran (3).

Quand un pays est ravagé par une épidémie, ceux qui
sont en dehors ne s'y rendront point, mais ceux qui y
sont n'en sortiront point et ne recourront point à la fuite.

Le Prophète a dit à propos des présages de mauvais
augure : « S'ils existent, c'est dans l'habitation, la femme
et le cheval (4) ». Le Prophète avait de la répugnance
pour les noms à signification désagréable et aimait les
présages favorables (5).

Celui qui a exercé le mauvais œil détruit cette influence
en se lavant le visage, les mains, les coudes, les genoux,
le bout des pieds et l'intérieur de la ceinture (6) ; puis

----

(1) C.-à-d. avec des extraits appropriés au mal qu'il s'agit de traiter.
D'ailleurs les charmes n'agissent pas par eux-mêmes, mais par la conviction que l'on a de l'intervention du Tout-puissant.

(2) C.-à-d. appropriées et intelligibles, en arabe ou dans une langue
connue, car on ne doit pas risquer de recourir à des formules en opposition avec la foi musulmane.

(3) Ou d'autres formules efficaces.

(4) On tente de diverses manières de faire cadrer ce hadith du *Moucattâ*
avec celui qui dit « Pas de présages ».

(5) Sans cependant en faire dépendre la poursuite d'une entreprise,
comme faisaient les idolâtres recourant à l'emploi des flèches pour
s'assurer s'ils devaient ou non donner suite à un projet. On ne doit pas
se servir du Koran pour en tirer des présages.

(6) Entendu par les uns au sens propre, et par d'autres comme signifiant
les parties honteuses.

cette eau mise dans un vase est versée sur l'influencé (1).

L'observation des étoiles n'est autorisée que pour fixer la direction de la *ḳibla* (2) et déterminer les diverses parties de la nuit, rien de plus (3).

On ne prend de chiens ni dans les maisons de ville ni dans les maisons de campagne, sauf pour garder des récoltes, ou pour accompagner du bétail dans les champs et revenir coucher avec lui, ou pour chasser avec un maître qui se nourrit du produit de sa chasse, mais non si le maître chasse par plaisir (4).

Il n'y a pas de mal à châtrer le petit (ni le gros) bétail vu que [**248**] cela en améliore la chair (5) ; mais (le Prophète) a défendu (6) la castration du cheval. Il est blâmable de marquer la face (des animaux par le feu ou par incision), mais il n'y a pas de mal à le faire ailleurs. On traite avec

(1) On la lui verse par derrière et sur tout le corps, puis le vase est rejeté à terre et par derrière. Celui contre qui la preuve est faite qu'il a le mauvais œil est séquestré chez lui par l'autorité, et nourri, s'il est sans ressources, aux frais du Trésor.

(2) On fait face à l'étoile polaire puis on la met à sa gauche, et l'on a la *ḳibla* devant soi (*sic*).

(3) Il y faut ajouter, d'après le Koran même (VI, 97), pour se diriger en voyage. C'est la crainte des rêveries astrologiques qui a inspiré notre auteur.

(4) Tout chien de garde quelconque est autorisé, et notre auteur lui-même dut s'en servir, de sorte que, répondant à quelqu'un qui le critiquait : « Si Mâlek, répondit-il, vivait de notre temps, il recourrait même à un lion ».

(5) Cette opération peut se faire par section ou par bistournage.

(6) Les uns disent d'une façon absolue, d'autres à titre d'acte blâmable. La castration de l'âne et du mulet est permise ; celle de l'homme est absolument interdite.

douceur les (hommes ou les animaux) dont on est propriétaire (1) et on ne leur impose pas de travail dépassant
leurs forces.

XLV

Le Prophète a dit : « Les bons rêves que fait l'homme
vertueux constituent la quarante-sixième partie du caractère prophétique » (2). Il a dit encore : « Que celui d'entre
vous qui a vu en rêve des choses désagréables crache, à
son réveil, trois fois à gauche et dise : O grand Dieu ! je
cherche en Toi un refuge contre les choses mauvaises que
j'ai vues en rêve pour n'en être affecté ni dans ma religion
ni dans mes intérêts terrestres ».

Que celui qui vient à bâiller se mette la main (3) sur
la bouche.

Que celui qui vient à éternuer dise « Gloire à Allâh ! » ;
et celui qui l'entend glorifier Allâh a à lui répondre
« Allâh te fasse miséricorde » (4) ; à quoi l'éternuant

_____

(1) Cela s'entend de la nourriture, du vêtement, etc., et s'étend à
l'esclave aussi bien qu'à l'animal. On applique, par analogie, ces dispo-
sitions au salarié.

(2) Parce que, dit-on, le Prophète reçut des révélations pendant dix ans
à Médine et treize ans à la Mekke, mais que, dans les six mois qui précé-
dèrent, l'ange Gabriel lui inspira de bons rêves.

(3) Soit le dos ou la paume de la main droite, ou bien le dos de la
main gauche ; puis il crache trois fois, sauf s'il est en train de prier.

(4) Ou, s'il n'est pas musulman, « qu'Allâh te dirige ».

répond « Allâh nous pardonne à vous et à nous ! (1) » ou
bien « Allâh vous dirige et améliore votre état ! »

Il n'est pas permis [249] de jouer au *nerd* ni aux
échecs ; mais il n'y a pas de mal à saluer celui qui
pratique ces jeux (2). Il est interdit de s'asseoir auprès
des joueurs, de même que de les regarder.

Il n'y a pas de mal à faire des courses de chevaux et de
chameaux, non plus que des concours de tir à l'arc (3).
Si deux concurrents constituent un prix ou enjeu en
admettant un troisième participant, celui-ci gagne le prix
s'il arrive le premier, mais il ne doit rien si l'un des
deux autres l'emporte (4) : telle est l'opinion de (Sa'îd)
ben el-Mosayyeb (5). Mais, d'après Mâlek, il n'est permis
que ceci : la constitution par l'un des concurrents d'un
prix qui devient la propriété d'un gagnant autre que
lui-même ; tandis que si c'est lui qui arrive le premier,
le prix va au concurrent qui le suit de plus près, ou, si
ce concurrent est unique, est consommé par les assistants.

(1) C'est le pluriel qui est ici employé, parce que les anges sont supposés
avoir aussi répondu à l'éternuant.

(2) En dehors du moment où il joue, car le jeu est un acte de désobéissance à Dieu ; quand il y a un enjeu, celui qui se livre à cet exercice,
fût-ce une fois par an, est, d'après certains, disqualifié comme témoin.

(3) Avec ou sans enjeu ; les autres courses ou concours ne sont permis
que sans enjeu. Les points de départ et d'arrivée doivent être fixés, les
montures doivent être désignées et les cavaliers doivent être pubères,
car ces courses sont de véritables contrats.

(4) Sans que d'ailleurs celui qui a constitué le prix ou enjeu puisse le
gagner, car ainsi il recouvrerait ce qu'il a donné. Le prix peut aussi être
constitué par la libéralité d'un tiers.

(5) L'un des « sept juristes » de Médine, mort en 91, 95 ou 105 (Ibn
Khallikân, I, 568).

La règle suivante remonte (au Prophète) quant aux
serpents qui se montrent à Médine : c'est de les prévenir
trois jours différents (1), et cette règle est recommandable
(dans un lieu habité) autre que Médine ; mais dans la
campagne cet avertissement ne leur est pas adressé ;
après quoi, ces animaux sont, s'ils reparaissent, tués.

Il est blâmable de recourir au feu pour tuer les poux
et les puces (et autres insectes, à moins qu'ils ne soient
par trop nombreux). Il n'y a point de mal, à ce que je
crois (2), à tuer [250] les fourmis lorsqu'elles causent du
dommage et qu'on ne peut s'en écarter ; il est cependant
préférable à nos yeux de ne pas les tuer quand on peut
s'en écarter. On tue le gecko (3), mais il est blâmable de
tuer les grenouilles (4).

---

(1) On les interpelle en ces termes ou autres analogues : « Si tu crois
en Dieu et au jour dernier et que tu sois musulman, tu ne te montreras
plus et tu ne nous feras pas de mal ; sinon nous te tuerons ». Il est dit
dans le *Mowattâ* : « Il y a à Médine des génies qui sont devenus musulmans ; si vous en voyez un, prévenez-le, trois jours différents ; si après
cela il reparait, tuez-le, car c'est un démon ». Il y a d'ailleurs deux
serpents qu'on tue sans prendre la peine de les exorciser : l'un à queue
courte et l'autre ayant sur le dos deux raies l'une verte et l'autre bleue.
C'est une invocation de ce genre qui permit à 'Okba de purger des reptiles
qui l'infestaient le territoire où il fonda Kayrawân, voir p. ex. *Istibçâr*,
trad. fr. p. 8.

(2) اللّٰه رحمه , c.-à-d. que l'auteur, n'ayant rien trouvé dans Mâlek sur
cette question, exprime son opinion personnelle, car on a prétendu que
la fourmi, disant les louanges du Seigneur, doit avoir la vie sauve.

(3) Sans l'exorciser ; il est même recommandé de le tuer, soit parce
qu'il est venimeux, soit parce qu'il serait un juif métamorphosé. Un
hadith parle de cet animal.

(4) Car son cri est une incessante louange du Seigneur. La chair de la
grenouille terrestre البرّي est d'un usage licite quand l'égorgement a eu
lieu rituellement.

Le Prophète a dit : « Allâh a écarté de vous l'orgueil et la vanité que, au temps de l'Ignorance, on tirait de ses ancêtres : chacun est maintenant ou un croyant pieux ou un misérable pervers ; vous êtes les descendants d'Adam, qui lui-même était tiré du limon ». Il a dit encore d'un individu qui avait appris les généalogies des hommes : « C'est une connaissance sans utilité, et l'ignorer ne nuit point ». 'Omar ben el-Khattâb a dit : « Apprenez de vos généalogies ce par quoi vous vous rattachez aux matrices qui vous ont produits ». Enfin Mâlek a dit : « Je réprouve(1) qu'on remonte dans les généalogies jusqu'aux aïeux préislamiques ».

Les bons rêves (nous l'avons dit) constituent la quarante-sixième partie du caractère prophétique (2) ; celui qui a vu en songe des choses désagréables a à cracher par trois fois à gauche et à chercher auprès de Dieu un refuge contre les choses mauvaises qu'il a vues. [251] Il ne faut pas que celui qui n'a pas la science des rêves les interprète (3), ni que celui qui l'a donne une interprétation favorable quand il la croit défavorable.

---

(1) Pour les uns, c'est un simple blâme, et pour d'autres une interdiction absolue.

(2) On essaye d'expliquer la répétition de ce qui a été dit, un peu plus haut, dans des termes presque identiques, en faisant remarquer que, dans le présent passage, il n'est plus parlé exclusivement de « l'homme vertueux ».

(3) Cela suppose la connaissance sérieuse du Koran et de la Sonna, de la langue et de la littérature, ainsi que la vertu et la physiognomonie ; il ne suffit donc pas de consulter le traité bien connu d'Ibn Sîrîn.

Il n'y a pas de mal à réciter les vers d'autrui (1), mais il est bien de le faire d'une manière modérée, et il ne faut ni en abuser ni en faire son occupation. D'entre les diverses connaissances, la meilleure, la plus méritoire et la mieux vue d'Allâh est la science de Sa religion et de Ses préceptes concernant ce qu'Il a ordonné, ce qu'Il a défendu, ce à quoi Il a appelé et invité dans Son Livre et par la voix de Son Prophète, l'application soutenue à ces sujets, leur compréhension, le souci de les bien garder et leur mise en pratique. S'occuper de cette science est la plus méritoire des œuvres, et celui des savants qui est le plus favorisé et le plus qualifié auprès d'Allâh est celui qui a pour Lui la crainte raisonnée la plus vive et l'appétence la plus forte pour ce qu'on trouve auprès de Lui ; et cette science mène et conduit aux bonnes œuvres. Prendre comme appuis le Livre d'Allâh et la Sonna de Son Prophète et suivre la voie des croyants (2) ainsi que des meilleurs [252] des Compagnons, qui sont l'élite du peuple d'élection présenté aux humains, c'est faire son salut. Par suite, le fait de recourir à ces trois sources met à l'abri de toute contradiction, et celui de marcher sur les traces des gens vertueux d'entre les Anciens (3) procure le salut ; c'est sur eux qu'il faut se modeler pour les

---

(1) Non plus qu'à en composer soi-même pourvu qu'ils n'expriment que des louanges ou des blâmes fondés.

(2) C.-à-d. l'*idjmá*' ou consensus universalis.

(3) Ce qui semble bien désigner les savants qualifiés, par leurs connaissances et leurs vertus, des trois premiers siècles. Cependant on peut aussi l'entendre des Compagnons.

interprétations (1) qu'ils ont données et les déductions (2) qu'ils ont mises au jour, et lorsqu'ils sont en désaccord au sujet d'applications pratiques et d'espèces juridiques (3), on n'a pas à s'écarter d'eux (4).

Louange soit à Allâh qui nous a donné la faveur de composer cet ouvrage, à nous qui, sans Sa direction, étions incapable de le faire !

Voici ce que dit Aboù Mohammed 'Abd Allâh ben Aboù Zeyd : Nous avons réalisé notre projet qui était d'exposer dans ce livre des choses profitables aux petits qui désirent les apprendre et aux adultes qui en ont besoin ; il renferme de quoi permettre à l'ignorant d'acquérir la connaissance des articles de foi de sa religion [253] et des pratiques obligatoires qui en dérivent, il fait comprendre nombre de principes du droit et de leurs applications, aussi bien que de règles traditionnelles, et d'actes

---

(1) Ainsi le hadith « Pas de prière pour le voisin de la mosquée sinon dans le temple » est interprété comme signifiant qu'il n'y a pas de prière bien complète ou parfaite sinon, etc.

(2) Le texte emploie le mot *istikhrâdj*, expliqué comme étant le *kiyâs* : p. ex., en appliquant au coupable d'imputation injurieuse la peine qui frappe celui qui boit du vin.

(3) Ces deux expressions الفروع والحوادث sont prises dans leur sens technique ; la seconde est synonyme de النوازل et a un sens plus restreint que la première.

(4) C.-à-d. des Compagnons, car ils ont le rang de *modjtehîd*. Quand un *modjtehîd* a solutionné une question de deux manières, on n'en peut proposer une troisième ; si deux solutions différentes d'une même question émanent de Compagnons, un autre Compagnon peut en donner une troisième, ce qu'un *tâbî* ou Successeur n'a pu faire après la disparition des Compagnons ; et ainsi de suite. L'adoption de cette règle résulte de la nécessité de ne pas ruiner l'autorité de l'*idjmâ*.

souhaitables (1) et de convenance. Je demande à Allâh
qu'Il nous fasse profiter, nous et toi, de ce qu'Il nous a
enseigné, et nous aide, nous et toi, à accomplir ce à quoi,
parmi les devoirs qu'Il nous a imposés, Il a droit, car il
n'y a de force et de puissance qu'en Allâh l'exalté, le
magnifique ; qu'Allâh répande ses bénédictions sur notre
Seigneur Mohammed son Prophète, sur sa famille, ses
Compagnons et ses descendants, et qu'Il leur donne un
salut abondant !

FIN

(1) Les choses ou pratiques désirables المرغوب se réduisent chez les
Malékites à une seule : l'addition de deux rek'a à la prière de l'aurore,
on l'a vu déjà.

INDEX ANALYTIQUE.

18

Bâkoûr, 145.
Barbe, port de la —, 246 ; dans le pèlerinage, 97, 233.
Batn Mohassir, 96.
IBN BATTÂL ('Ali ben Khalaf), sur le baisement de main, 255.
ABOÛ BEKR, khalife orthodoxe, 11.
Berid, 58.
Bestialité, 196.
Bétail, dîme du —, 88 sq. ; dégâts qu'il commet, 209.
BEYDHAWI cité, 7.
BEYHAKI cité, 232.
Beyt el-mâl, cité, 158.
Bien, formule condensée de ce qui constitue le —, 242 ; l'ordonner est un devoir, 243.
BOKHARI cité, 149.
Bonnes œuvres, leur récompense, 7.
Bovins destinés au sacrifice, 101 ; comment égorgés, 103 ; dîme des —, 89 sq.
Brigandage, ce que c'est, 188 ; châtiment qu'il entraîne, 190, 191, 236.
Brouille interdite, 241.
BURCKHARDT cité, 94.
BURTON cité, 94.
Butin, ce que c'est, 109 ; comment partagé et à qui attribué, 109 ; part supplémentaire, 110 ; vol du —, 108.

Câ', 84, 91.
Cachet, comment porté, 247 ; quid s'il est en or ou en fer, 247 ; — du Prophète, 247.
Cadavre, peut-il être mangé ? 104, 238 ; son emploi comme remède, 262 ; usage de ce qui en provient, 104.
Cadeau de répudiation, 125.

Çafâ, 95, 238.
Çahih, 150, 160.
Camélins destinés au sacrifice, 101 ; mode d'égorgement, 103 ; au point de vue de la *zekât*, 89.
Camphre employé pour l'ensevelissement, 68.
Çan'â, 91.
Capitation, quel en est le taux, 88 ; qui y est assujetti, 88, 108.
Caprins destinés au sacrifice, 100, 101 ; mode d'égorgement, 103 ; au point de vue de la *zekât*, 90.
Caroûra, 115.
Castration, permise ou non, 264.
Cautérisation permise, 262, 263.
Cautionnement, 210 ; caution de comparution, 210.
Cha'bân, jeûne surérogatoire de —, 232.
CHÂFE'I cité, 255 ; sur le meurtre du fils par le père, 182.
Châfe'ites, sur le sens de *wâdjib*, 2 ; sur la formule de l'*adhân*, 31 ; sur la prière, 35 ; sur la prière faite à la Mekke, 234 ; sur l'intention dans le jeûne, 76 ; sur le mariage après répudiation par trois, 123 ; sur le *kor'*, 124 ; sur le serment, 112 ; sur le moment où la vente est parfaite, 150 ; sur la moustache, 246.
Châhid, prière de, 30.
Chair interdite, 237, 239.
Cha'ir en-nebi, 84.
Chameaux, dîme aumônière des, 89.
Change du dinar et du dirhem, 182.
Charmes, sur l'usage des, 262, 263.

ment le prononcer, 38, 229.
Tehlil, 64.
Teinture des cheveux, 246, 247.
Tekbir, 39.
Teklif, 150.
Temyîz, 150.
Temettou', 98, 99, 115.
Témoins faisant preuve, 201 ; pour fornication, 192, 201 ; récusés, 202; habilitation, 203; enfants comme témoins, 203 ; rétractation, 204 ; dénoncer leur indignité, 242.
Temps d'élection de la prière, 28.
Terâwih, 80, 81, 230, 233.
Terwiya, 95 ; jeûne de, 232.
Territoire sacré, ses limites, 93.
Tesbih, 39.
Testament, forme et conditions de validité, 158 ; acceptation par le légataire, 158.
Tiers disponible, quand calculé, 159 ; s'il est insuffisant, 160 ; — 181.
Toilette, soins de — pendant l'*ihrâm*, 97 ; cf. Ongles, Cure-dent.
Theniy, 100, 101.
Tombes, extérieur des, 70 ; communes, 73.
Transaction, 205.
Tournées du pèlerinage, 94, 96, 232 ; — d'adieu, 96.
Trésor soumis à un impôt, 88.
Tributaire injuriant le Prophète, 190 ; cf. Capitation.
Turban du cadavre, 69.
Tuteur, doit la preuve, 205 ; droits et devoirs du — testamentaire, 212 ; — matrimonial, indispensable, 116 ; qualités requises, 116, 123 ; qui il est, 117 ; qui ne peut l'être, 123.

Usufruit, concession d', 172.
Usure interdite, 7, 137, 143 ; préislamique, 137.
Usurpation, 177, 207, 236.

Van den Berg cité, 31.
Vente, 137 sq. ; éléments constitutifs, 137 ; forme, 150 ; quand elle est parfaite, 150; de vivres et de liquides, 138, 139 ; en bloc, 140, 143, 149 ; au tas, 146 ; avec augment, 138, 140 ; à option, 141, 142 ; de créance contre créance, 140, 147 ; de fruits en maturation, 144 ; de viande contre un animal de même catégorie, 145 ; de fruits secs contre des frais, 146 ; d'une maison avec tombe, 75 ; de ce qu'on n'a pas, 148 ; des victimes de sacrifice, 102, 103 ; de la peau d'un animal mort, 104 ; vices cachés, 141 ; aléa interdit, 140 ; réunie au prêt, 143 ; réunie à une autre vente, 145 ; fruits de la chose vendue, 141, 149 ; sur description, 146 ; sur facture, 150 ; d'objets non vus ou décrits, 150 ; de l'objet déposé par le dépositaire, 175 ; risques de la chose vendue, 143 ; responsabilité des fruits pendants, 156 ; qui doit jurer, 203 ; acheteur failli ou décédé avant paiement, 210 ; vente à livrer ou *selem*, 147.
Ventouses en ramadân, 77.
Vers, récitation et composition, 269.
Vêtements nécessaires pour prier, 16, 46, 47 ; de fête, 61, 64 ; de soie, 247, 248 ; de la femme, 248 ; au bain, 249 ; dans l'*ihrâm*, 93, 97.

19

ERRATUM

P. 23, n. 1, au lieu de *lotion*, lisez *ablution*.

www.ingramcontent.com/pod-product-compliance
Lightning Source LLC
Chambersburg PA
CBHW060426200326
41518CB00009B/1499